NIVEAU C1.2
SICHER!

DEUTSCH ALS FREMDSPRACHE
LEHRERHANDBUCH

SÖNKE ANDRESEN

Hueber Verlag

Quellenverzeichnis

S. 137/168: *Wach auf!* Liedtext: Zarko Jovasevic, Thurit Antonia Kremer, Peter Junge, Alexander Lorenz, Ayhan Demiralay; im Auftrag der AWO Arbeiterwohlfahrt Berlin Spree-Wuhle e.V. und der Schuldner- und Insolvenzberatung Friedrichshain-Kreuzberg; in Kooperation mit dem Jugendkunst- und Kulturzentrum Schlesische 27; gefördert mit den Mitteln der Senatsverwaltung Gesundheit, Umwelt und Verbraucherschutz © Thurit Antonia Kremer
S. 169–170: Interview mit Nelia Schmid-König, mit freundlicher Genehmigung von Nelia Schmid-König
S. 170–171: Interview mit Michael Würfel von Lilian Siewert © enorm-magazin
S. 171–173: Interview mit Laura Lackmann, nach Film muss sich beschränken aus der taz vom 06.10.2012 von Laura Lackmann © Laura Lackmann
S. 174–175: aus *Was ist gute Wissenschaft* aus Hyperraum.TV © mce mediacomeurope GmbH
S. 176: *Wach auf!* Eine Gemeinschaftsproduktion: Leitung Workshop Musik: Zarko Jovasevic; Leitung Workshop Trickfilm: Thurit Antonia Kremer; Regie: Zarko Jovasevic, Thurit Antonia Kremer; Drehbuch: Zarko Jovasevic, Thurit Antonia Kremer; Musikkomposition/Arrangement: Zarko Jovasevic; Liedtext: Zarko Jovasevic, Thurit Antonia Kremer, Peter Junge, Alexander Lorenz, Ayhan Demiralay; Rapper & Gesang: Peter Junge, Alexander Lorenz; Backing-Sänger: Sophie-Isabelle Voigt und Nico Stratakis; Beatbox: Ayhan Demiralay; Fotos für den Trickfilm: Bojan Gregic; im Auftrag der AWO Arbeiterwohlfahrt Berlin Spree-Wuhle e.V. und der Schuldner- und Insolvenzberatung Friedrichshain-Kreuzberg; in Kooperation mit dem Jugendkunst- und Kulturzentrum Schlesische 27; gefördert mit den Mitteln der Senatsverwaltung Gesundheit, Umwelt und Verbraucherschutz © Thurit Antonia Kremer
S. 176–177: *Persönlichkeit und Verhalten* (Vortrag von Anne Frey) © LMU/Unterrichtsmitschau und didaktische Forschung
S. 177–178: *Urban Gardening in Berlin* © Die Zeit
S. 178–179: *Beatrix Mannel* © Hueber Verlag/Erol Gurian
S. 179: *Smalltalk* © C. H. Beck Verlag
S. 180: *Die Produktion eines technischen Redakteurs* © Matthias Stepper, Thomas Ritzenhoff, Thomas Barg, Daniel Lindner

3.   2.   1. | Die letzten Ziffern
2020 19 18 17 16 | bezeichnen Zahl und Jahr des Druckes.
Alle Drucke/Pressungen dieser Auflage können, da unverändert,
nebeneinander benutzt werden.
1. Auflage
© 2016 Hueber Verlag GmbH & Co. KG, München, Deutschland
Umschlaggestaltung, Layout und Satz: Sieveking · Agentur für Kommunikation, München und Berlin
Konzept: Michaela Perlmann-Balme, Susanne Schwalb, München
Phonetik: Silvia Dahmen, Köln
Redaktion: Isabel Krämer-Kienle, Hueber Verlag, München
Druck und Bindung: Kessler Druck & Medien GmbH & Co. KG, Bobingen
Printed in Germany
ISBN 978–3–19–771208–6

Art. 530_03624_001_01

INHALT

DAS LEHRERHANDBUCH – ÜBERBLICK

Konzeption des Lehrwerks *Sicher! C1*

Sicher! C1 basiert auf den Grundsätzen des Gemeinsamen Europäischen Referenzrahmens, wiederholt, festigt und erweitert den Stoff der Niveaustufe B2 und bereitet auf die Prüfungen der Stufe C1 vor. Die konzeptionellen Rahmenbedingungen werden zunächst kurz erläutert. Anschließend wird der methodisch-didaktische Ansatz des Lehrwerks und seiner Komponenten vorgestellt und beschrieben.

Methodisch-didaktische Hinweise

Ab Seite 15 finden Sie konkrete Vorschläge zum Vorgehen im Unterricht sowie methodisch-didaktische Tipps zu den Aufgaben im Kursbuch und den Übungen im Arbeitsbuch. In diesem Lehrerhandbuch lernen Sie verschiedene Rubriken kennen, in denen Ihnen Vorschläge für einen abwechslungs- und variantenreichen Unterricht unterbreitet werden. Als *Vertiefung* werden Ihnen zusätzliche vertiefende und erweiternde Aufgaben angeboten. Diese eignen sich insbesondere zur leistungsorientierten und lerntypenspezifischen Binnendifferenzierung. Die *Tipps* können sich auf didaktische, aber auch auf rein unterrichtspraktische Inhalte beziehen. In den Rubriken *Fokus Grammatik* und *Fokus Phonetik* wird Hintergrundwissen im Bereich Grammatik und Phonetik angeboten und erklärt. Die Rubrik *Interkulturelles* wirft mögliche weiterführende interkulturelle Fragestellungen auf, die den Unterricht dahingehend bereichern können. Auf den Aussprache-Seiten finden Sie Vorschläge für zusätzliche Übungen und Hinweise auf besondere Schwierigkeiten verschiedener Lerner.

Kopiervorlagen

Interaktionsaufgaben, Brettspielvorlagen, erweiternde grammatische und kommunikative Übungen und Sprachspiele ab Seite 136 bieten zusätzlich Abwechslung und Vertiefung im Unterricht.

Tests

Zu jeder Lektion gibt es ab Seite 148 einen Test, mit dem Sie sich einen Überblick über den Spracherwerbsstand der Lernenden verschaffen können. Die Kategorien Wortschatz, Grammatik und Kommunikation (Redemittel) fragen gezielt das Gelernte der jeweiligen Lektion ab.

Das Methodenglossar

In den methodisch-didaktischen Hinweisen finden Sie immer wieder Anregungen, Ihren Unterricht mithilfe verschiedener Methoden interessant und lerntypenspezifisch durchzuführen. Ab Seite 160 sind alle vorgeschlagenen Methoden alphabetisch zusammengefasst und noch einmal genau beschrieben. In den Lektionen erhalten Sie nur beim ersten Vorstellen einer Methode eine genaue Anleitung, ansonsten erfolgt der Verweis auf das Glossar (Glossar → S. 160–164).

Der Strategie-Überblick

In den methodisch-didaktischen Hinweisen werden immer wieder spezielle Hinweise zu Strategien für die Arbeit mit Lesetexten, Hörtexten oder Vortragstechniken gegeben. Einen Überblick über die verschiedenen Strategien finden Sie ab Seite 165 (Strategie-Überblick → S. 165–167).

Anhang

Hier finden Sie die Transkriptionen der Hörtexte des Kursbuches und der DVDs sowie die Lösungen zu den Tests im Lehrerhandbuch.

> Die Lösungen zu den Übungen im Arbeitsbuch sowie die Transkripte der Hörtexte des Arbeitsbuches finden Sie und Ihre Lernenden weiterhin im Lehrwerkservice unter www.hueber.de/sicher/lernen.

KONZEPTION DES LEHRWERKS *Sicher! C1*

1 Rahmenbedingungen

Das Lehrwerk *Sicher!* richtet sich an Lernende weltweit. Es ist speziell konzipiert für fortgeschrittene Lernende, die mit auf ihre Bedürfnisse abgestimmten Materialien arbeiten möchten, um ihre persönlichen oder beruflichen Ziele zu erreichen. *Sicher!* eignet sich für Teilnehmende in Kursen, die

- Anschluss auf dem Arbeitsmarkt in Deutschland, Österreich oder der Schweiz suchen.
- sich auf eine Tätigkeit in einer deutschsprachigen Firma im Heimatland vorbereiten.
- ein Studium oder eine Weiterbildung mit unterschiedlicher fachlicher Ausrichtung anstreben.
- aus Freude oder als Freizeitbeschäftigung Deutsch lernen.

Sprachniveau des Kurses

Sicher! C1 ist der dritte Band eines umfassenden dreibändigen Unterrichtsprogramms für Fortgeschrittene in den Kursstufen B1+, B2 und C1. Es eignet sich als kurstragendes Lehrwerk für unterschiedlich strukturierte Kurse, d.h. für Intensivkurse, Semi-Intensivkurse und Extensivkurse.

Nach erfolgreichem Durcharbeiten des Bandes *Sicher! C1* erwerben Teilnehmende die Fähigkeit, die Sprache kompetent zu verwenden. Sie können sich spontan und fließend ausdrücken und die Sprache im gesellschaftlichen und beruflichen Leben oder in Ausbildung und Studium flexibel gebrauchen.

Sicher! C1 stellt mit 12 Lektionen Material für mindestens 120 und maximal 180 Unterrichtseinheiten bereit. Damit lassen sich 10 bis 15 Unterrichtseinheiten (à 45 Minuten) pro Lektion durchführen. Die konzeptionelle Grundlage liefert der *Gemeinsame Europäische Referenzrahmen für Sprachen (GER)* sowie das *Europäische Sprachenportfolio*. Außerdem wurde bei der Planung des Grammatik- und Wortschatzprogramms das Curriculum für die Deutschkurse des *Goethe-Instituts* in Deutschland zugrunde gelegt.

Sicher!-Bände und Gemeinsamer Europäischer Referenzrahmen

Sicher!	Einstiegsvoraussetzung	Ziel	Zertifikate
B1+	Vorkenntnisse auf Niveau B1.1 Besonders geeignet für Lernende, a) die erstmals in einen Kurs einsteigen, oder b) die Wiederholungsbedarf haben.	Abschluss des B1-Niveaus Einstieg ins B2-Niveau	*Goethe-Zertifikat B1* *ÖSD-Zertifikat B1* *Zertifikat Deutsch*
B2	Vorkenntnisse auf Niveau B1 Besonders geeignet für Lernende, die sich auf ein Studium in Deutschland vorbereiten.	Abschluss des B2-Niveaus Einstieg ins C1-Niveau	*Goethe-Zertifikat B2* *ÖSD-Mittelstufe* *TESTDAF TDN 3* *telc Deutsch B2*
C1	Vorkenntnisse auf Niveau B2 Besonders geeignet für Lernende, die sich auf ein Studium in Deutschland vorbereiten.	Abschluss des C1-Niveaus Einstieg ins C2-Niveau	*Goethe-Zertifikat C1* *ÖSD-Oberstufe* *TESTDAF TDN 4* *telc Deutsch C1*

Kursleitung

Sicher! eignet sich auch für Lehrkräfte, die erste Erfahrungen im Fortgeschrittenenunterricht sammeln. Eine hilfreiche Orientierung für Kursleitende ist der auf jeder Seite vorgegebene Stundenaufbau. Zusammen mit den Hinweisen zu passenden Übungen im Arbeitsbuch ist jede Unterrichtseinheit bereits vorstrukturiert. Mit relativ wenig Vorbereitungsaufwand wird so eine hohe Effizienz für die Teilnehmenden erzielt. Die positive Folge dieser Vorstrukturierung: Die Kursleitenden können sich im Unterricht verstärkt den Lernenden zuwenden und werden so zu Lernberatern. Der Schwerpunkt ihrer Arbeit liegt in der Unterstützung des Lernprozesses durch Steuerung des Unterrichtsgeschehens.

Kursplanung

Sicher! C1 ist ein flexibles Lehrwerk im Baukastensystem. Es ermöglicht Kursleitenden, gemeinsam mit den Teilnehmenden ein individuell auf ihre Bedürfnisse abgestimmtes Lernprogramm zusammenzustellen. Dabei können Schwerpunkte gesetzt und einzelne Seiten auch weggelassen werden. Kurs- und Arbeitsbuch können aber selbstverständlich auch Seite für Seite durchgearbeitet werden.

Nach einer Lernzielanalyse für die Kursteilnehmenden am ersten Kurstag nimmt die/der Kursleitende eine Grobplanung für das Programm dieses speziellen Kurses vor. Zur Bewusstmachung des jeweils zweckmäßigen Lernprogramms dient die Inhaltsübersicht über das Kursprogramm am Anfang des Buches, S. IV ff. Die Auswahl der Lerninhalte geschieht im Normalfall im Hinblick auf die angebotenen Fertigkeiten. Im Verlauf des Kurses erfolgt eine Feinplanung in Form von Wochen- bzw. Semesterplänen. Wenn die/der Kursleitende diese Pläne im Klassenraum aufhängt oder den Teilnehmenden austeilt, führt dies zu mehr Transparenz der Unterrichtsinhalte und hilft bei der Reflexion des Lernfortschritts.

Unterrichtspläne

Bei der Feinplanung jeder Lektion und jeder Unterrichtseinheit können den Kursleitenden die Unterrichtspläne helfen, die sich kostenlos im Internet unter www.hueber.de/sicher/lehren finden lassen. Kleinschrittig sind darin neben den Lösungen der Kursbuch-Aufgaben auch in Kurzform der Ablauf der Unterrichtseinheiten sowie geeignete Sozialformen und benötigtes Material für jeden Schritt dargelegt.

2 Methodisch-didaktischer Ansatz

Das Lehrwerk greift fünf Grundgedanken auf:
- Lernerautonomie
- Soziales Lernen und Binnendifferenzierung
- Zyklisches Lernen
- Handlungsorientierung
- Textsorten mit Realitätsbezug

Lernerautonomie

Das Lehrwerk ist lernerzentriert. Das bedeutet, die Aktivität im Unterrichtsgeschehen wird soweit wie möglich auf die Lernenden selbst verlagert. Die Teilnehmenden werden schrittweise dahin geführt, die Verantwortung für ihr eigenes Lernen zu übernehmen.
Vor allem die Übungen des Arbeitsbuchs sind auf eigenständiges Arbeiten der Teilnehmenden angelegt. Aber auch im Kursbuch ermöglichen es die Übungen, sich den Lernstoff induktiv zu erarbeiten und aktiv am Unterrichtsgeschehen mitzuwirken. Das Abwechseln verschiedener Übungstypen trägt dazu bei, den verschiedenen Begabungen und Interessen der Teilnehmenden eines Kurses Rechnung zu tragen. So findet der visuelle Lernertyp alle wichtigen sprachlichen Strukturen in Übersichten visualisiert, der kognitive Lernertyp grammatische Regeln in Sätzen ausformuliert. Für kreative Lernende gibt es Rollenspiele oder sie können beispielsweise Quizfragen erstellen. Haptische Lernertypen können Rollenkärtchen erstellen oder Bewegungsübungen machen, kommunikative Lerner können mit Lernpartnern zusammenarbeiten.

Soziales Lernen und Binnendifferenzierung

Das Lernen voneinander hat einen hohen Stellenwert. Daher spielen Partner- und Gruppenarbeit als Sozialformen des Unterrichts eine zentrale Rolle. Das Angebot an Unterrichtsprojekten sowie Diskussions- und Sprechanlässe sollen einen authentischen Erfahrungsaustausch zwischen den Teilnehmenden anregen und vertiefen. Besonders in multikulturell zusammengesetzten Kursen ermöglichen Aufgaben zum Vorwissen der Lernenden einen Erfahrungsaustausch, der über das Lernen von sprachlichen Strukturen hinausgeht. Die Aufgaben im Kursbuch sind in der Regel so angelegt, dass die Teilnehmenden ihr Vorwissen aus unterschiedlichen biografischen wie auch

kulturellen Hintergründen einbringen können. Kooperative Lernformen, in denen die Teilnehmenden als Kursgemeinschaft aktiv werden, ermöglichen Erfolgserlebnisse, die sich positiv auf die Motivation auswirken. Diskussionsrunden, Debatten und Verhandlungen sorgen auch für Lebendigkeit des Unterrichts und eine positive Gruppendynamik. Beispiel dafür sind die Diskussionsrunde zu möglichen „Maßnahmen gegen Armut" in Lektion 7 (S. 93), die Debatte über die Zukunft des Stadtlebens (S. 118–119) oder das Rollenspiel in Lektion 11 (S. 142), in dem mit potenziellen Nachmietern über die Ablöse einer Küche verhandelt wird. Für Unterhaltung sorgt sicherlich auch die gemeinsame Auswertung des Psychotests zur Menschenkenntnis in Lektion 8 (S. 101).
Der häufige Einsatz von Partner- und Gruppenarbeit wirkt auch binnendifferenzierend. Jede soziale Einheit arbeitet in eigenem Tempo und auf eigenem Niveau. Damit wird es möglich, die Über- oder Unterforderung einzelner Teilnehmender zu reduzieren. In derselben Weise wirkt binnendifferenzierend, in welchem Umfang die Arbeitsbuchaufgaben hinzugezogen werden. Ein weiteres Element der Binnendifferenzierung sind die interaktiven Übungen im Internet, auf die im Arbeitsbuch jeweils hingewiesen wird. Sie ermöglichen individuell unterschiedlich intensive Übungs- und Vertiefungsphasen. Sie finden die Übungen unter www.hueber.de/sicher/lernen, vgl. Punkt 3.2.

Zyklisches Lernen

Da viele Strukturen bei den Fortgeschrittenen bereits bekannt sind, geht es darum, bei deren Verwendung mehr Sicherheit zu bekommen und weitere Einzelheiten dazu kennenzulernen. Zyklisches Lernen ist daher für das Grammatikprogramm kennzeichnend. Es verbindet Bekanntes mit Neuem, sodass Lernende ihre Kenntnisse systematisch auf- und ausbauen können. Ein Beispiel dafür ist das Wiederaufgreifen von Satzstrukturen (Verbal- und Nominalstil), wobei „kausale Zusammenhänge" in Lektion 7, „konditionale und konzessive Zusammenhänge" in Lektion 9 und „temporale und finale Zusammenhänge" in Lektion 11 vertieft und erweitert werden. Das umfangreiche Kapitel „Passiv" wird in Lektion 8 mit „Gerundiv als Passiversatz", der Aktiv-Passiv-Aspektverschiebung mit Modalverben sowie dem Passiversatz mit „bekommen + Partizip II" abgerundet.

Handlungsorientierung

Unterrichtsgegenstand ist in der Regel eine Zielaktivität, die im realen Leben gebraucht wird, wie zum Beispiel „etwas beurteilen" in Lektion 8 (S. AB 123/7) und Lektion 12 (S. AB 186/4), „etwas vergleichen" in Lektion 7 (KB S. 95/2) sowie in Diskussionen auf Argumente eingehen, sie bewerten oder auch versuchen, sie zu entkräften, in den Lektionen 7 und 9. Dabei soll gleichzeitig vermittelt werden, wie man sich in Diskussionen und Debatten angemessen verhält. Das Training aller Fertigkeiten ist grundsätzlich eingebettet in realistische Situationen und Anlässe. Das Grammatikprogramm (z. B. Nominalstil versus Verbalstil) zeigt die unterschiedliche Ausdrucksweise im schriftlichen Gebrauch für eher formale Situationen gegenüber der mündlichen, informelleren Verwendung.

Textsorten mit Realitätsbezug

Das Lehrwerk bietet eine große Zahl von verschiedenen Textsorten an. Auswahlprinzip war einerseits die Relevanz, d.h. es werden solche Textsorten angeboten, die für die Teilnehmenden eine Rolle in ihrem eigenen Leben spielen oder spielen werden. Ein weiteres Auswahlkriterium war ihr Schwierigkeitsgrad im Verhältnis zum sprachlichen Können der Lernenden auf der Stufe C1.
Charakteristisch für die Themenauswahl sind Aktualität und Authentizität. Vor allem die moderne Medienwelt ist in der Auswahl an Sprech- und Schreibanlässen sowie Lese- und Hörtexten vertreten. Zu dem breiten Spektrum an Textsorten gehören Blogs, Internet- und Intranetportale, Zeitungsreportagen, Glossen, E-Mails, Interviews und Fachartikel, aber auch Kurzgeschichte und ein Gedicht. Zentrales Lernziel ist der bewusste Umgang mit diesen Textsorten und deren spezifischen Merkmalen, beispielsweise in Lektion 8 das Verfassen eines Blogbeitrags, der sich auf eine Umfrage zum Thema „Was Frauen und Männer von einer Partnerschaft erwarten" bezieht. In Lektion 9 soll ein Forumsbeitrag zum Thema „Macht Stadtleben krank?", in Lektion 11 „Ratschläge für Geschäftsreisende" geschrieben werden.

3 Komponenten des Lehrwerks

Das Lehrwerk *Sicher! C1* bietet ein umfangreiches Angebot an Materialien und Medien für Teilnehmende und für Lehrkräfte. Zu den Basisbestandteilen gehören:
- das Kursbuch
- das Arbeitsbuch mit integrierter Audio-CD zu den vertiefenden und weiterführenden Übungen, insbesondere zum Aussprachetraining. Die CD enthält außerdem die Lernwortschatz-Seite, die nach Bedarf erweitert werden kann.
- das Medienpaket mit zwei Audio-CDs und zwei Film-DVDs: Hier finden sich die Hörtexte und Filme des Kursbuchs, die im Unterricht bearbeitet werden.

Über diese Materialien hinaus finden Sie unter 3.3 zahlreiche ergänzende Produkte für einen abwechslungsreichen Unterricht und das selbstständige Weiterlernen zu Hause.

3.1 Kursbuch

Das Kursbuch *Sicher! C1* ist insgesamt in zwölf Lektionen unterteilt. Die einzelnen Lektionen haben einen thematischen Rahmen und jede Lektion richtet den Fokus hauptsächlich auf einen der Bereiche Modernes (Alltags-)Leben, Beruf und Studium.

a) Aufbau der Kursbuchlektionen

Das Programm einer Lektion ist so gegliedert, dass ein inhaltlich kohärenter, vom Schwierigkeitsgrad ansteigender Ablauf entsteht. Der chronologische Lektionsaufbau ist im Inhaltsverzeichnis auf Seite 3 nachvollziehbar. Der Aufbau einer Lektion variiert, um im Kursverlauf genügend Spannung und Abwechslung aufrechtzuerhalten. Sind mehrere Texte zum Lesen oder Hören bzw. mehrere Schreib- und Sprechanlässe vorhanden, sind diese durchnummeriert (z.B. Lesen 1).

b) Bausteine

Jede Lektion setzt sich aus denselben Bausteinen zusammen: Einstiegsseite, Hören, Lesen, Sprechen, Schreiben, Wortschatz, Sehen und Hören sowie je eine Grammatik-Übersichtsseite. Jeder Baustein umfasst eine oder mehrere komplette Seiten. Diese sind durch Signalfarben erkennbar. Jeweils die Kopfzeile zeigt an, um welche Fertigkeit es geht. Das erleichtert einen flexiblen Einsatz. Wer beispielsweise in Lektion 1 gern Hören durcharbeiten möchte, muss nicht unbedingt vorher die Bausteine Sprechen 1 und Lesen bearbeiten. Man kann das Buch Seite für Seite durcharbeiten, doch lässt sich auch mit einem selektiven Vorgehen ein individuelles Kursprogramm gestalten.

Einstieg und Übersichtsseite

Jede Lektion beginnt mit einem Foto als Sprech- oder Schreibanlass. Dabei ergeben sich meist verschiedene Deutungen des Bildes (z.B. Lektion 8, S. 97, Lektion 9, S. 109, Lektion 10, S. 121 oder Lektion 11, S. 133). Diese Vieldeutigkeit ist gewollt, denn auf diese Weise entstehen interessante und immer wieder aktuelle Sprechanlässe. Zugleich ermöglichen die Einstiegsseiten eine Aktivierung des bei den Lernenden vorhandenen Vorwissens. Lernziele und Aufgaben der Einstiegsseiten wechseln je nach Thema. Auf der letzten Seite jeder Lektion ist der gesamte Grammatikstoff, der auf den vorangegangenen Lektionsseiten induktiv entwickelt wurde, in Übersichtsform zusammengefasst. Diese Seiten geben den Teilnehmenden die Möglichkeit, sich zu jeder Zeit noch einmal einen Überblick über gelernte Strukturen zu verschaffen. Er hilft, Zusammenhänge zu begreifen und zu behalten.

Seiten zu den Fertigkeiten

Der Hauptteil jeder Lektion ist dem Training der rezeptiven und produktiven Fertigkeiten gewidmet. Spezifische Merkmale der Rezeption sind Gegenstand von Aufgaben und Übungen, in denen zum Beispiel die jeweils vorliegende Textsorte (z.B. Zeitungsmeldung) reflektiert wird. Diese Textsortenorientierung wird zum Dreh- und Angelpunkt des Strategielernens, denn Textsorten legen oft bestimmte Rezeptionsstile nahe. So lesen wir in der Realität manche Texte Wort für Wort, andere dagegen überfliegen wir. Rezeptionsstile und -strategien werden ausführlich geübt. Hierzu gibt es im Lehrerhandbuch auch einen ausführlichen Strategie-Überblick, in dem die verschiedenen Strategien noch einmal dargestellt und erläutert werden. **(Strategie-Überblick → S. 165–167)**

Auf den Lesen-Seiten trainieren die Teilnehmenden verschiedene Lesestile. Geübt wird neben dem traditionellen „totalen" Lesen auch das suchende und das orientierende oder überfliegende Lesen. Die Teilnehmenden lernen, eine Unterscheidung zwischen Wesentlichem und Unwesentlichem, zwischen Information und Meinung vorzunehmen. Und sie üben, unbekannten Wortschatz aus dem Kontext oder aus bereits bekannten Wörtern zu erschließen. Sie eignen sich außerdem an, wie man einfache Signale wie z.B. Überschrift, Layout und begleitendes Bildmaterial als Lesehilfe einsetzen kann.

Ähnliches gilt für die Seiten Hören. Die Präsentation der Hörtexte im Unterricht erfolgt in der Regel in Abschnitten. Das bedeutet, der Text wird langsam „enthüllt". Durch diese Parzellierung reduziert sich die Textmenge auf eine für die Lernenden verarbeitbare Menge. Ein Nebeneffekt dieses Vorgehens ist, dass die Aufmerksamkeit der Zuhörer bis zum Textende erhalten bleibt. Die Hörtexte werden im Kurs in der Regel mindestens zweimal gehört. Wird ein Hörtext beim ersten Hören im Ganzen präsentiert, dann geht es dabei zunächst um eine erste Orientierung. Eine behutsame Vorentlastung ist besonders wichtig. Die Aufgaben vor dem Hören dienen dazu, die Aufmerksamkeit auf den kommenden Text zu richten und bereits vorhandenes Vorwissen zu aktivieren. Die Aufgaben nach dem Hören sollen den Teilnehmenden Transfermöglichkeiten anbieten. So werden sie zum Beispiel gebeten, die angesprochene Thematik auf den eigenen Kontext zu übertragen oder Stellung zu dem Gehörten zu nehmen.

Der Baustein Sehen und Hören erweitert das Angebot an authentischen Hörmaterialien. Das Lernziel der Unterrichtseinheit liegt meistens weniger beim Hörverstehen als beim Sprechen in Form eines Spekulierens über den Film. Da es sich um authentisches Material handelt, in dem Muttersprachler in natürlichem Sprechtempo zu hören sind, ist die Anforderung an die Hörleistung an einigen Stellen relativ hoch. Hier ist es wichtig, dass sich die Lernenden auf die Aufgabenstellung konzentrieren, die genau dem Lernniveau entspricht.

Sicher! C1 reserviert zwei bis vier Kursbuchseiten pro Lektion für das Training von Schreiben und Sprechen. Schreib- und Sprechtraining sind handlungsorientiert und alltagsbezogen. Im Schreibtraining werden die aktuellen Formen der elektronischen Kommunikation geübt. Der soziokulturellen Kompetenz kommt dabei besondere Bedeutung zu. Dabei geht es um Register und Formen der Höflichkeit. Die angebotenen Schreibanlässe sind:
- die wirtschaftliche Lage zweier Länder vergleichen (Lektion 7, S. 95)
- einen Blogbeitrag zu einer Grafik zum Thema „Partnerschaft" verfassen (Lektion 8, S. 102)
- einen Forumsbeitrag zur Frage: „Macht Großstadtleben krank?" erstellen (Lektion 9, S. 114)
- in einer Schreibwerkstatt ein Gedicht verfassen (Lektion 10, S. 130)
- Ratschläge für den richtigen Umgang mit Geschäftspartnern geben (Lektion 11, S. 138)
- eine „brauchbare" Erfindung beschreiben (Lektion 12, S. 148)

Wie bei den rezeptiven Fertigkeiten ist die Vorgehensweise auch beim Schreibtraining dreischrittig. Vor dem eigentlichen Schreiben entlasten Aufgaben diesen Prozess thematisch. Die Aufgabentypen zum Schreiben unterscheiden sich durch verschiedene Grade der Steuerung. Dabei gilt: Je freier die Aufgabe, umso größer die von den Teilnehmenden verlangte Leistung im Hinblick auf Planung und Textaufbau.

Im Mittelpunkt des Sprechtrainings steht der Erwerb von Redemitteln. Mit der Vorgabe von typischen Redemitteln wird die Verbesserung der Sprechfertigkeit gesteuert. Auf diese Weise lernen die Teilnehmenden portionsweise neue, sprechübliche Ausdrucksweisen in unterschiedlichen Interaktionssituationen kennen, wie zum Beispiel in der Diskussionsrunde „Maßnahmen gegen Armut" (Lektion 7, S. 93), im Austausch über einen selbst durchgeführten Psychotest (Lektion 8, S. 101) oder bei der Vorbereitung und Durchführung einer Debatte über die Zukunft des Stadtlebens (Lektion 9, S. 118/119) bzw. der Verhandlung mit einem Nachmieter über die Ablöse einer Küche. Außerdem wird das Sprechen zu einem Publikum in Form einer Kurzpräsentation geübt, zu einem Roman, den man gelesen haben sollte (Lektion 10, S. 125), oder, indem man seine Ansicht zu Zeitungsmeldungen über zweifelhafte wissenschaftliche Errungenschaften äußert. Dabei werden in der Regel Redemittel zur Auswahl angeboten. Die immer noch beachtliche Leistung der Teilnehmenden besteht darin, diese für die jeweilige Intention auszuwählen und für eigene Ziele anzuwenden. Am Ende des Arbeitsbuches (bei den Halbbänden) bzw. des Kursbuches (im Vollband) werden alle Redemittel noch einmal im Überblick aufgelistet. Zur Verbesserung der Sprechfertigkeit gehört auch das Aussprachetraining im Arbeitsbuch (siehe unten).

Filmseite (Sehen und Hören)

Diese besonders motivierende Ergänzung des Fertigkeitentrainings steht in der Regel am Ende der Lektion. Trainiert wird das Hör-Seh-Verstehen. Als Material dienen kurze Filme verschiedener Genres sowie Foto-Reportagen. Bei der Foto-Reportage handelt es sich um eine Serie von durchlaufenden Bildern mit dazu gehörigem Text. Ähnlich wie Unterrichtsprojekte oder Quizfragen soll die Arbeit mit den Filmen die Lernmotivation stärken. Aufgrund der Kürze der Filme, sie sind zwischen drei und zehn Minuten lang, lassen sich diese Filme gut in einer Unterrichtseinheit bearbeiten. Sie finden sich auf den DVDs des Medienpakets.

Da es sich um authentisches Filmmaterial mit zum Teil umgangssprachlichen Sequenzen handelt, werden die TN gezielt auf reale Kommunikationssituationen vorbereitet, wie z. B. im Animationsrap in Lektion 7, S. 88, oder mithilfe von fachsprachlichen, für ein Studium relevanten Ausdrücken wie in der Vorlesung zu „Persönlichkeit und Verhalten" in Lektion 8, S. 107 bzw. der „Produktion eines technischen Redakteurs" in Lektion 12, S. 155. Die dazugehörigen Aufgaben im Kursbuch beziehen den gesamten Kontext der Filmbeiträge mit ein.

Wortschatzseite

Bei fortgeschrittenen Teilnehmenden liegt der passive Wortschatz meist weit über dem aktiven. Der Ausbau der aktiven Ausdrucksfähigkeit ist vor allem für den akademischen Kontext und das Berufsleben ein wichtiges Lernziel. Ausgangspunkt für das Wortschatztraining ist die Frage: Welche Wörter brauchen Teilnehmende für eine bestimmte Sprachhandlung, wie z.B. „über Nachrichten aus der Wirtschaft sprechen" (S. 92), „Tipps zur emotionalen Intelligenz" erläutern und kommentieren (S. 100), sich „über das Leben in großen und kleinen Städten austauschen" (S. 115) oder über angemessene Kleidung auf Geschäftsreisen sprechen (S. 137).

Im Mittelpunkt steht die Erarbeitung von Wortfamilien und -feldern und von Variationsmöglichkeiten im Ausdruck. Methodisch geht es bei fortgeschrittenen Lernenden immer um das Reaktivieren und das gezielte Erweitern bekannten Wortschatzes. Nur so ist es möglich, das unterschiedliche Wissen, das die Teilnehmenden mitbringen, auf eine gemeinsame Ebene zu heben. Erlernt werden thematisch relevante Wörter und Wortfelder. Eine wichtige Rolle spielen Wortbildungsregeln zur Adjektiven, die aus Adverbien gebildet werden (S. 92), zu Adjektiven, mit den Endungen -(i)al, -(i)ell, -(a/i)bel und -(i)ös (S. 100/101). Außerdem geht es um Adjektive und Partizipien mit Präpositionen (S. 115), Nachsilben bei Nomen (S. 123), die Vorsilben er- und re- bei Verben und Nomen (S. 139) sowie die Vorsilben durch-, über-, um- und unter- bei Verben (S. 154).

Grammatiktraining

Das Grammatiktraining ist in die Fertigkeitenseiten Lesen, Hören, Sprechen, Schreiben, Wortschatz und Sehen und Hören integriert und an den Ausbau der kommunikativen Kompetenz gekoppelt. Im Zentrum des Lernprogramms *Sicher! C1* stehen Grammatikthemen, die in der mündlichen und schriftlichen Kommunikation eine zentrale Rolle spielen. Ausgangsbasis waren die für die Stufe C1 im Curriculum des Goethe-Instituts enthaltenen Strukturen und Phänomene. Teilweise sind diese in ihrer Basisstruktur bereits bekannt, müssen jedoch vertieft und ausgebaut werden, wie z.B. die alternative Verwendung von Verbal- und Nominalstil in Lektion 7 (kausale Zusammenhänge), in Lektion 9 (konditionale und konzessive Zusammenhänge), in Lektion 10 (temporale und finale Zusammenhänge) und in Lektion 11 (konsekutive und modale Zusammenhänge).

Besondere Aspekte des Passivs wie die Aspektverschiebung bei Passiv mit Modalverben oder der Passiversatz mit *bekommen* werden in Lektion 8 behandelt und ungewöhnlichere Variationen in der Satzstellung in Lektion 10.

In der Schriftsprache vorkommende Phänomene wie Gerundiv als Passiversatz, Präpositionen mit Genitiv oder Präpositionalsätze ergänzen die zu übenden Strukturen.

Die zu erlernende Struktur wird aus dem Sprachmaterial des Textes oder des Redemittels gewonnen, als Struktur erkannt, hinsichtlich Bildungsregeln oder Position im Satz systematisiert und anschließend anhand weiterer Beispiele angewendet. Wo immer möglich formulieren die Lernenden selbst die Regeln. Das selbstständige Finden und Formulieren von Regeln vertieft das Verständnis. Aufgabe der Kursleitenden ist es, die Regelfindung zu begleiten und gegebenenfalls zu korrigieren. Wortbildungsregeln werden aufgegriffen und systematisch ausgebaut, etwa zur Wortbildung und zu Nachsilben bei Adjektiven (Lektion 7 und 8), zu Adjektiven und Partizipien mit Präpositionen (Lektion 9), zu Nachsilben bei Nomen (Lektion 10) oder zu Vorsilben bei Verben (Lektion 11 und 12). Eine Vertrautheit mit der Derivation (= Ableitung) und Komposition (= Zusammensetzung) von neuen Wörtern aus bekannten Teilen trägt entscheidend zum selbstständigen Umgang mit unbekanntem Wortschatz in Texten bei.

c) Aufbau der Lektionsseite

In geringfügiger Variation hat jede Seite folgende Struktur:
- Vorentlastung
- Präsentation des Textes, der Situation oder des Schreibanlasses
- Aufgaben zu Textverstehen, Textproduktion, Wortschatz etc.
- gegebenenfalls Aufgaben zur Grammatik
- Ausblick bzw. Transfer
- Lernziele

Lerntipps

Zur systematischen Verbesserung der Lerntechniken gibt es auf den Kursbuchseiten bei den Fertigkeiten die Rubrik Lerntipps. Sie sind durch ein Symbol gekennzeichnet. Bei den Lesetexten geht es dabei beispielsweise um die adäquate Herangehensweise an verschiedene Textsorten. Dieses Trainingsprogramm zur Organisation des Lernens versetzt die Teilnehmenden in die Lage, sich bestimmte Techniken zur Bearbeitung von Aufgaben bewusst zu machen.

Landeskunde

Landeskundliche Informationen über die deutschsprachigen Länder, also Deutschland, Österreich, Schweiz und Liechtenstein, sind unter *Wussten Sie schon?* eingestreut.

Lernziel

Die Lernziele jeder Seite sind jeweils am Ende als *Ich kann jetzt* ...-Aussage aufgeführt und damit für Kursleitende und Teilnehmende transparent. Durch Ankreuzen können die Lernenden bestimmen, ob sie diese Ziele für sich als erreicht einstufen. Durch diese systematische Reflexion wird Seite für Seite die Lernerautonomie gefördert.

d) Anhang

Im Vollband finden Sie am Ende des Kursbuches eine Zusammenstellung aller in den Lektionen gelernten Redemittel.

3.2 Arbeitsbuch

Das Arbeitsbuch *Sicher! C1* enthält zu jeder der Lektionen des Kursbuchs circa 24 Übungen, die im Unterricht oder als Selbstlernmaterial im Anschluss an den Unterricht zu bearbeiten sind. Bis auf wenige Ausnahmen lassen sich die Übungen ohne Moderation durch die Kursleitung lösen. Die Lektionen haben jeweils denselben thematischen Rahmen wie das Kursbuch, greifen bestimmte landeskundliche Aspekte auf und vertiefen sie. Als Erweiterung des Kursbuchangebotes enthält das Arbeitsbuch pro Lektion ein Set von Ausspracheübungen.

a) Aufbau der Arbeitsbuchlektionen
Die Übungen im Arbeitsbuch spiegeln weitgehend den Aufbau der Kursbuchlektion. Eine Wortschatz-Wiederholungsübung eröffnet die Lektion, eine Lernwortschatzseite und ein Lektionstest beschließen sie.
Im Haupt- bzw. Mittelteil der Arbeitsbuchlektionen bereiten die Übungen den Stoff des Kursbuches nach, festigen und vertiefen ihn.

b) Bausteine
Jede Lektion setzt sich aus den folgenden Bausteinen zusammen: Wiederholung Wortschatz, Lesen, Hören, Schreiben, Wortschatz, Kommunikation (Redemittel), Wiederholung Grammatik (wo möglich), Grammatik entdecken, Grammatik, Landeskunde, Film- oder Buchtipps, Aussprachetraining, Lernwortschatz, Lektionstest.

Die rechtsgestellten Angaben neben den Aufgabentiteln (Grammatik, Wortschatz, Lesen etc.) erläutern das Lernziel der Aufgabe und erleichtern die Auswahl. Zur effizienten Navigation sind alle Übungen im Arbeitsbuch außerdem mit einem farbigen Verweis versehen, zu welcher Stelle im Kursbuch sie passen: z.B. zu Sprechen S. 14, Ü2. Im Kursbuch findet sich ein entsprechender Hinweis, dass es im Arbeitsbuch eine Übung dazu gibt: AB 9–11/Ü2–4.

Seiten zu den Fertigkeiten, Landeskunde
Aufgaben zu den Lesestrategien, zu Transkriptauszügen der Hörtexte, zusätzliche Hörtexte zum Lektionsthema, Aufgaben zu den Redemitteln (gekennzeichnet durch „Kommunikation") und zum Ausbau der Schreibfertigkeit bilden die Basis für das Fertigkeitentraining. Zusätzliche Lese- und Hörtexte erweitern das Angebot an aktueller Landeskunde. Auf der eingelegten Arbeitsbuch-CD finden sich die zusätzlichen Hörtexte. Im Buch sind sie jeweils mit einem CD-Symbol gekennzeichnet.

Grammatik, Wortschatz
Das Grammatiktraining im Arbeitsbuch lässt sich zur Vertiefung und Erweiterung einzelner Aspekte einsetzen. Grammatikthemen, die im Kursbuch präsentiert wurden, werden hier kleinschrittig geübt. Die Bausteine *Wiederholung Grammatik* und *Grammatik entdecken* strukturieren dabei den Lernprozess. Das eingebaute Wiederholungsprogramm greift schon Bekanntes aus der B2-Stufe auf und baut den neuen Stoff der Stufe C1 darauf auf. Besonders in heterogen zusammengesetzten Klassen ermöglicht das didaktische Element einer Wiederholung, Teilnehmende dort „abzuholen", wo sie stehen. Der Übungstyp *Grammatik entdecken* aktiviert das selbstentdeckende Lernen bei den Teilnehmenden.
Das Wiederholungsprinzip, Neues in Bekanntes einzubauen, gilt auch für die Wortschatzübungen und Wiederholungen. Authentische bzw. semi-authentische Texte dienen als Basis für Lückentexte und Zuordnungsübungen.

Interaktive Übungen zum Arbeitsbuch im Internet
Fester Bestandteil des Arbeitsbuchs sind die Verweise auf zusätzliche Übungen, die Teilnehmende online im Internet machen können. Dort finden sich unter www.hueber.de/sicher/lernen zahlreiche interaktive Übungen, in denen der neu gelernte Wortschatz und die Grammatik geübt und eingeschliffen werden. Lernende bekommen bei diesen Übungen automatisch Rückmeldung, ob sie die Aufgabe richtig gelöst haben. Den Zugangscode zu den Übungen finden Sie auf der Impressum-Seite des Arbeitsbuchs.

Filmtipp/Buchtipp
Da an zahlreichen Kursorten die Möglichkeit besteht, Filme oder Bücher in einer Mediathek aus-
zuleihen oder einen Film im Rahmenprogramm des Kurses zu zeigen, weist das Arbeitsbuch in
separaten Film- oder Buchtipps auf zum Lektionsthema passende deutschsprachige Spielfilme und
Buchpublikationen hin. Von vielen aktuell verkauften Buchtiteln sind bei Internetbuchhändlern
Leseproben auch aufrufbar. Einige davon sind im Arbeitsbuch als Wortschatz- oder Leseverstehens-
aufgaben aufbereitet.

Aussprachetraining
Am Ende jeder Arbeitsbuchlektion finden sich Übungen zur Verbesserung der Aussprache. Dabei
geht es schwerpunktmäßig um die Bereiche Intonation, Rhythmus und Sprechflüssigkeit, die für
Lernende aus allen Ausgangssprachen schwierig sind.

Lernwortschatz der Lektion
Eine Seite mit Lernwortschatz rundet jede Lektion ab. Darauf findet sich eine Auswahl derjenigen
Wörter aus der Lektion, die für die Spracherwerbsstufe C1 relevant sind und die die Teilnehmenden
in jedem Falle passiv, möglichst sogar aktiv beherrschen sollten. Diese Vorgabe des relevanten Wortschatzes jeder Lektion macht das Lernpensum transparent. Bei der Auswahl wurde darauf geachtet,
dass die Anzahl der Einträge im Bereich des Lern- bzw. Behaltbaren bleibt. Die Wörter sind den Seiten im Kursbuch zugeordnet. Der hier aufgeführte Wortschatz ist Grundlage für die Wortschatz-
und Grammatikübungen im Arbeitsbuch. Auf der eingelegten Arbeitsbuch-CD finden die Teilnehmenden die Wortschatzlisten wieder. Sie können sie dort beliebig bearbeiten und ergänzen. So
haben die Teilnehmenden die Möglichkeit, sich ihren individuellen Lernwortschatz, z.B. auch mit
Beispieleinträgen aus dem Kursbuch, zusammenzustellen.

Lektionstest
Auf der letzten Arbeitsbuchseite in den Lektionen gibt es einen Lektionstest. Er bietet den Lernenden die Möglichkeit, den eigenen Lernprozess und individuellen Lernfortschritt einzuschätzen und
zu überprüfen, ob sie das Pensum der Lektion bewältigt haben. Die Kategorien Wortschatz, Grammatik und Kommunikation (Redemittel) helfen, über die Lektionen hinweg die einzelnen Bereiche
sprachlichen Könnens und Wissens zu beobachten. Die Aufgaben haben immer eine eindeutige
Lösung und unterstreichen mit der Möglichkeit der eigenen Auswertung (Lösungen im Anhang)
die Autonomie der Lernenden.

c) Anhang
Im Anhang finden die Lernenden eine Zusammenstellung aller in den Lektionen gelernten Redemittel. Wie die Grammatikübersicht am Ende jeder Kursbuchlektion und die Lernwortschatzseite
im Arbeitsbuch hilft die Liste der Redemittel, die Übersicht über das Gelernte zu behalten. Danach
folgen die Lösungen zu den Lektionstests. Die Lösungen zu den Arbeitsbuchlektionen können unter
www.hueber.de/sicher/lernen abgerufen werden.

3.3 Weitere Unterrichtsmaterialien zu *Sicher! C1*
Zur Unterstützung Ihres Unterrichts, für medienaffine Lehrende und Lernende sowie für das selbstständige Weiterlernen der Lernenden gibt es ein breites, fakultatives Zusatzangebot zu *Sicher! C1*:

Das Digitale Unterrichtspaket
Diese Anwendung bietet Ihnen Materialien zur Unterrichtsvorbereitung und enthält das komplett
digitalisierte Kursbuch zur Nutzung am interaktiven Whiteboard. Eine umfangreiche Medienbiblio-
thek mit den Bildern, Audios, Videos und Kopiervorlagen zum Lehrwerk ist enthalten.

Der Lehrwerkservice im Internet

Der Lehrwerkservice im Internet ist größtenteils kostenfrei. Die Seiten dort sind gegliedert in solche für Lehrende und für Lernende.

Unter www.hueber.de/sicher/lehren erhalten Sie

- die Unterrichtspläne
- die Transkriptionen aller Hörtexte aus Kurs- und Arbeitsbuch sowie den DVDs
- die Audio-Dateien zum Kurs- und Arbeitsbuch als MP3-Daten
- die Lösungen zu den Übungen im Kurs- und Arbeitsbuch
- Grammatikübersichten
- eine Übersicht prüfungsvorbereitender Aufgaben
- didaktisierte und immer aktuelle Lesetexte *(Sicher! – Ihr @ktueller Unterrichtsservice)*

Gegen eine geringe Schutzgebühr können sich Lehrende Kopiervorlagen zu berufsbezogenen Themen herunterladen *(Sicher! im Beruf)*.

Unter www.hueber.de/sicher/lernen erhalten Lernende kostenfrei

- die Lösungen zu den Übungen im Arbeitsbuch
- die Transkriptionen aller Hörtexte aus Kurs- und Arbeitsbuch sowie den DVDs
- zusätzlich vertiefende interaktive Übungen zum Arbeitsbuch
- Grammatikübersichten

EINSTIEG

Vor dem Öffnen des Buches

SOZIALFORM	ABLAUF	MATERIAL	ZEIT
Partnerarbeit	Die TN arbeiten in Zweiergruppen. Jede/r TN notiert mindestens fünf Fragen zum Thema „Finanzen", die ihr/ihm spontan einfallen. *Beispiel: Wer kümmert sich bei dir zu Hause um die Finanzen? Kannst du gut mit Geld umgehen? Kannst du gut sparen?* Danach sprechen die Lernpartner miteinander und stellen sich gegenseitig ihre Fragen. Dabei darf die/der Lernpartner/in nicht die Wörter „Ja", „Nein" oder „Vielleicht" in der Antwort gebrauchen. Wer als Erstes eines dieser Wörter benutzt, hat verloren. Die Sieger der Zweiergruppen können danach noch einmal gegeneinander antreten, bis die/der Gruppensieger/in feststeht („Ja-Nein-Vielleicht", Glossar → S. 161).		

1 Umgang mit Geld

SOZIALFORM	ABLAUF	MATERIAL	ZEIT
Gruppenarbeit Plenum	a) Die TN arbeiten in Dreiergruppen und diskutieren, was die Personen auf dem Foto machen und wozu sie dies tun. Vergleichen Sie die Ergebnisse im Plenum. *Lösungsvorschlag: Die beiden Personen zählen und stapeln Münzen. Wahrscheinlich wollen sie wissen, wie viel Geld sie zur Verfügung haben. Es könnte sein, dass sie das Geld gespart haben und nun ausgeben wollen.*		
Partnerarbeit Plenum	**VERTIEFUNG:** Die TN arbeiten zu zweit. Verteilen Sie die Kopiervorlage Lektion 7/1 (**Kopiervorlage Lektion 7/1** → S. 136) mit verschiedenen Sprichwörtern zum Thema „Geld" an jede Gruppe. Die TN diskutieren in Partnerarbeit, was die Sprichwörter bedeuten und formulieren zusammen eine Alltagssituation, auf die das jeweilige Sprichwort zutreffen könnte. Anschließend präsentieren die Lernpartner ihre Ergebnisse im Plenum, klären Sie zusammen mit den TN die Bedeutung der Sprichwörter. *Lösungsvorschlag: Zeit ist Geld. → Wer Zeit verschwendet, verdient kein Geld. Geld ist nicht alles, aber ohne Geld ist alles nichts. → Im Leben kommt es nicht nur aufs Geld an, doch ohne Geld lässt sich nur schwer leben. Geld stinkt nicht. → Es wird der Besitz oder Erwerb von Geld aus unsauberen Einnahmequellen gerechtfertigt. So geht es in der Welt, der eine hat den Beutel, der andre hat das Geld. → Besitz/Geld ist ungerecht verteilt. Geld ist weder bös noch gut; es liegt an dem, wer's brauchen tut. → Geld ist eine neutrale Währung, es kommt darauf an, wie man damit umgeht, und wofür man sein Geld einsetzt. Glück im Spiel, Pech in der Liebe. → Wer durch Glück viel Geld gewinnt, hat oft gleichzeitig Pech in der Liebe. (oder auch: Man kann nicht alles haben.) Alles ist möglich, aber es regnet kein Geld. → Um Geld zu verdienen, muss man etwas tun, es kommt nicht von allein. Geld regiert die Welt. → Geld spielt in unserer Gesellschaft eine wichtige Rolle. Der Geiz wächst mit dem Gelde. → Je mehr Geld Menschen haben, desto geiziger sind sie.*	Kopiervorlage Lektion 7/1	

	INTERKULTURELL: Die TN diskutieren in ihren Kleingruppen, welche Sprichwörter zum Thema „Geld" in ihrer Heimat gebräuchlich sind. Sammeln Sie die Sprichwörter an der Tafel. Wie unterscheiden sie sich von den deutschen Sprichwörtern?		
Einzelarbeit Plenum	b) Die TN lesen die beiden Aussagen und beschreiben die Personen. Vergleichen Sie die Ergebnisse im Plenum. *Lösungsvorschlag:* *„Wenn ich mir etwas wünsche, kaufe ich es mir, egal wie viel Geld ich auf dem Konto habe."* → *Die Person ist wahrscheinlich älter, männlich und hat einen Beruf, mit dem er viel Geld verdient, er ist vielleicht nur für sich selbst verantwortlich und hat keine Kinder oder Familie; sein Konsumverhalten könnte man mit unbekümmert, spendabel oder risikofreudig beschreiben.* *„Ich spare monatlich immer etwas für unvorhergesehene Ausgaben."* → *Die Person ist wahrscheinlich jünger, weiblich und hat einen Beruf, mit dem sie nicht viel Geld verdient, vielleicht hat sie Kinder, für die sie Verantwortung trägt; ihr Konsumverhalten könnte man kontrolliert, sparsam oder ängstlich beschreiben.* **VERTIEFUNG:** Die TN überlegen sich eine fiktive Biografie für die beschriebenen Personen. *Wo und wie sind sie aufgewachsen? Welche Ausbildung (Schule, Studium, ...) haben sie durchlaufen, welchen Beruf ausgeübt?* Vergleichen Sie die Ergebnisse im Plenum.		
Einzelarbeit	**AB 105/Ü1** Wortschatzübung zum Thema „Finanzen". Die Übung eignet sich gut als Einstieg ins Thema; auch als Hausaufgabe geeignet.		

2 Sparen

SOZIALFORM	ABLAUF	MATERIAL	ZEIT
Einzelarbeit Plenum	Die TN schreiben Tipps zum täglichen Sparen auf einen Zettel. Die Zettel werden neu verteilt, die TN lesen ihre Zettel vor und diskutieren im Plenum, was sie von den Ideen halten. *Lösungsvorschlag:* *Geh nie in den Supermarkt, wenn du Hunger hast. Erstelle eine Einkaufsliste, wenn du einkaufen gehst. Koch selbst. Führe ein Buch über deine täglichen Ausgaben. Schalte die Geräte ab, die du nicht brauchst. Zieh dich warm an, statt die Heizung anzustellen. ...*	Zettel	
Einzelarbeit Partnerarbeit	**TIPP/VERTIEFUNG:** Die Übung eignet sich gut zur Wiederholung des Imperativs. Die TN notieren auf einem Zettel ein persönliches Problem, das ihnen spontan zum Thema „Geld" einfällt, zum Beispiel *Ich bin immer pleite. Mein Monatslohn reicht nie. Alles wird immer teurer.* etc. Mit ihren Zetteln gehen sie durch den Unterrichtsraum, treffen auf eine/einen Lernpartner/in und schildern ihr Problem. Ihr Gegenüber ist aufgefordert, einen Tipp dazu zu geben, und gebraucht dabei den Imperativ. Danach wechseln die Gesprächspartner („Raumlauf", Glossar → S. 162).		
Einzelarbeit	**AB 105/Ü2** Wortschatzübung zum Thema „Sparen"; auch als Hausaufgabe geeignet.		

Lesen 1

1 Geld im Alltag

SOZIALFORM	ABLAUF	MATERIAL	ZEIT
Plenum	a) Die TN diskutieren im Plenum, in welchem Bereich des Lebens sie ohne Geld auskommen könnten. Moderieren Sie die Diskussion und halten Sie wichtige Stichworte an der Tafel fest. *Lösungsvorschlag:* *(Kinder)Kleidung kann man mit Freunden tauschen; statt mit dem Bus oder Auto kann man mit dem Fahrrad fahren; Geschenke muss man nicht kaufen, sondern kann man selbst machen; vieles kann man vielleicht reparieren, anstatt sich gleich etwas Neues zu kaufen.*		
Einzelarbeit Partnerarbeit	b) Die TN wählen ein Wort aus dem Kasten aus und umschreiben es mit eigenen Worten. Die TN arbeiten dann zu zweit, tauschen die Definitionen mit ihrer Lernpartnerin / ihrem Lernpartner aus und versuchen, das Wort ihres Lernpartners zu erraten. *Lösungsvorschlag:* *Eigentum: Etwas, das mir gehört, weil ich es gekauft oder anderweitig erworben habe.* *Ehrenamt: Eine Arbeit, für die man kein Geld verlangt; meist im sozialen oder karitativen Bereich.* *Geldstreik: Wenn man sich weigert, Geld als Zahlungsmittel zu akzeptieren.* *Parasit: Der Begriff stammt eigentlich aus der Biologie: Jemand, der im Zusammenleben andere Menschen ausnutzt oder schädigt.* *Tramper: Eine Person, die eine kostenlose Mitfahrgelegenheit in Anspruch nimmt. Man bezeichnet diese Art des Reisens auch als „per Anhalter fahren".* *Schmarotzer: Jemand, der andere ausnutzt, um billig oder umsonst zu leben.* *Überfluss: Wenn etwas zu viel vorhanden ist. Man spricht auch von der Überflussgesellschaft (übertriebener Luxus, übermäßiger Konsum).* *„Umsonstladen": Ein Geschäft, in dem man für die Ware nichts bezahlen muss; alles wird verschenkt.* *Utopie: Eine Idee oder ein Plan, der aber unrealistisch zu sein scheint. Der Begriff spielt in der Gesellschaftstheorie eine Rolle.* **TIPP:** Motivieren Sie die TN, sich unbekannte Wörter zunächst gegenseitig auf Deutsch zu erklären, ohne ein Wörterbuch zu benutzen. Versuchen Sie bei Wortschwierigkeiten, den TN mit Synonymen, Antonymen oder Beispielsätzen zu helfen. Erst dann dürfen die TN ein Wörterbuch zurate ziehen.	Zettel	

2 Alternative oder Utopie?

SOZIALFORM	ABLAUF	MATERIAL	ZEIT
Einzelarbeit Plenum	a) Die TN verfassen mithilfe der Begriffe aus Aufgabe 1b eine fiktive Biografie über Raphael Fellmer. Vergleichen Sie die Ergebnisse im Plenum. *Lösungsvorschlag:* *Das ist Raphael Fellmer, er ist Webseiteninitiator und Buchautor. Er arbeitet nicht für Geld, stattdessen verzichtet er komplett auf Eigentum, wohnt mietfrei und versorgt sich durchs Containern und Umsonstläden mit Nahrung und Kleidung. Er lebt wahrscheinlich im Norden von Deutschland, vielleicht in Hamburg, wo es oft regnerisch und kalt ist (deswegen die Kapuze und die dicke Jacke). Er hat einen offenen und freundlichen Charakter und kann gut mit anderen Menschen umgehen. Die Person auf dem Bild ist zwischen 20 und 30 Jahre alt und hat wahrscheinlich noch keine Kinder. Vielleicht arbeitet er in einem Bereich, in dem es nicht auf Etikette ankommt und man legere Kleidung trägt. Freizeit und Erholung sind ihm neben seiner Arbeit sehr wichtig.*		
Einzelarbeit Plenum	b) Die TN lesen den Text und machen sich Notizen zu Raphael Fellmers Lebensweise. Die TN vergleichen die Ergebnisse mit der Biografie, die sie in a geschrieben haben, und präsentieren ihre Ergebnisse im Plenum. *Lösung:* <u>Wohnen</u>: *wohnt mit seiner Familie mietfrei bei einer Berliner Arztfamilie* <u>Strom, Wasser, Telefon</u>: *braucht er nicht zu bezahlen* <u>Essen und Trinken</u>: *früher übers „Containern", heute über eine „food-sharing-Plattform"* <u>Kleidung und Einrichtung</u>: *gefunden, geschenkt bekommen, aus Umsonst-läden oder über Kleinanzeigen* <u>Reisen</u>: *als Tramper*		
Einzelarbeit Plenum	**VERTIEFUNG:** Jeder TN notiert sich eine Quizfrage zu dem Text, die nur nach aufmerksamer Lektüre zu beantworten ist. Zum Beispiel *Wie viele Kinder hat Raphael Fellmer? Wohin führte ihn seine einjährige Reise?* etc. Die/Der erste TN stellt seine Frage dann im Plenum, wer die Antwort als Erstes nennt, stellt die nächste Frage etc. **TIPP:** Machen Sie die TN darauf aufmerksam, dass es sich bei Fragen an den Text um eine Lesestrategie handelt („**Lesestrategien**", Strategie-Überblick → S. 165).		
Einzelarbeit	**AB 105/Ü3** Wortschatzübung zum Thema „Privatfinanzen"; auch als Hausaufgabe geeignet.		
Einzelarbeit	**AB 106/Ü4** Hörverstehen zum Thema „Worauf Menschen verzichten". Die Übung eignet sich gut direkt nach dem Lesetext im Unterricht; auch als Hausaufgabe geeignet.	AB-CD/02 *AB-CD/35**	

* Die kursiv gedruckte Track-Nummer bezieht sich auf die CD-Angabe des Arbeitsbuchs C1 (011208) als Vollband.

3 Ziele, Argumente

SOZIALFORM	ABLAUF	MATERIAL	ZEIT
Einzelarbeit Plenum	a) Die TN unterstreichen im Text, welche Intention Herr Fellmer mit seinem Lebensstil verfolgt. Vergleichen Sie die Ergebnisse im Plenum. *Lösung:* *Herr Fellmer* *– will die Menschen nicht dazu anregen, selbst in den Geldstreik zu treten. (Z. 55, f.)* *– möchte ein Fragzeichen oder ein Ausrufungszeichen gegen die Über-fluss- und Verschwendungsgesellschaft setzen. (Z. 58, f.)* *– will keinen kompletten Bruch mit der Gesellschaft. (Z. 69, f.)* *– möchte sich sinnvoll in die Gesellschaft einbringen. (Z. 86, f.)*		
Plenum Gruppenarbeit Plenum	b) Die TN diskutieren im Plenum, ob sie sich ein Leben wie das von Herrn Fellmer vorstellen könnten und begründen ihre Meinung. *Hat jemand der TN schon einmal einen ähnlichen Versuch gestartet? Könnte man ohne Geld in den Herkunftsländern der TN überleben? Warum (nicht)?* **VERTIEFUNG:** Die TN arbeiten in Kleingruppen zusammen und überlegen, wie sie zusammen ihren Alltag ohne Geld gestalten könnten, zum Beispiel könnten Freunde eine „Tauschzeit" anbieten und sich gegenseitig helfen, ganz nach ihrer Begabung; auf ungenutzten öffentlichen Flächen wird Gemüse angebaut etc. Motivieren Sie die TN, Ideen zu sammeln, die in dem Lesetext noch nicht genannt wurden. Die Kleingruppen präsentieren ihre Ergebnisse im Plenum.		
Einzelarbeit	**AB 106/Ü5** Textproduktion zum Thema „Pro oder Kontra: eigene Stellungnahme zum Thema Leben ohne Geld". Die Übung eignet sich auch gut als Vorbereitung für eine abschließende mündliche Diskussion zum Thema; auch als Hausaufgabe geeignet.		

4 Verbalstil – Nominalstil: Teil 1

SOZIALFORM	ABLAUF	MATERIAL	ZEIT
Einzelarbeit Plenum	Die Nominalisierung von Verben ist den TN eigentlich bekannt. Auch in *Sicher! B2*, Lektion 10 wurde sie noch einmal wiederholt. An dieser Stelle geht es nun darum herauszustellen, was sich konkret bei der Nominalisierung im Satz ändert. Das Thema „Nominalisierung" ist in zwei Teile aufgeteilt (s. a. SEHEN UND HÖREN). a) Die TN finden Überschriften für die beiden Tabellen. Kontrolle im Plenum. *Lösung:* *linke Spalte: Verbalstil; rechte Spalte: Nominalstil* **VERTIEFUNG:** Die TN unterstreichen in der rechten und linken Spalte der Tabelle die Verben und Nomen, die den Verbalstil und Nominalstil kennzeichnen. *Lösung:* *1 reagieren – die Reaktion; 2 analysierte – die Analyse; 3 gibt – die Gabe; 4 brechen – der Bruch; 5 sieht – die Sicht*		
Einzelarbeit Plenum	b) Die TN ergänzen die Nomen mit Artikel und unterstreichen die Vokaländerungen. Vergleichen Sie die Ergebnisse im Plenum. *Lösung:* *verstehen – das Verständnis; finden – der Fund; geben – die Gabe; brechen – der Bruch; sehen – die Sicht; aussteigen – der Ausstieg*		

Einzelarbeit Plenum	c) Die TN ergänzen die Sätze. Vergleichen Sie die Ergebnisse im Plenum. *Lösung:* *1 Der zufällige Fund der Möbel macht ihn glücklich.* *2 Das Verständnis seiner Familie stärkt ihn.*		
Plenum	**FOKUS GRAMMATIK:** Machen Sie den TN deutlich, dass der Nominalstil vor allem in der Schriftsprache gebraucht wird und sich mit ihm längere und komplexere Sätze bilden lassen. Bei vielen starken Verben kommt es zum Vokalwechsel, wenn das Verb zum Nomen umgewandelt wird. Weisen Sie die TN auch auf die Grammatikübersicht im Kursbuch (→ S.96/1) und auf die erweiterte Grammatikübersicht im Lehrwerkservice zu *Sicher!* hin.		
Einzelarbeit	**AB 107/Ü6** Grammatikübung zur Wiederholung des Nominalstils; bei dieser Übung wird auf Bekanntes aus *Sicher! B2*, Lektion 10 zurückgegriffen, falls die TN noch einmal wiederholen möchten; auch als Hausaufgabe geeignet. Weisen Sie die TN darauf hin, dass es bis auf die letzte Spalte nicht darum geht, den nominalisierten Infinitiv zu gebrauchen (*das Anbauen*).		
Einzelarbeit	**AB 107/Ü7** Grammatik entdecken zum Thema „Verbalstil-Nominalstil", bei der die Änderungen in der Umformulierung noch einmal klar benannt werden. Die Übung eignet sich auch gut als einführende Übung im Unterricht; auch als Hausaufgabe geeignet.		
Einzelarbeit	**AB 108/Ü8** Grammatikübung; Umformulierung vom Nominalstil in den Verbalstil; durch das fehlende Subjekt muss dabei oft mit Passivkonstruktionen gearbeitet werden; auch als Hausaufgabe geeignet.		
Einzelarbeit	**AB 108/Ü9** Transformationsübung in den Nominalstil; auch als Hausaufgabe geeignet.		

Ich kann jetzt …

SOZIALFORM	ABLAUF	MATERIAL	ZEIT
Einzelarbeit	Die TN markieren, was auf sie zutrifft.		
Gruppenarbeit Plenum	**VERTIEFUNG:** Teilen Sie den Kurs in fünf Gruppen auf. Jede Gruppe versucht, den Lesetext der Lektion in einer vorgegebenen Zeit mit einem Satz zusammenzufassen. Vergleichen Sie danach im Plenum: *Wer hat die Hauptaussage am besten getroffen?* Machen Sie die TN darauf aufmerksam, dass es sich bei Kurzzusammenfassungen um eine Lesestrategie handelt, um sich komplexe Texte besser zu erschließen („Lesestrategien", Strategie-Überblick → S. 165).		

Sehen und Hören

1 Sehen Sie das Bild an.

SOZIALFORM	ABLAUF	MATERIAL	ZEIT
Einzelarbeit Plenum Plenum	Die TN sehen sich das Bild an, überlegen, worum es in dem Film gehen könnte und welche Rolle wohl die Figur darin spielt. Vergleichen Sie die Ergebnisse im Plenum. **TIPP:** In Aufgabe 2a wird der Rapper aus dem Film beschrieben; die Stichpunkte dort haben nichts mit der Figur auf dem Bild zu tun. *Lösungsvorschlag:* *In dem Film geht es wahrscheinlich um jugendliche oder junge Menschen. Dafür sprechen das Graffiti an der Wand und der Jugendliche mit der Baseballmütze. Der Jugendliche scheint zu tanzen oder zu singen. Eventuell spielen Tanz und Gesang eine wichtige Rolle.* **TIPP:** Vor der Übung können Sie mit den TN den Wortschatz zum Thema „Vermutungen äußern" wiederholen. Sammeln Sie die wichtigsten Formulierung an der Tafel: *Lösungsvorschlag:* *– Ich erwarte/vermute/gehe davon aus, dass …* *– Es ist anzunehmen, dass …* *– Ich bin mir ziemlich sicher, dass …* *– Ich könnte mir vorstellen, dass …* *– Es kann/könnte sein, dass …* *– vermutlich/wahrscheinlich/vielleicht …*		

2 Wach auf!

SOZIALFORM	ABLAUF	MATERIAL	ZEIT
Gruppenarbeit Plenum	a) Teilen Sie Ihre Lerner in zwei Gruppen auf. Die TN sehen das Video <u>ohne</u> Ton. Gruppe 1 notiert sich, welche Personen vorkommen und welche Rolle sie spielen, Gruppe 2 notiert sich möglichst viele Dinge, die mit Geld zu tun haben. Vergleichen Sie die Ergebnisse im Plenum. *Lösung:* <table><tr><td>*Personen*</td><td>*Geld*</td></tr><tr><td>*junger Mann mit Kinnbärtchen und dunklen Haaren = die Hauptfigur Mann mit Brille = Vater junges Mädchen = Mandy zweiter junger Mann = ihr neuer Freund*</td><td>*Sparschwein, Euro-Münzen, Rechnung, Mahnung, Vertrag, Beleg über Ratenzahlung, Bankkonto, Geldautomat*</td></tr></table>	DVD 2/01	
Einzelarbeit Plenum	b) Die TN lesen den Refrain. Diskutieren Sie im Plenum, worum es in dem Film / in dem Song geht und wen der Sänger anspricht. Vergleichen Sie die Ergebnisse im Plenum. *Lösungsvorschlag:* *In dem Song werden wahrscheinlich die Konsumenten angesprochen, die vorsichtig sein sollten, was sie unterschreiben und wofür sie Geld ausgeben; sie sind selbst für sich verantwortlich.*		

Einzelarbeit Plenum	c) Die TN sehen den Anfang des Films und diskutieren, um welchen Musikstil es sich handelt. Vergleichen Sie die Ergebnisse im Plenum. *Lösung:* *Es handelt sich um Rap.*	DVD 2/02 CD 2/2 **	
Gruppenarbeit	**VERTIEFUNG 1:** Die TN bilden Dreiergruppen (mischen Sie möglichst die TN, die Rap mögen, mit TN, die ihn nicht mögen). Da der Text beim ersten Hören sehr anspruchsvoll ist, kopieren Sie die Kopiervorlage Lektion 7/2 (**Kopiervorlage Lektion 7/2 → S. 137**) und verteilen Sie die in Streifen geschnittene erste Strophe pro Gruppe einmal. Die TN bringen das Wortpuzzle der ersten Strophe in die richtige Reihenfolge. Machen Sie den TN deutlich, dass sich die meisten Zeilen des Raps reimen, das erleichtert die Zuordnung. Helfen Sie den TN bei Schwierigkeiten. Lassen Sie die Antwort zunächst offen und geben Sie den TN erst ganz am Ende der Unterrichtseinheit das Transkript zur Kontrolle (**Transkriptionen der Texte auf der DVD → S. 176**). Vergleichen Sie die Ergebnisse im Plenum. **TIPP:** Vertiefende Informationen zur Gattung „Rapmusik" finden Sie am Ende dieser Einheit.	Kopiervorlage Lektion 7/2 Transkript	
Einzelarbeit Plenum	d) Die TN sehen den Film in Abschnitten. Abschnitt 1: Die TN sehen den ersten Abschnitt so oft wie nötig an und verfassen mithilfe der Stichpunkte eine kurze Inhaltsangabe. Vergleichen Sie die Ergebnisse im Plenum. *Lösungsvorschlag:* *Es geht in dem Rap darum, dass viele junge Menschen statt zu <u>sparen</u> den <u>Versprechungen der Werbung</u> glauben und unentwegt konsumieren, ohne auf die <u>Kosten</u> zu achten. Sie <u>unterschreiben</u> einen <u>Vertrag</u>, vereinbaren <u>Ratenzahlung</u>, ohne an die Folgen zu denken. Wenn sie die <u>Rechnungen</u> nicht mehr bezahlen können, bekommen sie <u>Mahnungen</u>, und die <u>Schulden</u> werden immer größer.* **TIPP:** Weisen Sie auch auf den Lerntipp „Umgangssprache" zur Aufgabe hin und machen Sie den TN deutlich, dass die umgangssprachlichen Begriffe aus dem Rap nur in diesem Kontext (Rap/Jugendsprache) passend sind. Abschnitt 2: Die TN sehen den zweiten Abschnitt an und erklären die umgangssprachlichen Ausdrücke. Besprechen Sie die Ausdrücke im Plenum. *Lösung:* *1 Mandy hat sich einen Typen angelacht. = Mandy hat eine Beziehung mit einem jungen Mann begonnen.* *2 Jetzt hat sie ihn am Hals. = Sie wird ihn nicht mehr los.* *3 Er hat eine dicke Karre. = Er hat ein großes, teures Auto.* *4 Er macht einen dicken Mann. = Er macht sich wichtig.* *5 Er hat die Kohle von Mandy. = Mandy hat ihm Geld gegeben.* *6 Sie lässt ihm alles durchgehen. = Sie akzeptiert/toleriert alles.* *7 Sie muss diesen Typen vor die Tür setzen und abschreiben. = Sie muss den jungen Mann rausschmeißen und ihn vergessen.* *8 Es könnte in ihrer Bude kalt werden. = Sie kann wahrscheinlich die Heizkosten für ihre Wohnung nicht mehr bezahlen.* Die TN erzählen die Geschichte von Can C. und Mandy in eigenen Worten nach. Vergleichen Sie die Ergebnisse im Plenum. *Lösungsvorschlag:* *Mandy hat Can C. kennengelernt und war beeindruckt von seinem Geld und seinem teuren Auto. Sie war so verliebt, dass sie für ihn ein Konto eröffnete. Ihr neuer Freund lebte bald nur noch auf ihre Kosten, bis sie ihn rausschmiss. Nun bleibt sie auf seinen Schulden sitzen und weiß nicht mehr, wie sie ihre Wohnung heizen soll.*	DVD 2/03 CD 2/3 DVD 2/04 CD 2/4	

** Dieses Video finden Sie auch als reine Tonspur auf dem Datenträger.

	VERTIEFUNG 1: Für die anschließende Nachbesprechung kopieren Sie für die TN den Liedtext (**Transkriptionen der Texte auf der DVD → S. 176**) Die TN sehen oder hören die beiden Abschnitte noch einmal und versuchen mitzulesen, wenn sie Schwierigkeiten haben, den Text zu verstehen. VERTIEFUNG 2: Die TN recherchieren im Internet zum Thema „Rap" oder berichten über ihre eigenen Erfahrungen mit diesem Musikgenre. *Wo ist der Rap entstanden? Welche Personen sind seine wichtigsten Vertreter? Wodurch zeichnet sich der Musikstil aus? etc.* Vergleichen Sie die Ergebnisse im Plenum. *Lösungsvorschlag:* *Der Rap kommt aus dem afroamerikanischen Raum und ist Teil der dortigen Hip-Hop-Kultur. „To rap" (deutsch: ‚klopfen' bzw. ‚pochen') deutet die Art der Musik des Sprechgesangs an. Wichtige Vertreter sind: Public Enemy, Gang Starr sowie DJ Premier, EPMD mit Erick Sermon, Geto Boys mit Willy D, Bushwick Bill und Scarface. Im Rap werden oft politische und soziale Themen behandelt. Heute hat sich der Rap teilweise von seinen Wurzeln gelöst und wird auch in anderen Musikstilen eingesetzt.*	Transkript	
Einzelarbeit	**AB 109/Ü10** Lesetext zum Lebenslauf eines Rappers, die Übung eignet sich gut zur Einführung der Gattung „Rap"; auch als Hausaufgabe geeignet.		
Einzelarbeit	**AB 110/Ü11** Wortschatzübung zu dem Rap „Wach auf!"; auch als Hausaufgabe geeignet.		

3 Schuldenprävention einmal anders

SOZIALFORM	ABLAUF	MATERIAL	ZEIT
Einzelarbeit Plenum	a) Die TN lesen den Pressebericht und fassen ihn in eigenen Worten zusammen. Vergleichen Sie die Ergebnisse im Plenum. *Lösungsvorschlag:* *Die Arbeiterwohlfahrt Berlin bot einen Workshop an, in dem junge Menschen lernten, mit Geld umzugehen, damit sie sich nicht verschulden. Die Teilnehmer aus verschiedenen Ländern tauschten sich über ihre Erfahrungen aus und erstellten am Ende mithilfe von Profis Plakate, Filme und einen Rap.* INTERKULTURELL: Diskutieren Sie in multinationalen Lerngruppen, ob es in den Herkunftsländern der TN solche Workshops gibt. *An wen kann man sich bei Problemen mit Schulden wenden? Ist die Überschuldung von Jugendlichen dort weit verbreitet? Motiviert die Werbung dazu, Schulden zu machen?*		
Gruppenarbeit Plenum	b) Die TN diskutieren in Kleingruppen, wie man Jugendliche zum richtigen Umgang mit Geld erziehen kann. Vergleichen Sie die Ergebnisse im Plenum. *Lösungsvorschlag:* *– Jugendliche sollten früh eigenes Taschengeld bekommen, dadurch trainieren sie den richtigen Umgang mit Geld.* *– Gerade jungen Menschen sollte man davon abraten, Kredite für Neuanschaffungen aufzunehmen.* *– Der richtige Umgang mit Geld könnte in den Schulunterricht mit aufgenommen werden.*		

4 Verbalstil – Nominalstil: Teil 2

SOZIALFORM	ABLAUF	MATERIAL	ZEIT
Einzelarbeit Plenum	a) Die TN ergänzen die entsprechenden Formulierungen im Verbalstil aus dem Rap. Zur Kontrolle hören die TN den Rap aus Aufgabe 2 noch einmal oder kontrollieren mithilfe des Transkriptes (**Transkriptionen der Texte auf der DVD → S. 176**). *Lösung:* *– Kann es sein, dass du dich das letzte Mal gefragt hast,* *– warum du in deinem Leben noch nie richtig was gespart hast.* *– Du weißt, die Werbung verspricht dir ein schöneres Leben,* *– doch beachtet man die Kosten nicht, gibt's größere Schäden.*	Transkript	
Einzelarbeit Plenum	b) Die TN ergänzen den Nominalstil. Kontrolle im Plenum. Gehen Sie dabei mit den TN noch einmal die Veränderungen (Spalte rechts, grün unterlegt) durch und markieren Sie an der Tafel die Unterschiede. *1 Handy vertraut ihrem Freund …* *Handys (Vertrauen zu) ihrem Freund …*		
	Weisen Sie die TN auch auf die Grammatikübersicht im Kursbuch (→ S. 96/1) und auf die erweiterte Grammatikübersicht im Lehrwerkservice zu *Sicher!* hin. Dort finden Sie auch alle Hinweise zum „Verbal-/Nominalstil" Teil 1 und Teil 2 zusammengefasst. *Lösung:* *1 Mandys Vertrauen zu ihrem Freund* *Verben + Dativ → Nomen + Präposition* *2 Die Teilnahme aller Schuldner an der Beratung* *Verb + Präposition → Nomen + Präposition* *3 Mandys ständige Sorgen um das Geld* *Adverb → dekliniertes Adjektiv* *4 Mandys häufige Verwendung der Kreditkarte* *Adverb → dekliniertes Adjektiv* *5 Sein Hinweis auf Probleme …* *Personalpronomen → Possessivartikel* *6 Die Bezahlung meiner Raten durch einen Freund …* *verursachende Person / Sache → durch + Akkusativ*		
Plenum	**FOKUS GRAMMATIK:** Machen Sie den TN deutlich, dass sich mithilfe des Nominalstils längere und komplexere Sätze bilden lassen. Daher wird er eher im formellen, gehobenen Kontext in der Schriftsprache gebraucht, zum Beispiel beim Verfassen von Seminararbeiten oder im Schriftverkehr mit Behörden.		
Einzelarbeit	AB 110–111/Ü12 Entdeckende Grammatikübung zum Thema „Verbalstil – Nominalstil". Sie eignet sich auch als einführende Übung im Unterricht; auch als Hausaufgabe geeignet.		
Einzelarbeit	AB 111/Ü13 Grammatikübung zum Thema „Verbalstil – Nominalstil"; auch als Hausaufgabe geeignet.		

Ich kann jetzt …

SOZIALFORM	ABLAUF	MATERIAL	ZEIT
Einzelarbeit	Die TN markieren, was auf sie zutrifft.		

Plenum	**VERTIEFUNG:** Die TN schreiben zusammen einen Rap zum Thema „Geld". Der erste Satz wird im Plenum bestimmt und an die Tafel geschrieben, zum Beispiel *Warum habe ich niemals Geld?* Die TN schreiben den Satz oben auf ein einzelnes Papier, zum Beispiel ein leeres DIN-A4-Papier, und schreiben die nächste Zeile, die sich auf die erste reimen sollte, darunter, zum Beispiel *Warum habe ich niemals Geld?* *Ich konsumier' zu viel, ich bin echt kein Held.* Danach schreiben sie eine beliebige Zeile darunter, knicken die ersten zwei Zeilen um und geben den Text nach links weiter. Ihr/e Lernpartner/in schreibt die nächste Zeile, so geht es reihum („Umknicktext", Glossar → S. 163). Zum Schluss werden die Raps wie bei einem Poetry Slam vorgetragen (oder gerappt), die TN vergeben Punkte für die beste Präsentation und den besten Text.	DIN-A4-Papier	

Lesen 2

1 In Not

SOZIALFORM	ABLAUF	MATERIAL	ZEIT
Einzelarbeit Plenum	a) Die TN lesen den Zeitungsbericht und berichten, welches Problem der Mann hat. Vergleichen Sie die Ergebnisse im Plenum. *Lösungsvorschlag:* *Herr Müller ist überschuldet und wurde dadurch psychisch krank.*		
Gruppenarbeit Plenum	b) Die TN arbeiten in Kleingruppen und diskutieren, wie sie Herrn Müller helfen könnten. Vergleichen Sie die Ergebnisse im Plenum. *Lösungsvorschlag:* *Herr Müller könnte zu einer Schuldnerberatung gehen. Da sein Reinigungsbetrieb schon zweimal in Konkurs gegangen ist, sollte er vielleicht lieber eine feste Stelle annehmen. Er könnte eine Selbsthilfegruppe besuchen.* **VERTIEFUNG:** Die TN recherchieren, wo Herr Müller im Sprachkursort Hilfe finden könnte. *Welche Anlaufpunkte für Schuldner gibt es? Wer könnte ihm bei seinen psychischen Problemen helfen?* Die TN präsentieren ihre Ergebnisse im Plenum; auch als Hausaufgabe geeignet.		

2 Schuldnerberatung

SOZIALFORM	ABLAUF	MATERIAL	ZEIT
Einzelarbeit Plenum	Die TN lesen das Interview mit der Schuldnerberaterin Melina Welscher und ordnen die Fragen den Antworten zu. Vergleichen Sie die Ergebnisse im Plenum. *Lösung:* *3 Was sind die häufigsten Gründe für Überschuldung?* *1 In welcher Verfassung sind die Menschen, die zu Ihnen kommen?* *4 Wie helfen Sie?* *2 Kann einem Schuldner alles genommen werden?* *5 Wie viele Menschen sind überschuldet?* *6 Welcher Personenkreis ist besonders betroffen?*		

| Gruppenarbeit Plenum | **VERTIEFUNG:** Die TN arbeiten in Kleingruppen und schreiben einen Zeitungsbericht über Herrn Müller wie in Aufgabe 1. Neue Situation: Er hat die Schuldnerberatung von Frau Welscher in Anspruch genommen und es sind zehn Jahre vergangen. *Wie sieht sein Leben jetzt aus? Was ist anders als früher? Wie geht es Herrn Müller heute? Wie ist sein Umgang mit Geld heute?* Die Kleingruppen präsentieren ihre Texte anschließend im Plenum, indem sie sie im Klassenraum aufhängen. Alle gehen reihum und beschauen sich die Zeitungstexte, die sie ggf. kommentieren („Kursausstellung", Glossar → S. 161). | | |

3 Zusammenfassung

SOZIALFORM	ABLAUF	MATERIAL	ZEIT
Einzelarbeit Plenum	Die TN lesen die Zusammenfassung und ergänzen die fehlenden Worte. Vergleichen Sie die Ergebnisse im Plenum. *Lösung:* *1 befreien; 2 -schuldung; 3 -haltungskosten; 4 -brechen;* *5 psychisch; 6 -beratungen* **TIPP:** Machen Sie die TN darauf aufmerksam, dass es sich bei Textzusammenfassungen um eine Lesestrategie handelt („Lesestrategien", Strategie-Überblick → S. 165). **INTERKULTURELL:** Die TN lesen die Informationen in *Wussten Sie schon?* zum Thema „Verbraucherinsolvenz". Fragen Sie bei multinationalen Kursen die TN, ob es die Möglichkeit der Verbraucherinsolvenz in ihrem Heimatland auch gibt.		
Einzelarbeit	**AB 112/Ü14** Hörverstehen (Radiobeitrag) zum Thema „Schuldnerberatung" im Fernsehen; auch als Hausaufgabe geeignet.	AB-CD/03 *AB-CD/36*	
Einzelarbeit	**AB 112/Ü15** Wortschatzübung, angelehnt an *Wussten Sie schon?* im Kursbuch (→ S. 91) zum Thema „Schuldnerberatung"; auch als Hausaufgabe geeignet.		

4 Satzstrukturen: Kausale Zusammenhänge

SOZIALFORM	ABLAUF	MATERIAL	ZEIT
Einzelarbeit Plenum	a) Die TN unterstreichen die kausalen Ausdrücke in den beiden Texten auf S. 90. Vergleichen Sie die Ergebnisse im Plenum. *Lösung:* <table><tr><td>*Text 1:*</td><td>*Text 2:*</td></tr><tr><td>– *weil (Z. 4)* – *zumal (Z. 6)* – *aus diesem Grund (Z. 7)* – *mangels (Z. 8)*</td><td>– *deshalb (Z. 4)* – *aufgrund (Z. 5)* – *wegen (Z. 11)*</td></tr></table>		

Einzelarbeit Plenum	b) Die TN ergänzen die Sätze aus **a** mit den kausalen Ausdrücken in der Tabelle. Vergleichen Sie die Ergebnisse im Plenum.		

Lösung:

1 Präposition	– Herr Müller wurde mangels einer Aussicht auf Besserung der Lage psychisch krank. (Text 1, Z. 7–8) – Bei anderen besteht das Problem aufgrund einer gescheiterten Selbstständigkeit. (Text 2, Z. 5–6) – Aber psychische Erkrankungen können auch wegen ständiger Geldsorgen entstehen. (Text 2, Z. 11)
2 Konnektor (Nebensatz)	– Weil wir keinen Krippenplatz hatten, mussten wir eine alternative Lösung für die Kinderbetreuung finden. (Text 1, Z. 4–6) – Das war nicht so leicht, zumal wir kein Geld dafür ausgeben konnten. (Text 1, Z. 6)
3 Konnektor (Hauptsatz)	– Aus diesem Grund haben wir sie dann zu meinen Eltern aufs Land geschickt. (Text 1. Z. 7) – Manche Menschen haben auch ein falsches Konsumverhalten, deshalb überschulden sich viele. (Text 2, Z. 2–3)

Einzelarbeit Plenum	c) Die TN bestimmen, welcher Kasus nach den Präpositionen, die kausale Zusammenhänge ausdrücken, in **b** steht *(mangels, aufgrund, wegen)*. Vergleichen Sie die Ergebnisse im Plenum. *Lösung:* *Nach den Präpositionen steht der Genitiv.* **TIPP:** Weisen Sie die TN darauf hin, dass das Thema in Lektion 12 noch einmal aufgegriffen wird (Präpositionen mit dem Genitiv).		

Einzelarbeit Plenum	d) Die TN formulieren die in b vorgegebenen Sätze mithilfe anderer kausaler Ausdrücke auf S. 96 um. Ausdrücke wie *weil, denn, deswegen, wegen, dank, vor* oder *aus* müssten den TN schon bekannt sein. Motivieren Sie die TN, möglichst Konnektoren oder Präpositionen zu verwenden, die neu für sie sind, zum Beispiel *eben, mangels, zumal.* Vergleichen Sie die Ergebnisse im Plenum. *Lösungsvorschlag:* *1 Herr Müller wurde mangels einer Aussicht auf Besserung der Lage psychisch krank.* → *Weil Herr Müller keine Aussicht auf Besserung der Lage hatte, wurde er psychisch krank.* *2 Bei anderen besteht das Problem aufgrund einer gescheiterten Selbstständigkeit.* → *Da bei anderen eine gescheiterte Selbstständigkeit vorliegt, besteht das Problem.* *3 Aber psychische Erkrankungen können auch wegen ständiger Geldsorgen entstehen.* → *Aber psychische Krankheiten können auch entstehen, weil es ständig Geldsorgen gibt.* *4 Weil wir keinen Krippenplatz hatten, mussten wir eine alternative Lösung für die Kinderbetreuung finden.* → *Mangels eines Krippenplatzes mussten wir eine alternative Lösung für die Kinderbetreuung finden.* *5 Das war nicht so leicht, zumal wir kein Geld dafür ausgeben konnten.* → *Das war nicht so leicht, denn wir konnten kein Geld dafür ausgeben.* *6 Aus diesem Grund haben wir sie dann zu meinen Eltern aufs Land geschickt.* → *Daher haben wir sie dann zu meinen Eltern aufs Land geschickt.* *7 Manche Menschen haben auch ein falsches Konsumverhalten, deshalb überschulden sich viele.* → *Auch wegen eines falschen Konsumverhaltens mancher Menschen überschulden sich viele.*		
Plenum	**FOKUS GRAMMATIK:** Machen Sie den TN deutlich, dass mithilfe der Kausalsätze ein Grund ausgedrückt werden kann. Hierfür gibt es verschiedene Strukturen. Weisen Sie die TN auch auf die Grammatikübersicht im Kursbuch (→ S. 96/2) und auf die erweiterte Grammatikübersicht im Lehrwerkservice zu *Sicher!* hin. **VERTIEFUNG:** Die TN stellen sich im Kreis auf. Schreiben Sie kausale Präpositionen oder Konnektoren, mit denen sich ein Satz beginnen lässt, auf Plakate. Die TN bilden zusammen mit dem Anfangswort einen Satz, jede/r TN nennt reihum ein Wort. Wer ein falsches Wort nennt, muss sich hinsetzen, wer am Ende noch steht, hat gewonnen („Sitzen–Stehen", Glossar → S. 163).	Plakate	
Einzelarbeit	AB 113/Ü16 Wiederholungsübung zu kausalen Konnektoren, die schon aus *Sicher! B1* und *B2* bekannt sind; auch als Hausaufgabe geeignet.		
Einzelarbeit	AB 113/Ü17 Entdeckende Grammatikübung zum Thema „Satzstrukturen: Kausale Zusammenhänge". Eignet sich gut als einführende Übung im Unterricht, kleinschrittig werden Haupt- und Nebensatzkonnektoren sowie Präpositionen unterschieden und die Stellung im Satz markiert; auch als Hausaufgabe geeignet.		
Einzelarbeit	AB 114/Ü18 Grammatikübung zum Thema; auch als Hausaufgabe geeignet.		

Ich kann jetzt …

SOZIALFORM	ABLAUF	MATERIAL	ZEIT
Einzelarbeit	Die TN markieren, was auf sie zutrifft.		

Wortschatz

1 Nachrichten aus der Wirtschaft

SOZIALFORM	ABLAUF	MATERIAL	ZEIT
Plenum	a) Die TN diskutieren im Plenum, was der Begriff „Mindestlohn" bedeutet. Vergleichen Sie die Ergebnisse im Plenum. *Lösung:* *Definition: Der Mindestlohn ist die minimale Höhe an Lohn, die rechtlich zulässig ist. Die Festsetzung erfolgt durch eine gesetzliche Regelung, die im Jahr 2015 eingeführt wurde. Er betrug bei der Einführung 8,50 Euro pro Stunde brutto.*		
Einzelarbeit Plenum	b) Die TN lesen die Texte. Im Kontext sollten die TN erkennen, was die Begriffe bedeuten. Vergleichen Sie die Ergebnisse im Plenum. *Lösung:* *1 E; 2 A; 3 D; 4 B; 5 F; 6 C*		
Gruppenarbeit	**VERTIEFUNG/INTERKULTURELL:** In internationalen Lerngruppen diskutieren die TN in heterogenen Kleingruppen, ob es einen Mindestlohn in ihrem Land gibt. *Wenn ja, wie hoch ist der Mindestlohn in den jeweiligen Ländern? Wenn nein, sollte man einen solchen Mindestlohn einführen? Was halten Sie von einem solchen Gesetz?* Ein/e TN der Kleingruppe fungiert als Schriftführer und hält die wichtigsten Ergebnisse in Stichpunkten fest. Die Kleingruppen präsentieren anschließend ihre Ergebnisse im Plenum.		

2 Wortbildung: Adjektive

SOZIALFORM	ABLAUF	MATERIAL	ZEIT
Plenum	a) Fragen Sie die TN, was in den Wörtern „gestrigen" und „jetzige" steckt und geben Sie danach die Auflösung an der Tafel. *Lösung:* *gestrigen – gestern; jetzige – jetzt*		
Plenum	**FOKUS GRAMMATIK:** Machen Sie den TN deutlich, dass durch die Nachsilbe *-ig* aus Adverbien attributive Adjektive, also Adjektive, die beim Nomen stehen, werden. Sie werden vor allem in der Schriftsprache verwendet. Bei bestimmten Adverbien ändert sich dadurch der Wortstamm, zum Beispiel bei *gestrig*. Weisen Sie die TN auch auf die Grammatikübersicht im Kursbuch (→ S. 96/3) und auf die erweiterte Grammatikübersicht im Lehrwerkservice zu *Sicher!* hin.		
Plenum	b) Die TN ergänzen die Tabelle. Vergleichen Sie die Ergebnisse im Plenum. *Lösung:*		

Lösung:

Adverb	Adjektiv	Adverb	Adjektiv
bald	*die baldige Rettung*	*morgen*	*die morgige Konferenz*
dort	*der dortige Arbeitsmarkt*	*gestern*	*das gestrige Meeting*
sonst	*die sonstigen Kosten*	*oben*	*die obigen Texte*

SOZIALFORM	ABLAUF		
Plenum	c) Die TN diskutieren im Plenum, was ihnen bei den Adjektiven der rechten Spalte auffällt. Vergleichen Sie die Ergebnisse im Plenum. *Lösung:* *Bei den Adjektiven in der rechten Spalte kann nicht einfach ein -ig ange-hängt werden. Der Wortstamm ändert sich ebenfalls.*		
Einzelarbeit	AB 115/Ü19 Selbstentdeckende Grammatikübung zum Thema „Wortbildung: Adjektive". In dieser Übung werden gleichzeitig der Nominal- und Verbalstil wiederholt (siehe LESEN 1). In c geht es um die Adverbien, die am Ende ein *-s* haben (*damals – damalig*); auch als Hausaufgabe geeignet.		
Einzelarbeit	AB 115/Ü20 Grammatikübung zum Thema; auch als Hausaufgabe geeignet.		

Ich kann jetzt …

SOZIALFORM	ABLAUF	MATERIAL	ZEIT
Einzelarbeit	Die TN markieren, was auf sie zutrifft.		
Gruppenarbeit Plenum	**VERTIEFUNG:** Schreiben Sie möglichst viele Adverbien aus dieser Lektion wie zum Beispiel *bald, morgen, heute, gestern …* (Aufstellung in der erweiterten Grammatikübersicht im Lehrwerkservice) an die Tafel. Die TN bilden mit einem Adverb, das sie daraus frei auswählen, ein bis zwei Sätze und schreiben diese auf einen Zettel, zum Beispiel *Wir machen morgen eine Klassenfahrt. Darauf freue ich mich.* Danach liest die/der erste TN seinen Satz vor und wirft einen Ball zu einem anderen TN aus der Gruppe. Diese/r TN muss aus dem Adverb ein attributives Adjektiv bilden und das passende Nomen anfügen, zum Beispiel *Ich freue mich auf die morgige Klassenfahrt.* Sie/Er wirft den Ball weiter und nennt das nächste Adverb. So geht es reihum, bis jeder einmal zu Wort gekommen ist („Ball", Glossar → S. 160).	Zettel Ball	

Sprechen

1 Armut als gesellschaftliches Problem

SOZIALFORM	ABLAUF	MATERIAL	ZEIT
Einzelarbeit Plenum	a) Die TN sehen das Foto an und erklären die Situation auf dem Bild. Vergleichen Sie die Ergebnisse im Plenum. *Lösungsvorschlag:* *Die Frau lebt in großer Armut, worauf ihre zerrissene, alte Kleidung und ihr ungepflegtes Äußeres schließen lassen. Im Hintergrund sieht man eine Müllhalde, vielleicht sucht sie dort nach Dingen, die sie selbst gebrauchen oder verkaufen kann. Vermutlich lebt sie auf der Straße, der Hund ist ihre Familie.*		
Partnerarbeit Plenum	**VERTIEFUNG:** Die TN arbeiten zu zweit und erfinden eine Biografie für die Frau auf dem Foto. *Wie ist sie in diese Situation gekommen? Was für ein Vorleben hat sie? Hatte sie mal einen Beruf? Hat sie eine Familie? Was bedeutet der Hund für sie?* Vergleichen Sie die Ergebnisse im Plenum.		

Einzelarbeit Plenum	b) Die TN markieren, wann ein Mensch ihrer Meinung nach arm ist, und ergänzen weitere Anzeichen von Armut. Vergleichen Sie die Ergebnisse im Plenum. *Lösungsvorschlag:* *Jemand ist arm, wenn sie/er …* *– dauernd Hunger leiden muss.* *– obdachlos ist.* *– keine Krankenversicherung hat.* *– im Winter im Freien schlafen muss.* *– sich aus finanzieller Not nicht um ihre/seine Kinder kümmern kann. […]*		
Einzelarbeit Plenum	c) Die TN lesen die Redemittel. Weisen Sie die TN für die Ausführung der Aufgabe auch auf die Übersicht der Redemittel im Anhang hin. Die TN formulieren mithilfe der Redemittel und unter Verwendung von Beispielen ihre Meinung zum Thema „Armut" und was Armut für sie bedeutet. Dabei soll zwischen ihrer Meinung und der gesellschaftlich vorherrschenden Meinung unterschieden werden. Vergleichen Sie die Ergebnisse im Plenum. *Lösungsvorschlag:* *Armut kann man meiner Meinung nach unterschiedlich verstehen. Zum einen gibt es die persönliche, existenzielle Armut. Zum anderen gibt es ein subjektives Empfinden von Armut im Vergleich zur übrigen Gesellschaft. In unserer Gesellschaft gilt zum Beispiel derjenige als arm, der kein Handy besitzt, dies kann in einem armen Land aber ganz normal sein. Als arm würde ich Menschen bezeichnen, die tatsächlich nicht wissen, ob sie am nächsten Tag etwas zu essen haben werden oder nicht, und auch die Menschen, die kein Dach über dem Kopf haben. In Armut zu leben heißt für mich zum Beispiel, nicht mehr mobil sein zu können und keine Reisen mehr unternehmen zu können oder in einer kleinen Wohnung zu leben, aus der Sicht anderer Menschen würde ich dann aber immer noch als reich gelten. […]*		

2 Maßnahmen gegen Armut

SOZIALFORM	ABLAUF	MATERIAL	ZEIT
Gruppenarbeit Plenum	a) Die TN arbeiten in Vierergruppen und entscheiden sich zusammen für eines der beiden Themen (A oder B) für eine Pro- und Kontra-Diskussion. **VERTIEFUNG:** Die TN entwerfen in ihren Kleingruppen eine Mindmap zum Thema „Maßnahmen gegen Armut" und schreiben passende Worte und Formulierungen zum Thema auf ein Plakat. Dafür können sie auch ein Wörterbuch zu Hilfe nehmen. Anschließend präsentieren die Kleingruppen ihre Mindmaps im Plenum. Klären Sie zusammen mit den TN unbekannte Worte und hängen Sie die Plakate im Klassenraum auf. Sie bleiben während der anschließenden Diskussion hängen und dienen als Redehilfe („Mindmap", Glossar → S. 162).	Plakate	

Einzelarbeit Gruppenarbeit

Einzelarbeit Plenum | b) In der Vierergruppe entscheiden sich zwei TN für die Pro-Position, d.h., sie würden auf die Fragestellung in a mit „ja" antworten, zwei TN entscheiden sich für die Kontra-Position, d.h., sie würden auf die Frage mit „nein" antworten. Die TN bereiten die Redebeiträge vor, sie gehen dabei so vor, wie in Schritt 1 bis 3 beschrieben. **TIPP:** Die TN machen sich Notizen zu Schritt 1 bis 3 auf kleinen Kärtchen, die sie während der Diskussion gebrauchen können. Motivieren Sie die TN, sich nur Stichworte zu notieren, damit sie nicht Wort für Wort ablesen, sondern in der Diskussion frei sprechen. Zusätzlich können Sie für jeden TN Redekarten in Grün, Rot und Blau einsetzen. Jede Farbe gibt eine bestimmte Redezeit vor, zum Beispiel *grün:* zwei Minuten, *rot:* eine Minute und *blau:* 30 Sekunden. Bei jeder Wortmeldung setzt die/der TN eine Redekarte ein, je nachdem, wie viel sie/er zu sagen hat. Die Redekarten sind eine Motivation für zurückhaltende Kursteilnehmer, damit auch sie Gebrauch von ihrer Redezeit im Plenum machen („Redekarten", Glossar → S. 162). | Kärtchen, Redekarten in Grün, Rot und Blau | |
| Gruppenarbeit | c) Gehen Sie mit den TN die Redemittel zum Thema „jemanden höflich unterbrechen" / „um das Wort bitten" / „Unterbrechungen abwehren" durch. Machen Sie den TN deutlich, dass es prinzipiell immer zu vermeiden ist, jemanden zu unterbrechen. Sollte es doch nötig sein, zum Beispiel, weil jemand zu sehr vom Thema abweicht oder ein eigenes Argument gerade sehr gut passen würde, dann sollte man versuchen, dies möglichst höflich zu tun. Bitten Sie die TN, sich auf die Diskussion zu konzentrieren. Für den Fall, dass es zu einer Unterbrechung kommen sollte bzw. TN diese einbauen wollen, verwenden sie die vorgegebenen Redemittel. Die TN führen zu viert die Diskussion durch, unterbrechen sich gegenseitig bei längeren Ausführungen, bzw. versuchen die Unterbrechung abzuwehren und verwenden dabei die Redemittel. **VERTIEFUNG:** Die TN geben sich gegenseitig ein Feedback, indem jeweils zwei Vierergruppen zusammenarbeiten. Die erste Gruppe führt die Diskussion vor, die zweite Gruppe hört zu und macht sich Notizen für ein anschließendes Feedback, es gibt dabei vier „Experten", die sich auf folgende Aspekte konzentrieren: TN 1: Aussprache/Präsentationstechnik TN 2: Inhalt/Argumentation TN 3: Verwendung der Redemittel TN 4: Grammatik Anschließend wechseln die Gruppen und die andere Gruppe gibt ein Feedback. **TIPP:** Halten Sie sich während der Diskussion im Hintergrund, gehen Sie von Gruppe zu Gruppe und greifen Sie nur ein, wenn es gar nicht mehr weitergeht. Für ein anschließendes Feedback im Plenum können Sie sich Notizen machen. | | |
| Einzelarbeit | AB 116/Ü21 Anwendungsübung der Redemittel zum Thema „sich (nicht) unterbrechen lassen"; die Übung eignet sich gut als Vorbereitung auf die Diskussion; auch als Hausaufgabe geeignet. | | |

SOZIALFORM	ABLAUF		
Einzelarbeit	**AB 116/Ü22** Wortschatzübung zum Thema „Armut und Reichtum", eignet sich gut als Vorbereitung auf die Diskussion; auch als Hausaufgabe geeignet.		

Ich kann jetzt ...

SOZIALFORM	ABLAUF	MATERIAL	ZEIT
Einzelarbeit	Die TN markieren, was auf sie zutrifft.		
Gruppenarbeit	**VERTIEFUNG:** Teilen Sie die TN in zwei Gruppen auf. Beide Gruppen stellen sich in einem Innen- und Außenkreis gegenüber auf. Geben Sie ein freies Thema vor, das zur Lektion passt, zum Beispiel *Geld regiert die Welt. Wer arm ist, ist selbst schuld.* etc. Die TN diskutieren über das Thema, der Innenkreis versucht dabei, den Außenkreis zu unterbrechen, dieser versucht die Unterbrechung abzuwehren. Nach 5 Minuten wechselt das Thema und die Gesprächspartner. Der Innenkreis versucht wieder, den Außenkreis höflich zu unterbrechen („Kugellager", Glossar → S. 161).	Stoppuhr	

Hören

1 Erfahrungsaustausch: Geldtransfer

SOZIALFORM	ABLAUF	MATERIAL	ZEIT
Gruppenarbeit Plenum	a) Die TN arbeiten in Kleingruppen und tauschen sich darüber aus, ob sie schon einmal Geld ins Ausland überwiesen haben und welche Erfahrung sie dabei gemacht haben. Vergleichen Sie die Ergebnisse im Plenum.		
Gruppenarbeit Plenum	b) Die TN arbeiten weiter in ihren Kleingruppen und versuchen, den Unterschied zwischen einer Überweisung und einer Lastschrift zu klären. Vergleichen Sie die Ergebnisse im Plenum. *Lösungsvorschlag:* *Eine Überweisung ist ein bargeldloser Zahlungsverkehr, den ein Schuldner und ein Gläubiger über eine Bank abwickeln.* *Bei einer Lastschrift darf der Gläubiger das Geld vom Konto des Schuldners einziehen.* **TIPP:** Motivieren Sie die TN, hierbei kein Wörterbuch (oder Internet-Suchmaschine) zu Hilfe zu nehmen, sondern nur Vermutungen anzustellen. Sammeln Sie anschließend Stichpunkte an der Tafel und versuchen Sie zusammen mit den TN eine Definition zu formulieren.		

2 Der europaweit einheitliche Zahlungsverkehr

SOZIALFORM	ABLAUF	MATERIAL	ZEIT
Gruppenarbeit Plenum	Die TN arbeiten in Kleingruppen und tauschen sich aus, welche Erwartungen sie an den Radiobeitrag haben. Vergleichen Sie die Ergebnisse im Plenum. *Lösungsvorschlag:* *Wahrscheinlich geht es um Überweisungen innerhalb Europas. Wenn der Zahlungsverkehr heute einheitlich ist, dann gab es früher vielleicht keinen einheitlichen Zahlungsverkehr.* Hören Sie anschließend den Radiobeitrag in Abschnitten.		
Gruppenarbeit Plenum	Abschnitt 1: 1 Die TN diskutieren nach dem ersten Hören in ihren Kleingruppen, ob sich ihre Erwartungen erfüllt haben. 2 Die TN markieren die richtige Antwort. Kontrolle im Plenum. *Lösung:* *2 b 2014 hat man den Zahlungsverkehr innerhalb der Eurozone vereinfacht.* **TIPP:** Geben Sie den TN vor dem ersten Hören Zeit, die Frage und Antworten zu lesen und sich Schlüsselwörter zu markieren. Machen Sie den TN deutlich, dass es sich beim Notieren von Schlüsselwörtern um eine Hörstrategie handelt („Hörstrategien", Strategie-Überblick → S. 166).	CD 2/5	
	Abschnitt 2: Die TN markieren die richtige Antwort. Kontrolle im Plenum. *Lösung:* *1 b zwischen Ländern genauso unproblematisch wie innerhalb eines Landes.* *2 c in der Europäischen Union sowie einigen anderen europäischen Ländern.*	CD 2/6	
	Abschnitt 3: Die TN markieren die richtige Antwort. Kontrolle im Plenum. *Lösung:* *1 a einen Code für das Land der Bank, zum Beispiel DE.* *2 b Die Kunden vertauschen oft einzelne Zahlen in der langen Nummer.* **INTERKULTURELL:** Besorgen Sie sich (so weit möglich) deutsche SEPA-Überweisungsscheine, zum Beispiel, indem Sie sich einen deutschen Überweisungsschein im Internet ausdrucken oder kopieren Sie die Vorlage im Kursbuch so groß wie möglich für alle TN. Bringen Sie die Scheine mit in den Unterricht, die TN füllen die Felder aus und überweisen sich gegenseitig eine Fantasiesumme.	CD 2/7 SEPA-Überweisungsschein	

3 Zusammenfassung

SOZIALFORM	ABLAUF	MATERIAL	ZEIT
Gruppenarbeit Plenum	Die TN schreiben die fünf richtigen Lösungssätze aus Aufgabe 2 auf ein Blatt untereinander und formulieren mit diesen Sätzen eine mündliche Zusammenfassung, wobei sie die Sätze nicht wiederholen, sondern eigene Formulierungen wählen; dabei dürfen sie auch falsche Informationen einbauen. *Lösungsvorschlag:* *Seit 2014 kann man in Europa leichter Geld überweisen.* *Der Vorteil ist, dass man jetzt ins Ausland genauso einfach Geld überweisen kann wie in sein eigenes Land.* *Am SEPA-Zahlungsverfahren nehmen die Länder der EU, außerdem Island, Liechtenstein und Norwegen teil.* *Am Anfang der IBAN-Nummer stehen zwei Buchstaben für das Land der Bank.* *Durch die lange Nummer kommt es immer wieder zu Verwechslungen.*		
Einzelarbeit	**AB 117/Ü23** Wortschatzübung zum Thema „Zahlungsverkehr"; auch als Hausaufgabe geeignet.		
Einzelarbeit	**AB 117/Ü24** Schreibaufgabe zum Thema; auch als Hausaufgabe geeignet.		

Ich kann jetzt ...

SOZIALFORM	ABLAUF	MATERIAL	ZEIT
Einzelarbeit	Die TN markieren, was auf sie zutrifft.		
Einzelarbeit Plenum	**VERTIEFUNG:** Schreiben Sie neue Wörter aus dieser Einheit, zum Beispiel *Zahlungsverkehr, SEPA, Überweisungsschein* auf Kärtchen und verteilen Sie diese an die TN. Jede/r TN versucht, eine Definition für sein Wort zu finden, die sie/er im Plenum vorträgt; dabei darf sie/er das Wort nur durch Synonyme umschreiben. Wer das Wort errät, bekommt das Kärtchen, die/der TN mit den meisten Kärtchen hat gewonnen.	Kärtchen	

Schreiben

1 Länderporträt

SOZIALFORM	ABLAUF	MATERIAL	ZEIT
Einzelarbeit Plenum	a) Die TN lesen die Informationen über die Schweiz und ordnen den Bereichen die Schlagwörter zu. Vergleichen Sie die Ergebnisse im Plenum. *Lösung:*		

Geographie	*Politik*	*Wirtschaft*	*Sonstiges*
Fläche, Lage	*politische Gliederung, Regierungssitz*	*Wirtschaftszentren, global tätige Unternehmen, Handwerk*	*Einwohner, Bevölkerungsdichte, Währung, Preisniveau, Lebenshaltungskosten, Steuern*

Einzelarbeit Plenum	b) Die TN formulieren aus fünf Informationen aus a einen Text. *Lösungsvorschlag: Die Schweiz hat circa 8 Millionen Einwohner, fast ein Viertel davon hat keinen schweizerischen Pass. Ein großer Teil der Bevölkerung lebt in den sechs Großstädten Zürich, Genf, Basel, Lausanne, Bern und Winterthur. Für das alltägliche Leben muss man in der Schweiz mehr Geld ausgeben als in anderen europäischen Ländern. Die Schweiz gehört nicht zur Eurozone und hat deswegen eine eigene Währung, den Schweizer Franken. Ein bekannter Wirtschaftszweig ist das Uhrenhandwerk.*		

2 Projekt: Ländervergleich

SOZIALFORM	ABLAUF	MATERIAL	ZEIT
Einzelarbeit Plenum	a) Die TN verfassen ein Porträt eines Landes ihrer Wahl. Sie orientieren sich dabei an dem Länderporträt über die Schweiz und stellen Vergleiche dazu an. Sie können dafür im Internet recherchieren und die angegebenen Redemittel verwenden. Weisen Sie die TN auch auf die Übersicht der Redemittel im Anhang hin. Vergleichen Sie dann die Ergebnisse im Plenum.		
Plenum Partnerarbeit	b) Die Texte werden ausgetauscht und ohne das Land zu nennen vorgelesen; die anderen TN raten, um welches Land es sich handelt. **VERTIEFUNG/INTERKULTURELL:** In multinationalen Lerngruppen gehen die TN zu zweit zusammen (aus möglichst unterschiedlichen Herkunftsländern), interviewen sich gegenseitig mithilfe der Oberbegriffe aus Aufgabe 1a zu ihren Heimatländern. Anschließend verteilen sich die TN wieder auf ihren Plätzen oder im Raum. Sie präsentieren kurz die Informationen, die sie von ihrem Lernpartner erhalten haben, nennen aber dabei weder den Namen ihres Interviewpartners, noch irgendwelche Länder- oder Städtenamen. Stattdessen sagen sie „ZONK", zum Beispiel *ZONKs Land ist 30.000 Quadratkilometer groß, man zahlt dort durchschnittlich 30 Prozent Steuern* … Die anderen TN raten, um wen und um welches Land es sich handelt („ZONK", Glossar → S. 164).		
Einzelarbeit	AB 118/Ü25 Anwendungsübung der Redemittel zum Thema „Vergleiche ausdrücken"; die Übung eignet sich gut als Vorbereitung auf die Textproduktion im Kursbuch (→ S. 95/2); auch als Hausaufgabe geeignet.		
Einzelarbeit	AB 118/Ü26 Wortschatzübung zum Thema; auch als Hausaufgabe geeignet.		

Ich kann jetzt …

SOZIALFORM	ABLAUF	MATERIAL	ZEIT
Einzelarbeit	Die TN markieren, was auf sie zutrifft.		
Einzelarbeit Plenum	**VERTIEFUNG:** Die TN schließen nach dieser Einheit das Buch. Geben Sie ihnen zwei Minuten Zeit, alles aufzuschreiben, was ihnen zur Schweiz einfällt. Einzige Regel: Sie dürfen dabei nicht stoppen, sondern müssen immer weiterschreiben. Die Texte werden nicht kontrolliert oder vorgelesen. Fragen Sie die TN anschließend im Plenum, ob ihnen die Aufgabe schwer/leicht gefallen ist und wie viel sie behalten haben („**Wilde-Writing**", Glossar → S. 164).		

LERNWORTSCHATZ (Arbeitsbuch → S. AB 119)

SOZIALFORM	ABLAUF	MATERIAL	ZEIT
Plenum	Planen Sie zu Beginn des neuen Lernwerks Zeit ein, um mit den TN im Plenum zu diskutieren, wie sie neuen Wortschatz am besten lernen und behalten können. Diskutieren Sie mit den TN nicht nur, wie sie lernen und welche Strategien sie anwenden (dafür gibt es auch in diesem Lehrerhandbuch am Ende jeder Lektion wieder viele Anregungen), sondern fragen Sie die TN auch, *wie* sie sich am besten motivieren und *wo* und *wann* sie Zeit zum Lernen einplanen. Auch die beste Strategie oder das beste technische Hilfsmittel wie eine Lern-App ersetzt nicht das regelmäßige Wiederholen, das von vielen Lernern als demotivierend und langweilig wahrgenommen wird. Regen Sie die TN dazu an (egal, welche Strategie sie für sich gefunden haben), eine bestimmte Lernzeit am Tag an einem für sie angenehmen Ort einzuplanen. Dazu kann schon mal der gewohnte Arbeitsplatz verlassen werden, auch auf einem Spaziergang oder auf dem Lieblingssofa lässt es sich prima lernen! Der Lernort sollte hell und freundlich sein, Ablenkungen wie Internet oder Fernsehen sind tabu. Motivieren Sie die TN weiterhin, eine feste Zeitspanne für die Wortschatzarbeit festzulegen und niemals davon abzuweichen (wie das tägliche Zähneputzen) – regelmäßige kleine Einheiten bringen mehr als stundenlanges Lernen am Stück. Unbedingt sollten während des Lernens Pausen eingebaut werden und am Ende eine motivierende Belohnung stehen (ein gutes Essen, das Handy wieder einschalten etc.).	Plakate	

LEKTIONSTEST 7 (Arbeitsbuch → S. AB 120)

SOZIALFORM	ABLAUF	MATERIAL	ZEIT
Einzelarbeit	Mithilfe des Lektionstests haben die TN die Möglichkeit, ihr neues Wissen in den Bereichen Wortschatz, Grammatik und Redemittel zu überprüfen. Wenn die TN mit einzelnen Bereichen noch Schwierigkeiten haben, können sie gezielt noch einmal einzelne Module wiederholen.		

REFLEXION DER LEKTION

SOZIALFORM	ABLAUF	MATERIAL	ZEIT
Gruppenarbeit	Die TN arbeiten in Gruppen und bekommen ein Thema oder eine Frage zu Lektion 7, zum Beispiel *Welche kausalen Präpositionen kennen Sie? Nennen Sie Redemittel, um jemanden höflich zu unterbrechen. Was ist die Aufgabe einer Schuldnerberatung?* etc. Ein/e TN gibt eine Antwort, dabei sollte sie/er kurz und komprimiert in der Zeit antworten, in der ein Streichholz abbrennt („Flammende Rede", Glossar → S. 160).	Streichhölzer	

EINSTIEG

Vor dem Öffnen des Buches

SOZIALFORM	ABLAUF	MATERIAL	ZEIT
Gruppenarbeit Plenum	Die TN arbeiten in Vierergruppen und notieren auf einem Plakat, was ihnen spontan zum Thema „Psychologie" einfällt. Auf dem Plakat sind vier Felder eingezeichnet plus eins in der Mitte. Jede/r TN bekommt ein Feld zugeteilt und notiert seine Gedanken/ Argumente in seinem Feld. Die TN präsentieren sich gegenseitig ihre Ergebnisse und einigen sich zusammen auf die wichtigsten Punkte, die sie in die Mitte des Plakats schreiben. Anschließend präsentieren die TN im Plenum, worauf sie sich geeinigt haben (= Ergebnisse im mittleren Feld); („Placemat", Glossar → S. 162).	Plakate	

1 Zwei Köpfe

SOZIALFORM	ABLAUF	MATERIAL	ZEIT
Einzelarbeit Plenum	a) Die TN sehen sich das Bild an und überlegen, was damit ausgedrückt werden soll. Sie notieren sich die Ideen, die ihnen spontan dazu einfallen. Vergleichen Sie die Ergebnisse im Plenum. *Lösungsvorschlag:* *In dem Bild geht es meiner Meinung nach darum, wie wir gedanklich miteinander kommunizieren. Zwei Köpfe (ohne Mund und Ohren) fixieren sich gegenseitig. In jedem der Köpfe ist das Gehirn sichtbar, unterschiedlich gemustert. Das Bild macht vielleicht deutlich, dass jeder von uns eine andere Art und Weise der Wahrnehmung und des Denkens hat.*		
Plenum Gruppenarbeit Plenum	b) Die TN präsentieren ihre Ideen aus a im Plenum. Finden Sie zusammen mit den TN für inhaltlich ähnliche Äußerungen Überschriften und halten Sie diese an der Tafel fest. **VERTIEFUNG:** Die TN arbeiten in Kleingruppen, präsentieren sich gegenseitig ihre Ideen und entwerfen auf einem Plakat eine Mindmap, die sie danach im Plenum den anderen TN präsentieren („Mindmap", Glossar → S. 162).	Plakate	
Einzelarbeit	AB 121/Ü1 Wortschatzübung zum Thema „Gefühlslagen". Die Übung eignet sich gut als Einstimmung auf die folgenden Einheiten; auch als Hausaufgabe geeignet.		

2 Begriffe aus der Psychologie

SOZIALFORM	ABLAUF	MATERIAL	ZEIT
Partnerarbeit Gruppenarbeit	Die TN diskutieren zu zweit über die Begriffe. Danach tauschen sie sich in Kleingruppen über ihre Vermutungen aus. *Lösungsvorschlag:* *Emotionale Intelligenz: „Ich glaube, emotionale Intelligenz hat nicht so sehr mit der Fähigkeit zu denken zu tun, sondern eher mit der Fähigkeit, Gefühle anderer einschätzen zu können und ‚geschickt' darauf einzugehen."* *Empathie: „Ich denke, bei Empathie geht es um das Einfühlungsvermögen."* *Psychosomatik: „Vermutlich werden bei der Psychosomatik psychische Fähigkeiten mit körperlichen Vorgängen in Verbindung gebracht."* *Depression: „Es könnte sein, dass eine Depression eine psychische Krankheit ist, die durch negative Stimmung und Verlust an Lebensfreude gekennzeichnet ist."* *Psychotherapie: „Vielleicht werden in der Psychotherapie Krankheiten behandelt, die mit der Psyche zu tun haben."*		

	TIPP: Lassen Sie den Begriff „emotionale Intelligenz" hier noch außen vor und klären Sie zunächst die anderen Begriffe, auf emotionale Intelligenz wird in LESEN 1 noch gesondert eingegangen. Motivieren Sie die TN, zunächst nur Vermutungen anzustellen, ohne ein Wörterbuch zu gebrauchen. Erklären Sie die Begriffe später mit Synonymen, Antonymen oder Beispielen. Verzichten Sie in Ihrem Unterricht darauf, neue Wörter sofort in die Muttersprache zu übersetzen. Wenn Sie Wörterbücher einsetzen, dann am besten einsprachige.		

LESEN 1

1 Emotionale Intelligenz

SOZIALFORM	ABLAUF	MATERIAL	ZEIT
Plenum	a) Die TN präsentieren die Ergebnisse ihrer Gruppenarbeit (Kursbuch → S. 97) und tragen zusammen, wie sie „emotionale Intelligenz" definiert haben.		
Einzelarbeit Plenum	b) Die TN lesen den Text „Der EQ – ein Gradmesser für Erfolg im Leben", geben Antworten auf die Fragen und bestimmen den Textabschnitt. Vergleichen Sie die Ergebnisse im Plenum. *Lösungsvorschlag:* *1 Man findet Menschen meist dann sympathisch, wenn sie ausgeprägte emotionale Fähigkeiten haben. (Abschnitt D)* *2 Die Fähigkeiten, die den EQ ausmachen, sind erlernbar, der Charakter / die Persönlichkeit hingegen ist eine kaum veränderbare Konstante. (Abschnitt F)* *3 Man betrachtet die Fähigkeiten, sich in der Welt zurechtzufinden, Situationen einschätzen zu können, sein Leben selbst in die Hand zu nehmen, die eigenen Gefühle und die Gefühle anderer zu erkennen und Beziehungen zu anderen Menschen zu knüpfen und zu erhalten, als wichtig. (Abschnitt B)* *4 Durch emotionale Intelligenz sind wir in der Lage, andere Menschen einzuschätzen. (Abschnitt E)* *5 Man versteht unter emotionaler Intelligenz die Fähigkeit, mithilfe des gesunden Menschenverstandes in einer immer komplexer werdenden Welt klarzukommen. (Abschnitt A)* *6 Der IQ ist die „Problemlösungsintelligenz", beim EQ geht es um Erfahrung, Gefühle und Vernunft. (Abschnitt C)*		
Einzelarbeit Plenum	VERTIEFUNG: Die TN finden für die verschiedenen Abschnitte Überschriften. Vergleichen Sie die Ergebnisse im Plenum. *Lösungsvorschlag:* *A Definition von emotionaler Intelligenz* *B Was zeichnet emotionale Intelligenz aus?* *C Intelligenzquotient (IQ) im Unterschied zum emotionalen Intelligenzquotienten (EQ)* *D Sympathie durch emotionale Fähigkeiten* *E Emotionale Intelligenz, um andere einzuschätzen* *F Der individuelle Charakter im Unterschied zum EQ* TIPP: Machen Sie den TN deutlich, dass es sich bei der Unterteilung eines Lesetextes in Abschnitte und das Finden von Überschriften um eine Lesestrategie handelt („Lesestrategien", Strategie-Überblick → S. 165).		
Einzelarbeit	AB 121/Ü2 Wortschatzübung, bei der auch mit der Lernwortschatzseite gearbeitet werden kann; auch als Hausaufgabe geeignet.		

2 Gerundiv als Passiversatz

SOZIALFORM	ABLAUF	MATERIAL	ZEIT
Einzelarbeit Plenum	a) Die TN lesen die Stelle im Text, in der der Satz steht, noch einmal im Zusammenhang und markieren, welche Umschreibungen passen. Vergleichen Sie die Ergebnisse im Plenum. *Lösung:* *– Hier ein kurzer Text, der einfach durchzuführen ist.* *– Hier ein kurzer Text, der einfach durchgeführt werden kann.* *– Hier ein kurzer Text, der einfach durchführbar ist.* **TIPP:** Wiederholen Sie vor dieser neuen Grammatikeinheit mit den TN noch einmal das Passiv in allen Zeitformen *(Sicher! B2)*.		
Einzelarbeit Plenum	b) Die TN bilden jeweils drei mögliche Umschreibungen der Sätze. *Lösung:* *1* *– Der Charakter des Menschen ist eine Konstante, die kaum zu verändern ist.* *– Der Charakter des Menschen ist eine Konstante, die kaum verändert werden kann.* *– Der Charakter des Menschen ist eine Konstante, die kaum veränderbar ist.* *2* *– Stress-Resistenz ist eine Eigenschaft, die als äußerst wertvoll zu betrachten ist.* *– Stress-Resistenz ist eine Eigenschaft, die als äußerst wertvoll betrachtet werden kann.* *– Stress-Resistenz ist eine Eigenschaft, die als äußerst wertvoll betrachtet werden muss.* In diesem Zusammenhang müssen Sie die TN darauf hinweisen, dass nicht immer alle Varianten sprechüblich sind, wie in diesem Fall die Form *betrachtbar*.		
Einzelarbeit Plenum	c) Die TN formen die Relativsätze in Gerundivkonstruktionen um. Vergleichen Sie die Ergebnisse im Plenum. *Lösung:* *1 Emotionale Intelligenz ist eine jederzeit zu erlernende Qualität.* *2 Der Text zeigt die zu reduzierenden Defizite.*		
Plenum	**FOKUS GRAMMATIK:** Machen Sie den TN deutlich, dass das Gerundiv vorwiegend in der Schriftsprache verwendet wird. Es ersetzt Passivsätze mit den Modalverben *müssen, können* und *sollen*. Anhand der Übungen **b** und **c** können die TN erkennen, dass die Wahl des Modalverbs vom Kontext abhängig ist. In der gesprochenen Sprache verwendet man eher Relativsätze mit Infinitiv + *zu*. Die Passiversatzform mit Adjektiven auf *-bar* ist eine weitere Alternative (s.a. *Sicher! B2.2*, Lektion 10). Weisen Sie die TN auch auf die Grammatikübersicht im Kursbuch (→ S. 108/1a) und auf die erweiterte Grammatikübersicht im Lehrwerkservice zu *Sicher!* hin. Hier sind auch die Formen mit *-bar* aufgeführt, auf die aus Platzgründen im Buch verzichtet werden musste – auch, weil sie nur mit dem Modalverb *können* umformuliert werden.		
Einzelarbeit	AB 122/Ü3 Wiederholungsübung: Bildung des Partizip I; auch als Hausaufgabe geeignet.		
Einzelarbeit	AB 122/Ü4 Entdeckende Grammatikübung zum Gerundiv, eignet sich auch gut als einführende Übung im Unterricht; in **b** liegt der Fokus darauf, bei der Umformulierung das richtige Modalverb aus dem Kontext zu erschließen; auch als Hausaufgabe geeignet.		

Einzelarbeit	**AB 123/Ü5** Grammatikübung zum Gerundiv; auch als Hausaufgabe geeignet.		

Ich kann jetzt …

SOZIALFORM	ABLAUF	MATERIAL	ZEIT
Einzelarbeit	Die TN markieren, was auf sie zutrifft.		
Partnerarbeit	**VERTIEFUNG:** Die TN arbeiten zu zweit. Schreiben Sie Substantive aus dem Lesetext auf Kärtchen und verteilen Sie sie an die TN (zum Beispiel *Intelligenz, Emotion, Menschenverstand …*). Die/Der erste Lernpartner/in deckt ein Kärtchen auf und bildet einen Relativsatz mit dem Modalverb *müssen, können* oder *sollen* (zum Beispiel *Die Emotion, die berücksichtigt werden muss.*), die/der Lernpartner/in bildet nun das passende Gerundiv (zum Beispiel *Die zu berücksichtigende Emotion*). So geht es abwechselnd weiter.	Kärtchen	

WORTSCHATZ

1   Tipps zur emotionalen Intelligenz

SOZIALFORM	ABLAUF	MATERIAL	ZEIT
Gruppenarbeit Plenum	**VOR DEM ÖFFNEN DES BUCHES:** Bevor die TN die Aufgabe lösen, arbeiten sie in Kleingruppen und diskutieren darüber, in welchen Situationen ihnen emotionale Intelligenz schon einmal geholfen hat, zum Beispiel, wenn jemand der eigenen Meinung nach komisch agiert, dann kann man zuerst überlegen, welche Hinter-grunde die Person für ihr Handeln haben könnte oder auch, warum einen selbst das so stört. *Welche Tipps kann man jemandem geben, der emotional intelligent handeln möchte?* Die TN beziehen sich in ihrer Diskussion darauf, was sie in LESEN 1 über den emotionalen Intelligenzquotienten erfahren haben. Nach der Gruppenarbeit öffnen die TN das Buch und vergleichen ihre Ergebnisse mit den Tipps im Kursbuch.		
Einzelarbeit Plenum	Die TN ordnen die Tipps den passenden Erläuterungen zu. Kontrol-le im Plenum. *Lösung:* *1 D; 2 F; 3 A; 4 E; 5 C; 6 B*		
Einzelarbeit	**AB 123/Ü6** Hör- und Wortschatzübung zu den Tipps zur emotiona-len Intelligenz; auch als Hausaufgabe geeignet.	AB-CD/4 *AB-CD/37*	
Einzelarbeit	**AB 123/Ü7** Schreibübung zu den Tipps zur emotionalen Intelligenz; auch als Hausaufgabe geeignet.		

8

2 Was ist genau gemeint?

SOZIALFORM	ABLAUF	MATERIAL	ZEIT
Gruppenarbeit Einzelarbeit Plenum	a) Die TN gehen in Dreiergruppen zusammen. Jeder TN in der Gruppe wählt einen Tipp aus Aufgabe 1 aus und schreibt einen Text darüber, in welcher Situation die jeweilige Verhaltensweise schon einmal geholfen hat. Hier können die TN auf ihre Vorüberlegungen zu Beginn zurückgreifen. *Lösungsvorschlag:* *Gefühle im Griff haben:* Gerade am Arbeitsplatz finde ich es angebracht, dass man seine Gefühle unter Kontrolle hat und nicht zu emotional reagiert. Ein Mensch mit Gefühlsausbrüchen wirkt meist nicht sehr professionell. Aber auch im Privatleben scheint es mir wichtig, dass man nicht jedem spontanen Impuls nachgibt. Trotzdem sollte man Emotionen nicht dauerhaft unterdrücken. Am besten wäre es, sich eine kurze Auszeit zu nehmen, wenn man sich über etwas ärgert, und dann zu versuchen, sachlich über das Problem zu sprechen.		
Gruppenarbeit	b) Die TN tauschen sich nun in ihren Dreiergruppen über ihre Erfahrungen aus und machen sich stichpunktartig Notizen zu den Äußerungen ihrer Lernpartner.		
Gruppenarbeit Plenum	c) Die TN bilden neue Gruppen und berichten anhand ihrer Notizen, was sie von den anderen erfahren haben. Vergleichen Sie die Ergebnisse der Gruppenarbeiten anschließend im Plenum.		

3 Wortbildung: Nachsilben *-(i)al* und *-(i)ell* bei Adjektiven

SOZIALFORM	ABLAUF	MATERIAL	ZEIT
Gruppenarbeit Plenum	Die TN markieren in den Texten in den Aufgaben 1 und 2a die Adjektive mit den Endungen *-(i)al / -(i)ell* und den dazugehörigen Nomen und ersetzen diese durch die synonymen Adjektive. *Lösung:* 1 reelle Chancen = realistische Chancen; 2 reale Austausch = nicht virtuell; 3 materielle Werte = käuflich erwerbbar; 4 ideelle Werte = nicht materiell; 5 ideale Entscheidung = sehr gut, optimal; 6 rational = gut überlegt; 7 emotional = gefühlsmäßig; 8 professionell = berufsmäßig		
Plenum	**FOKUS GRAMMATIK:** Machen Sie den TN deutlich, dass einige Adjektive mit dem gleichen Stamm und den Endungen *-(i)al* oder *-(i)ell* unterschiedliche Bedeutungen haben. Weisen Sie die TN auch auf die Grammatikübersicht im Kursbuch (→ S. 108/2a) und auf die erweiterte Grammatikübersicht im Lehrwerkservice zu *Sicher!* hin.		
Einzelarbeit	AB 124/Ü8 Grammatikübung zu den Adjektiven mit den Endungen *-(i)al / -(i)ell*; auch als Hausaufgabe geeignet.		

Ich kann jetzt ...

SOZIALFORM	ABLAUF	MATERIAL	ZEIT
Einzelarbeit	Die TN markieren, was auf sie zutrifft.		
Einzelarbeit Partnerarbeit Plenum	**VERTIEFUNG:** Die TN lesen die Situationen auf der Kopiervorlage Lektion 8/1, in denen von den TN emotionale Intelligenz gefordert ist (**Kopiervorlage Lektion 8/1 → S. 138**). Kopieren Sie die Vorlage so oft, dass jeder TN eine Rollenkarte bekommt. Die TN lesen sich die Situation auf ihrem Kärtchen durch und überlegen sich, wie sie emotional intelligent reagieren würden. Dann gehen sie durch den Unterrichtsraum, finden sich mit einer/einem Lernpartner/in zusammen, diskutieren über die jeweilige Situation und finden zusammen eine Lösung. Danach wechseln die Lernpartner. Jede/r TN diskutiert mit mindestens fünf anderen TN („Raumlauf", Glossar → S. 162). Planen Sie anschließend Zeit für eine abschließende Diskussion im Plenum ein. Die TN berichten, zu welchen Lösungen sie gekommen sind.	Kopiervorlage Lektion 8/1	

SPRECHEN

1 Psychotest

SOZIALFORM	ABLAUF	MATERIAL	ZEIT
Plenum	Sprechen Sie mit den TN im Plenum darüber, wer schon einmal einen Psychotest gemacht hat, zu welcher Fragestellung und wo sie den Test gefunden haben, zum Beispiel in einer Zeitschrift. **VERTIEFUNG:** Die TN recherchieren vor dieser Unterrichtseinheit zu Hause und bringen Psychotests, die sie in deutschen Zeitschriften oder auf deutschen Internetseiten finden, in den Unterricht mit. Hängen Sie die Tests im Kursraum aus. Die TN schauen sie sich an und kommentieren sie mit Post-Its („Kursausstellung", Glossar → S. 161).	Zeitschriften, Ausdrucke von Psychotests aus dem Internet Post-Its	

2 Haben Sie Menschenkenntnis?

SOZIALFORM	ABLAUF	MATERIAL	ZEIT
Einzelarbeit Plenum	a) Die TN machen den Test und werten ihre Antworten aus. Werten Sie anschließend die Ergebnisse im Plenum aus. Wie sieht es mit der „Menschenkenntnis" in ihrem Kurs aus? Wie viele TN haben **8–10** Punkte (wenig Menschenkenntnis), **4–7** Punkte (gute Menschenkenntnis) oder **0–3** Punkte (sehr gute Menschenkenntnis)? Diskutieren Sie im Plenum, welche Testfragen schwierig zu beantworten waren und woran kann das gelegen haben kann.		

Gruppenarbeit Plenum	b) Die TN unterhalten sich in Kleingruppen, ob die Auswertung auf sie zutrifft und wie treffsicher Menschen anhand solcher Tests charakterisiert werden können. Warum haben solche Tests wohl eine solch große Anziehungskraft? Vergleichen Sie die Ergebnisse im Plenum. *Lösungsvorschlag: Solche Tests können sicherlich nur Tendenzen aufzeigen und sind bestimmt nicht 100 Prozent treffsicher. Oft sind die Antworten leicht vorhersagbar, man kann schon vorwegnehmen, welche Antwort am Ende welches Ergebnis nach sich zieht. Trotzdem üben sie eine große Anziehungskraft auf viele Menschen aus, da sie sich durch solche Tests besser kennenlernen und von anderen Menschen abgrenzen können.*		
Gruppenarbeit	**VERTIEFUNG:** Die TN entwerfen in Kleingruppen einen eigenen Test zu weiteren Persönlichkeitsfragen, zum Beispiel *Bin ich ein Gruppenmensch oder Einzelgänger? Was für ein Flirt-Typ bin ich? Bin ich eher schüchtern oder selbstbewusst?* etc. Dazu entwerfen die TN zunächst drei Kategorien (0–3 Punkte, 4–7 Punkte, 8–10 Punkte) und fünf Fragen mit drei möglichen Antworten, so wie in a. Die TN geben ihren Test anschließend an eine andere Gruppe weiter, die den Test durchführt und anschließend ein Feedback gibt: *Waren die Kategorien und Testfragen geeignet? Traf die Auswertung auf sie zu?* etc.		
Einzelarbeit	AB 124-125/Ü9 Lesetext zum Thema, wie Psychotests funktionieren; auch als Hausaufgabe geeignet.		

3 Wortbildung: Nachsilben -*(a/i)bel* und -*(i)ös* bei Adjektiven

SOZIALFORM	ABLAUF	MATERIAL	ZEIT
Einzelarbeit Plenum	Die TN umschreiben die Adjektive aus dem Text mithilfe der Formulierungen. Vergleichen Sie die Ergebnisse im Plenum. *Lösungsvorschlag: 1 Das ist blamabel. – Das ist beschämend. 2 Das wäre inakzeptabel. – Das würde ich nicht hinnehmen. 3 Leute, ..., machen mich nervös. – Sie bringen mich aus dem Konzept. 4 Sie sind sehr sensibel. – Sie sind (sehr) einfühlsam.*		
Partnerarbeit	**VERTIEFUNG:** Die TN arbeiten zu zweit und suchen noch mehr Synonyme zu den Adjektiven; dafür haben sie fünf Minuten Zeit. Die Lernpartner, die die meisten Umschreibungen gefunden haben, haben gewonnen. *Lösungsvorschlag: 1 blamabel – beschämend, peinlich, kläglich [...] 2 inakzeptabel – nicht tragbar, nicht vertretbar, untauglich [...] 3 nervös – angespannt, aufgewühlt, gereizt, rastlos [...] 4 sensibel – empfindsam, feinsinnig, diskret [...]*		
Plenum	**FOKUS GRAMMATIK:** Machen Sie den TN deutlich, dass Adjektive auf -*(a/i)bel* und -*(i)ös* meist aus dem Lateinischen stammen. Diese Nachsilben bedeuten, dass etwas gemacht werden kann, sie können einen Passivsatz ersetzen. Weisen Sie die TN auch auf die Grammatikübersicht im Kursbuch (→ S. 108/2b) und auf die erweiterte Grammatikübersicht im Lehrwerkservice zu *Sicher!* hin.		
Einzelarbeit	AB 125/Ü10 Grammatikübung zu Adjektiven mit Endungen auf -*(a/i)bel* und -*(i)ös*; auch als Hausaufgabe geeignet.		

Einzelarbeit	AB 126/Ü11 Grammatikübung zu Adjektiven mit Endungen auf -(a/i)bel und -(i)ös; auch als Hausaufgabe geeignet.		
Einzelarbeit	AB 126/Ü12 Grammatikübung zu Adjektiven mit Endungen auf -(a/i)bel und -(i)ös; auch als Hausaufgabe geeignet.		

Ich kann jetzt …

SOZIALFORM	ABLAUF	MATERIAL	ZEIT
Einzelarbeit	Die TN markieren, was auf sie zutrifft.		
Plenum Gruppenarbeit	**VERTIEFUNG:** Die TN schließen das Buch. Teilen Sie die Lerngruppe in zwei Hälften auf, schreiben Sie die Endungen -(a/i)bel und -(i)ös an die Tafel. Die TN bekommen zwei Minuten Zeit, um sich vorzubereiten. Danach nennen die beiden Gruppen abwechselnd so viele Adjektive mit den Endungen -(a/i)bel und -(i)ös wie möglich. Notieren Sie die genannten Adjektive an der Tafel, es darf sich kein Wort doppeln. Wenn eine der Gruppen kein neues Wort mehr nennen kann, hat die andere Gruppe gewonnen. Einen Überblick über weitere Adjektive mit diesen Endungen finden Sie im Arbeitsbuch AB 125/Ü10 („Word Battle", Glossar → S. 164).		

SCHREIBEN

1 Ergebnisse einer Umfrage

SOZIALFORM	ABLAUF	MATERIAL	ZEIT
Partnerarbeit Plenum	**VOR DEM ÖFFNEN DES BUCHES:** Die TN arbeiten zu zweit. Geben Sie den TN die Information, dass es sich bei der Auswertung des Diagramms um eine Frage zum Thema „Partnerschaft" handelt. Lösen Sie auch die Zuordnung der farblichen Balken (Männer oder Frauen) noch nicht auf, das kommt in Aufgabe 1b. Eine/r der TN schließt das Buch, sein/e Lernpartner/in beschreibt ihm das Balkendiagramm, ihr/sein Gegenüber stellt ggf. Fragen und hakt nach. Geben Sie den TN für die Beschreibung folgende Redemittel an die Hand: – *… Prozent der Befragten gaben an, dass…* – *Angeführt wird die Liste von …* – *Ganz vorne liegt …* – *Von größter Bedeutung ist …* – *Überraschend war …* – *Zu erwarten war …* Die TN werden selbst vermuten, um welche Frage es hier geht und wie die Farben in den Balken zugeordnet werden.		
Partnerarbeit Plenum	a) Die TN öffnen beide ihre Bücher und überprüfen noch einmal gemeinsam ihre Vermutungen bezüglich der Frage zum Thema „Partnerschaft". Vergleichen Sie die Ergebnisse im Plenum. *Lösungsvorschlag:* *Mögliche Fragen wären: „Was ist Ihnen in einer Partnerschaft wichtig?"* *„Wie kann eine gute Partnerschaft funktionieren?"*		

8

Partnerarbeit Plenum	b) Die TN vermuten, welche Balkenfarbe für die Männer steht und warum. Vergleichen Sie die Ergebnisse im Plenum. *Lösungsvorschlag:* *Vermutlich können die blauen Balken den Männern zugeordnet werden. Aus eigener Erfahrung würde ich meinen, dass Männer in Partnerschaften weniger kommunizieren und dass ihnen individuelle Freiheit sowie äußere Faktoren vielleicht wichtiger sind als den Frauen.*		
Einzelarbeit Partnerarbeit Plenum	c) Die TN vergleichen ihre Vermutung mit der Lösung im Arbeitsbuch auf der angegebenen Arbeitsbuchseite. **VERTIEFUNG:** Die TN bilden einen Außen- und einen Innenkreis. Außen sitzen die männlichen TN, innen die weiblichen TN. Zu jedem der aufgeführten Punkte im Balkendiagramm diskutieren die TN zwei Minuten: *Trifft die Prozentzahl zu? Wie wichtig sind ihnen selbst diese Punkte?* Vergleichen Sie anschließend im Plenum, ob sich die TN in dem Diagramm wiederfinden ("Kugellager", Glossar → S. 161). **INTERKULTURELL:** Diskutieren Sie bei multinationalen Lerngruppen, wie ein solches Balkendiagramm wohl im Heimatland der TN aussehen würde.	Stoppuhr	

2 Blogbeitrag

SOZIALFORM	ABLAUF	MATERIAL	ZEIT
Einzelarbeit Plenum	Die TN schreiben zum Thema einen Blogbeitrag, sammeln zunächst Stichpunkte (Schritt 1) und erstellen dann einen Aufbau / eine Gliederung (Schritt 2). Besprechen Sie die Schritte mit den TN und gehen Sie im Anschluss die Redemittel einmal gemeinsam durch. Weisen Sie die TN auch auf die Übersicht der Redemittel im Anhang hin. Fordern Sie die TN dazu auf, die sprachlichen Mittel auch beim Schreiben zu verwenden. Vergleichen Sie die Ergebnisse im Plenum. *Lösungsvorschlag:* *Im vorliegenden Schaubild geht es um das Thema „Partnerschaft" und um die Frage, was die wichtigsten drei Voraussetzungen sind, damit eine Liebesbeziehung hält. Bei den Antworten sind die Unterschiede zwischen Männern und Frauen teils beträchtlich und haben eine Abweichung von bis zu zehn Prozentpunkten. Was mir besonders ins Auge springt, ist die Tatsache, dass für Männer äußerliche Faktoren wie gegenseitige Anziehung oder ein erfülltes Liebesleben wichtiger als für Frauen sind. Für Männer spielt außerdem der persönliche Freiraum eine viel größere Rolle, gleichzeitig gestehen sie ihrer Partnerin weniger Freiheit zu als sich selbst. Frauen wiederum sind der kommunikative Austausch, gemeinsame Wertevorstellungen und ähnliche Ziele sehr wichtig. Auffällig finde ich, dass auch heute noch die Vorstellungen von Männern und Frauen zum Thema „Partnerschaft" zum gängigen Frauen- und Männerklischee passen.*		

3 Partnerkorrektur

SOZIALFORM	ABLAUF	MATERIAL	ZEIT
Partnerarbeit Gruppenarbeit	Die TN arbeiten zu zweit und korrigieren sich gegenseitig, achten dabei vor allem auf die inhaltlichen und sprachlichen Punkte, die in Aufgabe 2 genannt wurden. **VERTIEFUNG:** Die TN arbeiten in Dreiergruppen. Es werden Experten für die Punkte Grammatik, Inhalt/Aufbau und Ausdruck bestimmt. Jede/r Experte/Expertin korrigiert nun den Text der anderen TN in einer anderen Farbe, sodass jede/r TN am Ende einen von drei „Experten" kommentierten Text erhält. Danach überarbeiten die TN die korrigierten Texte noch einmal („Kommentarlawine", Glossar → S. 161).	bunte Stifte	
Einzelarbeit	AB 126–127/Ü13 Hörverstehen, in dem verschiedene Personen eine Stellungnahme zu dem Schaubild auf S. AB 127 abgeben; eignet sich gut als Vorbereitung auf die Schreibaufgabe im Kursbuch; auch als Hausaufgabe geeignet.	AB-CD/5-6 *AB-CD/38–39*	
Einzelarbeit	AB 128/Ü14 Kommunikationsübung zu den Redemitteln einer Grafikbeschreibung, die sich gut als Vorbereitung auf die Schreibaufgabe im Kursbuch eignet; hier werden zusätzliche sprachliche Mittel zur Verfügung gestellt; auch als Hausaufgabe geeignet.		

Ich kann jetzt …

SOZIALFORM	ABLAUF	MATERIAL	ZEIT
Einzelarbeit	Die TN markieren, was auf sie zutrifft.		
Partnerarbeit	**VERTIEFUNG:** Die TN arbeiten zu zweit, jede/r TN liest seinen korrigierten Text aus Aufgabe 3 vor, sein/e Lernpartner/in macht beim Hören Notizen und versucht den Text und seine Hauptaussage anschließend in einem Satz schriftlich zusammenzufassen („Blitzlicht", Glossar → S. 160). Hat sie/er dabei Probleme, diskutieren die Lernpartner, woran das liegen könnten (*zu viele Thesen in einem Text, keine eindeutige Meinung, ein zu komplizierter Aufbau, [...]*).		

HÖREN

1 Eine Kinder- und Jugendpsychotherapeutin im Interview

SOZIALFORM	ABLAUF	MATERIAL	ZEIT
Plenum	a) Die TN diskutieren im Plenum, welche Themen sie bei einem Interview mit einer Jugendpsychologin erwarten. Halten Sie die Ergebnisse an der Tafel fest. *Lösungsvorschlag:* *Mögliche Themen wären: Depressionen oder andere psychische Erkrankungen, Lernstörungen, Aggressionen, Entwicklungsverzögerung, Verhaltensauffälligkeiten, Behandlung nach Traumata, [...]*		

Plenum Einzelarbeit	b) Die TN hören das Interview in Abschnitten und markieren jeweils die richtigen Antworten. Dr. Nelia Schmid-König spricht in einer schweizerischen Variante des Standarddeutschen, weisen Sie die TN gegebenenfalls darauf hin. **TIPP:** Geben Sie den TN Zeit, sich vor dem Hören die Fragen und Antworten genau durchzulesen und Schlüsselwörter zu markieren. *Lösung:* *Abschnitt 1:* *1 … haben unterschiedliche Probleme, die man in bestimmte Kategorien einteilen kann.* *2 … meistens Jungen, die sich wenig unter Kontrolle haben und im Umgang sehr anstrengend sind.* *Abschnitt 2:* *1 Die Einstellung zu einer Therapie, vor allem bei Jungen.* *2 … bedienen sich die jungen Patienten verschiedener Ausdrucksformen.* *3 … nehmen heutzutage „auffällige" Kinder bzw. deren Eltern schneller in Anspruch als früher.* *Abschnitt 3:* *1 … ihren Kindern mehr zuhören, sie beobachten und sie besser kennenlernen.* *2 … je jünger die Patienten sind.* *3 … weil die literarischen Figuren sie zur Auseinandersetzung mit echten Personen inspirierten.* **TIPP:** Die TN hören am Ende das Interview noch einmal komplett, um die Antworten zu vergleichen. Gehen Sie dabei noch einmal Abschnitt für Abschnitt vor und klären Sie ggf. Fragen. **VERTIEFUNG:** Wenn Sie einen sehr fortgeschrittenen Kurs haben bzw. auch noch einmal das Thema „Mitschriften erstellen" aus *Sicher!* C1.1, Lektion 6, üben möchten, dann lassen Sie das Interview noch einmal komplett hören und eine Mitschrift anfertigen. Die TN können dabei ebenfalls Abkürzungen und Symbole verwenden. Machen Sie die TN darauf aufmerksam, dass es sich bei Mitschriften um eine Hörstrategie handelt („Hörstrategien", Strategie-Überblick → S. 166). Die TN können ihre Mitschriften noch einmal mithilfe des Transkripts im Anhang (**Transkriptionen der Hörtexte im Kursbuch → S. 169–170**) kontrollieren.	CD 2/8 CD 2/9 CD 2/10 Transkript	
Plenum	c) Die TN diskutieren im Plenum, welche Themen aus a behandelt wurden und was sie besonders interessant fanden.		
Einzelarbeit	**AB 129/Ü15** Leseverstehen (Auszüge aus dem im Kursbuch gehörten Interview) zum Thema „Jugendtherapie"; auch als Hausaufgabe geeignet.		

Ich kann jetzt …

SOZIALFORM	ABLAUF	MATERIAL	ZEIT
Einzelarbeit	Die TN markieren, was auf sie zutrifft.		

LESEN 2

1 Lebenshilfen

SOZIALFORM	ABLAUF	MATERIAL	ZEIT
Gruppenarbeit Plenum	a) Die TN diskutieren in Kleingruppen, wie und wo man Rat in schwierigen Situationen finden kann. Vergleichen Sie die Ergebnisse im Plenum. *Lösungsvorschlag:* *Bei schwierigen Situationen könnte man Hilfe bei einer Telefonseelsorge, in Internetforen, in Selbsthilfegruppen, bei einem Psychologen oder durch einen psychologischen Ratgeber bekommen.* **TIPP:** Bevor sich die TN mit dem Leseverstehen in **b** beschäftigen, weisen Sie sie auf den Lerntipp zum Thema „In Texten gezielt Informationen finden" hin. Machen Sie die TN darauf aufmerksam, dass es sich bei diesem Vorgehen – zum Beispiel dem Unterstreichen von Schlüsselwörtern – um eine Lesestrategie handelt („**Lesestrategien**", Strategie-Überblick → S. 165). Ermuntern Sie die TN, die Strategie in der folgenden Aufgabe auszuprobieren.		
Einzelarbeit Plenum	b) Die TN lesen die Ankündigungen und ordnen den Themenschwerpunkten in Stichworten die passenden Aussagen aus den Texten zu. Vergleichen Sie die Ergebnisse im Plenum. *Lösungsvorschlag:* *0 (Beispiel) Hauptzielgruppe: Menschen mit Kindern* *Text A: … will <u>Eltern</u> dazu bringen, Schuldgefühle loszuwerden. (Z. 12)* *Text D: Dieses … Buch wird nicht nur <u>Eltern</u> und Pädagogen fesseln. (Z. 60)* *<u>1 Notwendigkeit eines neuen Rollenverständnisses</u>* *Text B: … in die neuen <u>Rollen</u> muss sich erst eingefunden werden. … gesellschaftliches <u>Umdenken</u> dringend notwendig. (Z. 26)* *<u>2 Ursachen und Gründe für schwierige familiäre Situationen</u>* *Text A: … welche … Prozesse zu derartigen <u>Problemlagen</u> beitragen. (Z. 8)* *Text C: … die <u>Familie</u> hat Einfluss auf uns … (Ursache) für persönliche <u>Probleme</u> oder … Beziehungs<u>schwierigkeiten</u> (Z. 30)* *<u>3 Erläuterungen zu unterschiedlichen Therapieformen</u>* *Text C: … der Fachratgeber verspricht Hilfe … (im) Dschungel der <u>familientherapeutischen</u> Möglichkeiten (Z. 39)* *<u>4 Chancen für eine positive Entwicklung von sozial schwachen Jugendlichen</u>* *Text D: … <u>Zukunftschancen</u> von Kindern aus dem unteren Drittel der Gesellschaft. (Z. 53)* *… zeigt an einer Brennpunktschule, wie die Förderung <u>benachteiligter Kinder</u> gelingt. (Z. 58)* *<u>5 Hilfestellung für eine bessere Partnerschaft</u>* *Text A: … Tipps für ihre <u>Paarbeziehung</u>. (Z. 14)*		
Plenum	c) Die TN diskutieren im Plenum, welches Buch sie selbst gern lesen würden und warum.		
Einzelarbeit	AB 130/Ü16 Wortschatzübung, die sich auch gut als Vorentlastung für das Leseverstehen eignet; auch als Hausaufgabe geeignet.		
Einzelarbeit	AB 130/Ü17 Schreibübung zum Thema „Psychologische Ratgeber"; die TN verfassen einen Leserbrief; auch als Hausaufgabe geeignet.		
Einzelarbeit	Die TN lesen den Text über Sigmund Freud in *Wussten Sie schon?* und bearbeiten die Wortschatzübung im Arbeitsbuch AB 131/Ü18; auch als Hausaufgabe geeignet. **VERTIEFUNG:** Die TN recherchieren als Hausaufgabe zum Thema „Psychoanalyse" und bereiten zur nächsten Unterrichtsstunde eine kurze Präsentation vor. *Wo und wann ist die Psychoanalyse entstanden? Wie läuft eine Psychoanalyse ab? Wer waren/sind die wichtigsten Vertreter?*		

2 Aspektverschiebung mit Modalverben: Aktiv – Passiv

SOZIALFORM	ABLAUF	MATERIAL	ZEIT
Einzelarbeit Plenum	Die TN formulieren die Sätze mit dem Modalverb *wollen* vom Passiv ins Aktiv um. Vergleichen Sie die Ergebnisse im Plenum. *Lösung:* *1 Die Autorin will Eltern in die Lage versetzen, besser mit diesen Schwierigkeiten zurechtzukommen.* *2 Die Therapeutin will vor allem die Eltern dazu bringen, ihre Schuldgefühle loszuwerden.* *3 Der Ratgeber will die Leser durch den Dschungel der familientherapeutischen Möglichkeiten führen.*		
Plenum	**FOKUS GRAMMATIK:** Eine Absicht kann sowohl mit einem Aktivsatz + Modalverb *wollen (Der Ratgeber will die Leser führen.)* oder als Passivsatz + Modalverb *sollen (Die Leser sollen geführt werden.)* ausgedrückt werden. Bei *sollen* fällt der sonst beim Passiv gebräuchliche Zusatz *von* weg *(Die Leser sollen vom Ratgeber geführt werden ...),* denn dadurch würde sich die Bedeutung verändern. Es geht vielmehr um die Vorstellung / den Wunsch einer Person oder das Mittel, mit dem etwas passieren soll *(Die Leser sollen (mithilfe des Ratgebers) geführt werden ...).* Diese sogenannte Aspektverschiebung wird im Arbeitsbuch AB 131/Ü20 noch einmal deutlich hervorgehoben. Weisen Sie die TN auch auf die Grammatikübersicht im Kursbuch (→ S. 108/1b) und auf die erweiterte Grammatikübersicht im Lehrwerkservice zu *Sicher!* hin.		
Einzelarbeit	AB 131/Ü19 Wiederholende Grammatikübung zu Aktiv und Passiv, die sich gut als Vorbereitung auf die neue Grammatikeinheit eignet; auch als Hausaufgabe geeignet.		
Einzelarbeit	AB 131/Ü20 Entdeckende Grammatikübung zur Aspektverschiebung mit Modalverben in Aktiv und Passiv; hier wird auch die neue Form des Agens-Anschlusses in den Passivsätzen hervorgehoben; auch als Hausaufgabe geeignet.		
Einzelarbeit	AB 132/Ü21 Grammatikübung zur Aspektverschiebung mit Modalverben in Aktiv und Passiv; auch als Hausaufgabe geeignet.		
Partnerarbeit Plenum	**VERTIEFUNG:** Die TN spielen zu zweit das Würfelspiel aus der Kopiervorlage 8/2 (**Kopiervorlage Lektion 8/2 → S. 139**). Kopieren Sie dazu für jede Gruppe einmal die Vorlage und verteilen Sie pro Gruppe zwei Würfel. Jede/r TN würfelt zunächst zweimal: In der rechten Spalte finden Sie die Situationsvorgabe. Beim ersten Würfeln entscheidet die Augenzahl, für welche Situation die TN sich entscheiden müssen, zum Beispiel Augenzahl 2: *Psychologe → Patientin dazu bewegen ...* Die TN würfeln noch einmal mit nur einem Würfel. Bei Augenzahl 1–3 bilden sie mithilfe der Stichworte einen Aktivsatz mit dem Modalverb *wollen* (zum Beispiel *Der Psychologe will die Patientin dazu bewegen, mehr von sich zu erzählen.),* bei Augenzahl 4–6 einen Passivsatz mit dem Modalverb *sollen* (zum Beispiel *Die Patientin soll auf Wunsch des Psychologen dazu bewegt werden, mehr von sich zu erzählen.).* Gehen Sie mit den TN jeweils ein Beispiel durch. Die/Der Lernpartner/in kontrollieren gegenseitig, ob die Antworten jeweils richtig sind. Vergleichen Sie die Ergebnisse im Plenum.	Kopiervorlage Lektion 8/2; 2 Würfel pro Gruppe	

3 Passiversatz mit *bekommen* + Partizip II

SOZIALFORM	ABLAUF	MATERIAL	ZEIT
Einzelarbeit Plenum	a) Die TN markieren, welche der Sätze die gleiche Bedeutung haben. Vergleichen Sie die Ergebnisse im Plenum. *Lösung:* *Wie dies gelingen kann, wird den Lesern hier anschaulich und überzeugend dargelegt.*		
Einzelarbeit Plenum	b) Die TN setzen den Satz ins Passiv. Vergleichen Sie die Ergebnisse im Plenum. *Lösung:* *Neben zahlreichen Beispielen werden einem auch Übungen und praktische Hinweise geboten.*		
Einzelarbeit Plenum	c) Die TN bilden Sätze mit *bekommen* und Partizip II. Vergleichen Sie die Ergebnisse im Plenum. *Lösung:* *1 Man bekommt in diesem Buch auf fesselnde Weise erklärt, warum Charaktereigenschaften wie Ausdauer und Mut wichtig für den späteren Erfolg im Leben sind.* *2 Die Leser bekommen gezeigt, wie heutige Paare mit der neuen Situation umgehen.*		
Plenum	**FOKUS GRAMMATIK:** Machen Sie den TN deutlich, dass sich ein Passivsatz ohne modalen Charakter auch durch das Verb *bekommen* + Partizip II ausdrücken lässt. *(Dem Psychologen werden viele Probleme anvertraut. → Der Psychologe bekommt viele Probleme anvertraut.)* Weisen Sie die TN auch auf die Grammatikübersicht im Kursbuch (→ S. 108/1c) und auf die erweiterte Grammatikübersicht im Lehrwerkservice zu *Sicher!* hin.		
Plenum	**VERTIEFUNG:** Die folgende Übung eignet sich vor allem für große Gruppen. Schreiben Sie mehrere Passivsätze mit *bekommen* + Partizip II auf ein Papier, zum Beispiel *Die Familientherapeutin bekommt eine neue Stelle angeboten. Mein Freund Toni bekommt einen Ratgeber zum Geburtstag geschenkt. Der Leser bekommt vom Autor bestimmte Verhaltensweisen erklärt. Der Studierende bekommt sein Diplom überreicht. Die Psychologin bekommt von einem Verlag regelmäßig Fachzeitschriften zugeschickt.* Schneiden Sie die einzelnen Satzglieder jedes Satzes aus und verteilen Sie diese an die TN. Die TN laufen nun durch den Raum, lesen immer wieder laut ihr Satzglied vor und versuchen die Personen auszumachen, mit denen sie zusammen einen sinnvollen Satz bilden können. Anschließend präsentieren die TN ihre Sätze im Plenum, indem sie sich in der richtigen Reihenfolge mit ihren Satzgliedern aufstellen („Atomspiel", Glossar → S. 160). Lassen Sie mögliche Varianten beim Subjekt bzw. Prädikat zu, zum Beispiel *Die Psychologin bekommt eine neue Stelle angeboten.*	Papierschere	
Einzelarbeit	AB 132/Ü22 Grammatikübung zum Passiversatz mit *bekommen* + Partizip II, die TN entdecken die Grammatik selbst; auch als Hausaufgabe geeignet.		
Einzelarbeit	AB 133/Ü23 Grammatikübung zum Passiversatz mit *bekommen* + Partizip II; auch als Hausaufgabe geeignet.		

Ich kann jetzt …

SOZIALFORM	ABLAUF	MATERIAL	ZEIT
Einzelarbeit	Die TN markieren, was auf sie zutrifft.		
Gruppenarbeit Plenum	**VERTIEFUNG:** Teilen Sie Ihren Kurs in mindestens zwei Gruppen auf (es können auch zweimal zwei Gruppen gegeneinander spielen). Beide Gruppen notieren sich schwierige Wörter aus der Lektion auf Kärtchen, auf der Rückseite eine Umschreibung der Bedeutung auf Deutsch. Die Kärtchen werden zwischen den Gruppen ausgetauscht. Achten Sie darauf, dass jede Gruppe ungefähr gleich viele Kärtchen hat. Das Spiel wird in verschiedenen Runden gespielt. In jeder Runde versucht ein TN pro Gruppe der Reihe nach, seiner Gruppe den Begriff auf dem Kärtchen zu erklären. Zu Beginn wird gewürfelt und somit die Methode, wie die Wörter erklärt werden, bestimmt; die Augenzahl 1–2 bedeutet: *Pantomime* (das Wort erklären, ohne etwas zu sagen); Augenzahl 3–4: *Sprechen* (den Begriff umschreiben, ohne ihn selbst oder Teile daraus zu nennen); Augenzahl 5–6: *Zeichnen* (ohne Buchstaben und Zahlen). Ist das geklärt, so deckt ein TN (zunächst der Gruppe 1) ein Kärtchen auf und versucht, seiner Gruppe den Begriff zu erklären. Wird der Begriff in der eigenen Gruppe erraten, bekommt die eigene Gruppe das Kärtchen. Errät die Gruppe den Begriff innerhalb von zwei Minuten nicht, darf die andere Gruppe raten. Sie erhält das Kärtchen, wenn sie den richtigen Begriff erraten hat. Errät keine Gruppe den Begriff, wird er wieder unter den Stapel gelegt. Die Gruppe, die am Ende die meisten Kärtchen bekommen hat, hat gewonnen ("Pantomime-Sprechen-Zeichnen", Glossar → S. 162).	Kärtchen, Würfel, Zettel, Stift, Stoppuhr	

SEHEN UND HÖREN

1 Der Internetauftritt

SOZIALFORM	ABLAUF	MATERIAL	ZEIT
Einzelarbeit Plenum	a) Die TN sehen sich die Internetseite an und notieren sich Informationen. Vergleichen Sie die Ergebnisse im Plenum. *Lösungsvorschlag:* *Es geht um eine Deutsch-Fortbildung für Lehrkräfte an der Ludwig-Maximilians-Universität München zum Thema „Persönlichkeit und Verhalten".*		
Plenum	b) Die TN diskutieren im Plenum, ob eine solche Veranstaltung auch für „fachfremde" Personen interessant sein könnte. Sie begründen ihre Meinung. *Lösungsvorschlag:* *Das Thema „Persönlichkeit und Verhalten" ist sicherlich auch für „fachfremde" Personen interessant, da es sich um Informationen handelt, die für jeden Menschen interessant sein können und Eigenschaften behandelt werden, die die Grundlage für ein gutes Miteinander bilden, auch in anderen Fachrichtungen.*		
Gruppenarbeit Plenum	**VERTIEFUNG:** Bevor sich die TN die Vorlesung zum Thema „Persönlichkeit und Verhalten" in Aufgabe 2 anschauen, arbeiten sie in Kleingruppen und diskutieren, welche Erwartungen sie an den Vortrag haben. *Worum geht es vermutlich in dem Vortrag? Welche Punkte werden dazu wahrscheinlich angesprochen?* Die TN entwerfen eine Mindmap zu diesem Thema und präsentieren sie den anderen TN anschließend im Plenum ("Mindmap", Glossar → S. 162).		

2 Vorlesung: Persönlichkeit und Verhalten

SOZIALFORM	ABLAUF	MATERIAL	ZEIT
Einzelarbeit Plenum	a) Die TN sehen die Vorlesung in Abschnitten an und beantworten oder ergänzen die Fragen. Vergleichen Sie die Ergebnisse im Plenum. *Lösung:* *Abschnitt 1:* *1 Die Tochter sollte eine „Charakterisierung" schreiben.* *2 Die Verhaltensweisen, die in einer Charakterisierung aufgezeigt werden, stehen im Zusammenhang mit der Persönlichkeit eines Menschen. Dies passt zum Thema des Vortrags: Persönlichkeitspsychologie.* *3 Die Folie bietet den Studierenden eine Inhaltsübersicht.* *Abschnitt 2:* *1 Persönlichkeit* *2 Bei Bäumen mit gelben Blättern kann der Rückschluss gezogen werden, dass es Herbst ist.* *3 Alltagspsychologie* *Abschnitt 3:* *Vorschlag für eine Mitschrift:* *– Thema: Alltagspsychologie* *– Folie/Definition: „Zeige und verhalte dich und ich sage dir, wer du bist"* *→ das Phänomen des ersten Eindrucks* *– 4 verschiedene Lehrertypen (Quelle: Zeitschrift GEO)* *→ Altphilologe und Lateinlehrer (überzeugt, ideologisch, „68er")* *→ Erdkundelehrerin (liebevoll, konservativ, dominant, „tantig")* *→ Informatiklehrer (technisch überlegen)* *→ Schulleiter (im Lateinunterricht)* **TIPP:** Wenn möglich, stoppen Sie die DVD (Clip 8) bei der Folie, auf der die verschiedenen Lehrertypen gezeigt werden (bei Minute 03:25), damit die TN etwas mehr Zeit haben, sie sich genauer anzusehen. Motivieren Sie Ihre TN, die Mitschrift (Abschnitt 3) auf einem Extra-Papier anzufertigen. Jede neue Information schreiben sie in eine neue Zeile. Die TN notieren sich die wichtigsten Fakten und verwenden dabei Abkürzungen und Symbole (siehe dazu auch *Sicher! C1.1,* Lektion 6). Machen Sie die TN darauf aufmerksam, dass es sich bei Mitschriften um eine Hörstrategie handelt („Hörstrate-gien", Strategie-Überblick → S. 166).	DVD 2/05 DVD 2/06 DVD 2/07 DVD 2/08	
Einzelarbeit Plenum	b) Die TN sehen die gesamte Vorlesung noch einmal an und beurteilen sie anhand des Evaluationsbogens, überlegen sich eine Begründung für ihre Bewertung und ergänzen noch weitere Kriterien. Vergleichen Sie die Ergebnisse im Plenum. *Lösungsvorschlag:* *Weitere Kriterien könnten sein:* *– Sie steht selbstsicher vor den Studierenden.* *– Sie wendet sich den Zuhörern zu.* *– Sie bringt anschauliche Beispiele.* *– Sie geht auf die Zuhörer ein. […]*	DVD 2/08	
Plenum Gruppenarbeit	**VERTIEFUNG:** Die TN diskutieren anhand ihres Evaluationsbogens in Kleingruppen über den Vortrag und über ihre weiteren Kriterien. Sammeln Sie vorher im Plenum die aus *Sicher! C1.1,* Lektion 5 bekannten Redemittel zum Thema „Feedback geben" zum Beispiel *überzeugt hat mich, dass … / überrascht hat mich, dass … / vermisst habe ich … / zu bemängeln wäre …* etc. Klären Sie die Redemittel und schreiben Sie sie an die Tafel.		
Einzelarbeit	AB 133/Ü24 Wortschatz- und Stilübung zum Thema; auch als Hausaufgabe geeignet.		

Ich kann jetzt ...

SOZIALFORM	ABLAUF	MATERIAL	ZEIT
Einzelarbeit	Die TN markieren, was auf sie zutrifft.		
Gruppenarbeit Plenum	**VERTIEFUNG:** Die TN diskutieren in Kleingruppen, wie der Vortrag der Referentin weitergehen könnten. *Welche Punkte könnten zum Thema „Persönlichkeit und Verhalten" noch genannt werden. Welche Aspekte haben die TN vermisst?* (zum Beispiel verschiedene „Schülertypen", verschiedene „Typen" in anderen Berufszweigen, ...) Die TN bereiten zur nächsten Unterrichtsstunde selbst eine kurze Präsentation zu weiteren Aspekten des Themas vor, recherchieren dazu eigenständig und beurteilen ihre Präsentationen mithilfe des Evaluationsbogens aus Aufgabe 2b.		

AUSSPRACHE: Selbstsicherheit durch die richtige Intonation (Arbeitsbuch → S. AB 134)

1 Sicheres Auftreten an der Uni

SOZIALFORM	ABLAUF	MATERIAL	ZEIT
Einzelarbeit Plenum	a) Die TN hören die Kurzdialoge zwischen Professor und Student und lesen sie stumm mit. Sie markieren, ob die Antworten des Studenten selbstsicher (s) oder unsicher (u) klingen. Vergleichen Sie die Ergebnisse im Plenum. *Lösung:* *1 u; 2 s; 3 u; 4 u; 5 s*	AB-CD/7 *AB-CD/40*	
Einzelarbeit Plenum	b) Die TN markieren die Merkmale der Sprechweise von selbstsicher klingenden Sprechern. Vergleichen Sie die Ergebnisse im Plenum. *Lösung:* *Selbstsichere Sprecher sprechen ...* *1 laut; 3 langsam und betont; 4 mit fallender Intonation; 5 ohne zu zögern*		

2 Überzeugender Vortrag

SOZIALFORM	ABLAUF	MATERIAL	ZEIT
Plenum	a) Die TN tragen den Text „Gefühle im Griff haben" einzeln vor und bemühen sich, dabei möglichst selbstsicher zu klingen. Die anderen TN kommentieren und bewerten, wie selbstsicher die Vortragenden klingen. **FOKUS PHONETIK:** Bei dieser Übung können Sie auch Aspekte wie Körperhaltung, Gestik und Mimik thematisieren, die ebenfalls zum Eindruck von Selbstsicherheit bei Vorträgen beitragen. Betrachten Sie dazu die Illustration im Arbeitsbuch und sammeln Sie mit Ihren TN, welche Aspekte noch dazu beitragen können, Selbstsicherheit auszustrahlen.		
Plenum	b) Die TN hören den Vortrag und vergleichen ihn mit ihrem eigenen Vortrag. Sie stellen fest, was sie an ihrer eigenen Sprechweise ändern können, um selbstsicherer zu klingen.	AB-CD/8 *AB-CD/41*	
Plenum	c) Die TN tragen ihre eigenen Ausarbeitungen aus dem Kursbuch, S. 100, Aufgabe 2a möglichst selbstsicher vor. Die anderen TN kommentieren und bewerten.		

LERNWORTSCHATZ (Arbeitsbuch → S. AB 135)

SOZIALFORM	ABLAUF	MATERIAL	ZEIT
Einzelarbeit	Neue Wörter nur isoliert ohne Zusammenhang zu lernen, kann die TN schnell ermüden. Jedes Wort ist in einen bestimmten semantischen Rahmen eingebettet. Motivieren Sie die TN, zu neuen Wörtern auf einem Plakat ein **Assoziatives Netz** („Mindmap", Glossar → S. 162) zu erstellen. Dabei wird das neue Wort in die Mitte geschrieben und weitere Worte frei dazu assoziiert, bis man sich immer weiter vom Ursprungswort entfernt hat und ein Wörter-Netzwerk entsteht. Diese Methode kommt besonders dem visuellen Lerntyp zugute. Machen Sie den TN deutlich, dass das menschliche Gehirn am besten „mit allen Sinnen" lernt, dass alle Menschen aber verschiedene Lerntypen sind und auf unterschiedliche Lern-Impulse reagieren.	Plakat	

LEKTIONSTEST 8 (Arbeitsbuch → S. AB 136)

SOZIALFORM	ABLAUF	MATERIAL	ZEIT
Einzelarbeit	Mithilfe des Lektionstests haben die TN die Möglichkeit, ihr neues Wissen in den Bereichen Wortschatz, Grammatik und Redemittel zu überprüfen. Wenn die TN mit einzelnen Bereichen noch Schwierigkeiten haben, können sie gezielt noch einmal einzelne Module wiederholen.		

REFLEXION DER LEKTION

SOZIALFORM	ABLAUF	MATERIAL	ZEIT
Gruppenarbeit	Die TN geben ihr Feedback zu bestimmten Themen aus der Lektion per Ampelkarten („Ampelkarten", Glossar → S. 160). Alle TN erhalten je ein grünes, gelbes und rotes Kärtchen. Die TN nennen reihum ein Thema der Lektion. Die anderen TN zeigen bei jedem genannten Thema, wie gut sie dieses Thema verstanden haben und beherrschen, indem sie die grüne (sehr gut), gelbe (mittelmäßig) oder rote (nicht gut) hochzeigen. Wenn mehrheitlich rote Karten vorgezeigt werden, wiederholen Sie das Thema noch einmal.	grüne, gelbe und rote Kärtchen	

EINSTIEG

Vor dem Öffnen des Buches

SOZIALFORM	ABLAUF	MATERIAL	ZEIT
Gruppenarbeit Plenum	Sammeln Sie Fotos zum Thema „Stadt und Dorf" (in Zeitschriften, Bildportalen im Internet, eigene Aufnahmen aus dem Urlaub etc.) und bringen Sie diese in den Unterricht mit. Die TN arbeiten in Kleingruppen und assoziieren spontan, was ihnen zu den Fotos einfällt. Dabei halten sie die Ideen auf einem Plakat fest und zwar geordnet in zwei Spalten, eine Spalte für Nomen, zum Beispiel *die Stadtflucht*, und eine für Adjektive zum Beispiel *nachhaltig*. Die TN präsentieren anschließend ihre Plakate im Plenum („Impuls", Glossar → S. 161).	Fotos Plakat	
Einzelarbeit	AB 137/Ü1 Die TN wiederholen den Wortschatz zum Thema „Wohnen in der Stadt" als Einstimmung auf das Thema; auch als Hausaufgabe geeignet.		

1 Visionen für die Zukunft

SOZIALFORM	ABLAUF	MATERIAL	ZEIT
Gruppenarbeit Plenum	a) Die TN arbeiten in Kleingruppen, sammeln W-Fragen zu dem Bild und schreiben diese auf Kärtchen. Vergleichen Sie die Ergebnisse im Plenum. *Lösungsvorschlag: Wo könnten sich diese Gebäude befinden? Was sieht man auf dem Bild? Wann könnte diese Vision Wirklichkeit werden? Würdest du gern in einer solchen Umgebung leben?*	Kärtchen	
Gruppenarbeit	b) Die Kleingruppen geben die Fragekärtchen an die nächste Gruppe weiter, die sich mögliche Antworten überlegt. *Lösungsvorschlag: Wir glauben, dass es sich um den Entwurf von Häusern in der Zukunft handelt. Möglicherweise sehen wir auf dem Bild begrünte Wohnhäuser, in denen die Lebensmittel sozusagen vor der Tür angebaut werden. Damit soll dem Problem, genug Lebensmittel für alle herzustellen, begegnet werden. Außerdem sollen die Häuser so gebaut werden, dass viele Menschen auf engem Wohnraum leben können [...].*		
Plenum	c) Die TN präsentieren ihre Vermutungen im Kurs.		
Einzelarbeit	AB 137/Ü2 Wortschatzübung zu den Visionen eines Architekten, die TN finden die passenden Synonyme; auch als Hausaufgabe geeignet.		

2 Unser Lebensraum in der Zukunft

SOZIALFORM	ABLAUF	MATERIAL	ZEIT
Gruppenarbeit	Die TN diskutieren in Kleingruppen drei Minuten lang, in welcher Umgebung sie in Zukunft gern leben wollen, sie wählen dazu zwei Stichpunkte aus dem Schüttelkasten aus oder ergänzen weitere Begriffe. *Lösungsvorschlag:* *Ich möchte unbedingt in der Natur leben, wenn es irgendwie möglich ist, weil ich nicht auf Wohngebäude schauen will, wenn ich aufwache, sondern in die Landschaft. Ich glaube, dass Orte zur Entspannung und Regeneration in unseren immer weiter anwachsenden Großstädten in Zukunft weniger werden. [...]* **VERTIEFUNG:** Falls die TN in „Vor dem Öffnen des Buches" Wörter zum Thema assoziiert haben, können sie auch diese Wörter auf den Plakaten als Grundlage für ihre Diskussion verwenden.		

LESEN 1

1 Metropole oder Megastadt?

SOZIALFORM	ABLAUF	MATERIAL	ZEIT
Einzelarbeit Plenum Gruppenarbeit Plenum	Die TN ergänzen die Begriffe „Metropole" oder „Megastadt" in den Definitionen A und B. Vergleichen Sie die Ergebnisse im Plenum. *Lösung:* *A Megastadt; B metropole* **INTERKULTURELL:** In multinationalen Kursen diskutieren die TN in Kleingruppen, ob es Megastädte oder Metropolen in ihrer Heimat gibt, wie sie heißen, wo sie liegen, wie viele Einwohner sie haben etc. Danach arbeiten jeweils zwei Kleingruppen zusammen. Möglichst jede/r TN präsentiert der anderen Gruppe einen TN aus ihrer/seiner eigenen Gruppe, der zu diesem Thema etwas sagen konnte.		

2 Zukunft der Stadt

SOZIALFORM	ABLAUF	MATERIAL	ZEIT
Einzelarbeit Plenum	a) Die TN sehen das Foto an, lesen die Überschrift und den fett gedruckten Vorspann. Sie diskutieren, worum es in dem Text geht. Vergleichen Sie die Ergebnisse im Plenum. *Lösungsvorschlag:* *In dem Text „Die Stadt von morgen" geht es höchstwahrscheinlich um das Phänomen, dass weltweit immer mehr Menschen vom Land in die Stadt ziehen; und es geht um die damit verbundenen Herausforderungen und Anforderungen an die Menschen und die Städte.*		

Einzelarbeit Gruppenarbeit	b) Die TN lesen den Text und unterstreichen die Schlüsselwörter in jedem Abschnitt. Vergleichen Sie die Ergebnisse in Kleingruppen. *Lösungsvorschlag:* *Abschnitt 1: Luft ist sauber – Solarzellen – Sonnenwärmekollektoren – be-grünte Dächer – angenehmes Klima – frisches Gemüse – ohne Lärm, Staus, Abgase und Feinstaub* *Abschnitt 2: Großstädte der Zukunft – Vision wird Wirklichkeit – Pioniere eines nachhaltigen Wandels – Umstrukturierung – riesiges Potenzial – Klimawandel entgegensteuern – Lebensqualität der Städter verbessern* *Abschnitt 3: kein sauberes Trinkwasser – ungeklärt in Flüssen – extremer Smog – häufige Stromausfälle – im Müll versinken – Bedingungen bald nicht mehr erträglich* *Abschnitt 4: In Großstädten gibt es meist Arbeit – gute Schulen – Geschäf-te aller Art – Ärzte und Krankenhäuser – vielfältiges Kultur- und Freizeit-angebot – Megastädte als entscheidende Wachstumsmotoren* *Abschnitt 5: 51 Prozent der Weltbevölkerung in Großstädten – Urbanisie-rung nimmt weiter zu – 2050 zwei Drittel dieser Menschen in Großstäd-ten – Megastädte verbrauchen Unmengen an Energie und Rohstoffen – drei Prozent der Erdoberfläche – zwei Drittel der weltweit genutzten Energien – 60 Prozent des vorhandenen Trinkwassers* *Abschnitt 6: Schadstoffe, Abwasser, Müll und Treibhausgase – 80 Prozent aller Kohlendioxid-Emissionen – mit Wasser und Essen versorgen – riesige Flächen – London – 125-mal die Fläche seines Stadtgebiets – umdenken – Probleme immer größer* *Abschnitt 7: Fehlentwicklungen entgegenwirken – nachhaltig leben und arbeiten – Wie entsorgt man Abwasser und Müll? – Abgase und Lärm vermeiden – Wissenschaft gefragt – Klimawandel bekämpfen* **TIPP:** Machen Sie den TN deutlich, dass es sich bei der Unterteilung eines Lesetextes in Abschnitte und das Finden von Überschriften um eine Lesestrategie handelt („**Lesestrategien**", **Strategie-Über-blick → S. 165**). Weisen Sie die TN auch auf den Lerntipp „Detailverstehen in Fachtexten" zur Aufgabe hin.		
Gruppenarbeit	**VERTIEFUNG 1:** Teilen Sie Ihren Kurs in sieben Kleingruppen auf. Jede Gruppe widmet sich einem Abschnitt, wendet die Strategien aus dem Merkkasten an und beantwortet die Fragen. Vergleichen Sie die Ergebnisse im Plenum.		
Plenum Einzelarbeit Plenum	**VERTIEFUNG 2:** Fragen Sie die TN, welche Grammatikstrukturen für Fachtexte charakteristisch sind, zum Beispiel *Nominalstil statt Verbalstil, Passiv statt Aktiv, zweiteilige Konnektoren* etc. Die TN markieren Strukturen, die immer wieder auftauchen, mit farbigen Stiften im Text. Vergleichen Sie die Ergebnisse im Plenum.	farbige Stifte	

| Gruppenarbeit
Plenum | c) Die TN arbeiten in Kleingruppen und vervollständigen die Sätze in eigenen Worten. Vergleichen Sie die Ergebnisse im Plenum.
Lösungsvorschlag:
Abschnitt 1: Wir wünschen uns für die Zukunft ein noch komfortableres Leben in großen Städten. Lärm, Staus, Abgase und Feinstaub sollten vermieden werden.
Abschnitt 2: Hans-Jörg Bullinger vom Fraunhofer-Institut sieht in einer Umstrukturierung Möglichkeiten, um dem Klimawandel etwas entgegenzusetzen und das Leben der Stadtbewohner zu optimieren.
Abschnitt 3: Zurzeit leiden Stadtbewohner in vielen Teilen der Welt unter den Problemen mit verunreinigtem Trinkwasser, nicht funktionierender Abwasser- und Stromversorgung, Abgasen und Staus durch erhöhtes Verkehrsaufkommen.
Abschnitt 4: Attraktiv für immer mehr Menschen sind dagegen die Angebote an Job- und Ausbildungsmöglichkeiten, einer grundlegenden Gesundheitsversorgung, vielfältigen Einkaufsmöglichkeiten und Freizeitbeschäftigungen.
Abschnitt 5: Wirtschaftlich sind große Städte ländlichen Regionen überlegen. Deshalb leben jetzt schon mehr als die Hälfte der Menschen auf diesem Planeten in Großstädten, eine Tendenz, die auch auf längere Frist zunehmen wird.
Abschnitt 6: Die Probleme in den Städten nehmen zu, weil dort so viel Energie verbraucht wird und viel Abfall, Abwasser und schlechte Luft produziert wird, außerdem braucht man riesige landwirtschaftliche Gebiete zur Nahrungsversorgung.
Abschnitt 7: Um die Herausforderungen zu meistern, muss die Technik für umweltbewusstere Städte weiterentwickelt werden.
TIPP: Die TN lesen den landeskundlichen Informationstext in *Wussten Sie schon?* zum Thema „Fraunhofer-Institute in Deutschland". Passend dazu gibt es ein Hörverstehen im Arbeitbuchteil AB 139/Ü4 , in dem Wissenschaftler aus verschiedenen Fraunhofer-Instituten zu Wort kommen; auch als Hausaufgabe geeignet. | AB-CD/9–10
AB-CD/42–43 | |
| Einzelarbeit | AB 138/Ü3 Wortschatzübung zum Thema „Umwelt in Großstädten"; auch als Hausaufgabe geeignet. | | |

3 Satzstrukturen: Konditionale Zusammenhänge

SOZIALFORM	ABLAUF	MATERIAL	ZEIT
Einzelarbeit Plenum	a) Die TN unterstreichen in den Sätzen die Konnektoren, die die Bedeutung von den bereits bekannten Konnektoren *wenn* und *sofern/falls* haben. Vergleichen Sie die Ergebnisse im Plenum. *Lösung:* *1 Im Falle, dass; 2 vorausgesetzt, dass; 3 unter der Bedingung, dass*		
Einzelarbeit Plenum	b) Die TN formulieren die Sätze aus **a** mit *wenn* und *sofern/falls* um. Vergleichen Sie die Ergebnisse im Plenum. *Lösung:* *1 Falls wir nichts unternehmen, werden die Bedingungen bald nicht mehr erträglich sein.* *2 Metropolen können zu Pionieren eines nachhaltigen Wandels werden, wenn wir es schaffen, die notwendige Technik bereitzustellen.* *3 Sofern es noch nicht zu spät ist, sollten wir den Klimawandel bekämpfen.*		

Einzelarbeit Plenum	c) Die TN formulieren schriftsprachliche Sätze und verwenden dabei *bei + Dativ, im Falle + Genitiv*. Vergleichen Sie die Ergebnisse im Plenum. *Lösung:* *1 Bei einem Einsatz von begrünten Dächern entsteht ein angenehmes Klima. / Im Falle eines Einsatzes von begrünten Dächern entsteht ein angenehmes Klima.* *2 Bei der Anschaffung von Autos mit Elektromotor ist ein Leben ohne Lärm möglich. / Im Falle einer Anschaffung von Autos mit Elektromotor ist ein Leben ohne Lärm möglich.*		
Einzelarbeit Plenum	d) Die TN bilden Sätze mit negativer Bedeutung und formulieren die Sätze dabei mit *sonst/andernfalls* und *wenn … nicht, (dann)* um. Vergleichen Sie die Ergebnisse im Plenum. *Lösung:* *1 Wenn wir nicht umdenken, (dann) werden die Probleme immer größer.* *2 Die Wissenschaft muss die die Herausforderungen annehmen, sonst/ andernfalls wird es keine Lösung geben.*		
Plenum	**FOKUS GRAMMATIK:** Machen Sie den TN deutlich, dass bei Satz-strukturen mit konzessiven Zusammenhängen eine Bedingung ausgedrückt wird. Bei den Konnektoren *sonst/andernfalls* oder *wenn … nicht, (dann)* kann die Bedingung auch negativ sein. Die Präpositionen *bei, im Falle* oder *ohne* verlangen ein Nomen; Nominalisierungen sind charakteristisch für die Schriftsprache. Weisen Sie die TN auch auf die Grammatikübersicht im Kursbuch (→ S. 120/1a) und auf die erweiterte Grammatikübersicht im Lehrwerkservice zu *Sicher!* hin.		
Partnerarbeit	**VERTIEFUNG:** Die Teilnehmer arbeiten zu zweit. Kopieren Sie die Kopiervorlage (**Kopiervorlage Lektion 9/1 → S. 140**) für jede Zweier-gruppe einmal, schneiden Sie die Satzanfänge und -enden aus. Die Lernpartner bilden einen Stapel mit den Satzenden (mit der Schrift nach unten), die Satzanfänge legen sie sichtbar aufgedeckt vor sich auf dem Tisch aus. Die/Der erste TN zieht vom Stapel ein Satzende und formuliert dazu selbst frei einen passenden Satzan-fang, indem sie/er einen passenden konditionalen Konnektor verwendet. Danach ordnet sie/er dem Satzende einen passenden Satzanfang zu, der auf dem Tisch ausliegt. So geht es reihum, bis alle neun Sätze komplett zugeordnet wurden. *Lösung:* *1 Bei hoher Schadstoffproduktion kann es zu Smog kommen. 2 Unter der Bedingung, dass durch den Klimawandel der Meeresspiegel steigt, sollten wir Siedlungen nicht mehr direkt in Küstennähe bauen. 3 Wir dürfen nicht mehr so viel CO_2 produzieren, wir beschleunigen sonst den Treib-hauseffekt. 4 Wenn die Wissenschaft die Herausforderungen der Zukunft nicht annimmt, wird es keine Lösungen geben. 5 Im Falle einer höheren Abgassteuer für Fabriken würden Unternehmen weniger Schadstoffe produzieren. 6 Die Gletscher in den Alpen dürfen nicht weiter schmelzen, andernfalls ist dort Skifahren im Sommer bald nicht mehr möglich. 7 Durch die Anschaffung eines Elektroautos verursachen wir weniger Lärm. 8 Ohne konkrete Klimaziele der Politiker ist jede Klimakonferenz sinnlos. 9 Ohne den Zuzug von immer mehr Menschen würden Städte nicht zu Megastädten anwachsen.*	Kopiervorlage Lektion 9/1	
Einzelarbeit	**AB 140/Ü5** Grammatikübung zur Wiederholung der bekannten konditionalen Konnektoren *wenn, falls, sofern* und *bei*, die sich gut als Vorbereitung für diese Grammatikeinheit eignet; auch als Hausaufgabe geeignet.		
Einzelarbeit	**AB 140/Ü6** Grammatikübung, in der die TN die Satzstrukturen von konditionalen Zusammenhängen selbst entdecken; auch als Hausaufgabe geeignet.		

SOZIALFORM	ABLAUF		
Einzelarbeit	AB 141/Ü7 Grammatikübung zu Satzstrukturen, die konditionale oder konzessive Zusammenhänge ausdrücken; auch als Hausaufgabe geeignet.		

4 Quiz

SOZIALFORM	ABLAUF	MATERIAL	ZEIT
Gruppenarbeit Plenum	Die TN arbeiten in Kleingruppen, versuchen, das Quiz zu lösen. Sie vergleichen ihre Lösungen mit der Antwort auf der angegebenen Arbeitsbuch- bzw. Kursbuchseite (Vollband). Vergleichen Sie im Plenum – wer die meisten richtigen Antworten hat, hat gewonnen. *Lösung:* *1 Asien ; 2 Russland; 3 London; 4 Istanbul* **TIPP:** Die Bezeichnung „einwohnerstärkste Stadt" bezieht sich auf die Einwohnerzahl, „größte Stadt" meint die Fläche der Stadt und bezieht auch den Ballungsraum mit ein.		
Einzelarbeit	AB 142/Ü8 Schreibübung zum Thema „Meine Stadt in der Zukunft"; auch als Hausaufgabe geeignet.		
Einzelarbeit	AB 142/Ü9 Hörverstehen zum Thema „Nachrichten aus Wissenschaft und Forschung"; auch als Hausaufgabe geeignet.	AB-CD/11 *AB-CD/44*	

Ich kann jetzt …

SOZIALFORM	ABLAUF	MATERIAL	ZEIT
Einzelarbeit	Die TN markieren, was auf sie zutrifft.		
Gruppenarbeit Plenum	**VERTIEFUNG:** Die TN arbeiten in Kleingruppen und zeichnen auf einem Plakat ihre Zukunftsvision einer perfekten Stadt in 100 Jahren. Dazu einigen sie sich in ihrer Kleingruppe zunächst auf fünf bis zehn innovative Errungenschaften, die sie sich für ihre Zukunftsstadt vorstellen, ihrer Fantasie sind dabei keine Grenzen gesetzt, technisch ist alles möglich, zum Beispiel *Wachsende Häuser, Autobahnen in der Luft* … Anschließend präsentieren die TN ihre Zukunftsstädte im Plenum („**Kursausstellung**", Glossar → S. 161).	Plakate Stifte	

SEHEN UND HÖREN

1 Landwirtschaft in der Stadt

SOZIALFORM	ABLAUF	MATERIAL	ZEIT
Einzelarbeit Plenum	Die TN lesen den Zeitungsartikel und definieren den dort genannten Trend. Vergleichen Sie die Ergebnisse im Plenum. *Lösungsvorschlag:* *Die beiden aus dem Englischen stammenden Begriffe „Urban Gardening" bzw. „Guerilla Gardening" bezeichnen einen Trend, bei dem im öffentlichen Raum Gärten entstehen, in denen die Bürger Blumen pflanzen und Gemüse anbauen können.* **VERTIEFUNG:** Die TN diskutieren im Plenum, was die Vor- und Nachteile von „Urban Gardening" sein könnten. *Welchen positiven Effekt könnte solch ein öffentlicher Garten auf die Stadt haben? Welche Probleme könnten auftreten? Gibt es in den Heimatländern der TN ähnliche Projekte, hat jemand schon einmal Erfahrungen auf diesem Gebiet gesammelt?*		

2 „Prinzessinnengarten" in Berlin

SOZIALFORM	ABLAUF	MATERIAL	ZEIT
Einzelarbeit Plenum	a) Die TN sehen den Anfang des Films ohne Ton an und beantworten die Fragen. Vergleichen Sie die Ergebnisse im Plenum. *Lösungsvorschlag:* *– Die beiden Personen befinden sich vermutlich in einer deutschen Großstadt auf einem Gelände, auf dem „Urban Gardening" praktiziert wird.* *– Die beiden Personen berichten wahrscheinlich von ihren Erfahrungen mit „Urban Gardening".*	DVD 2/09	
Einzelarbeit Plenum Gruppenarbeit	b) Die TN sehen den Film in Abschnitten und notieren zu jedem Abschnitt drei Stichpunkte. Vergleichen Sie die Ergebnisse im Plenum. **TIPP:** Die im Film genannten Fremdwörter „Dilettanten" (ohne fachmännische Schulung), „Biodiversität" (Vielfalt der Arten und Ökosysteme) und „Gentrifizierung" (sozialer Strukturwandel bestimmter Stadtteile) sind den TN eventuell nicht bekannt; klären Sie die Begriffe ggf. vor dem ersten Sehen. *Lösungsvorschlag:* *Abschnitt 1: sozial, Biogemüse, Nachbarschaft* *Abschnitt 2: Input/Ideen von allen, Sensibilität für Vielfalt von alten Pflanzen, gesunde Ernährung* *Abschnitt 3: Biodiversität, am Objekt lernen, Pflanzen gegen Bezahlung* *Abschnitt 4: Gemüse zum Mitarbeiterpreis, eigenes Restaurant, Schulen und Kitas mit eigenen Beeten* *Abschnitt 5: mobiles Beetsystem, Gentrifizierung, Rahmenbedingungen für Freiflächen* – Die TN arbeiten in Kleingruppen und formulieren die Fragen, die der Reporter den Interviewpartnern gestellt hat, auf Kärtchen. – Jede Kleingruppe gibt die Kärtchen mit den Fragen an eine andere Gruppe weiter, diese beantwortet die Fragen schriftlich anhand der eigenen Stichpunkte. *Lösungsvorschlag:* *1 Was ist der Prinzessinnengarten? – Der Prinzessinnengarten ist ein soziales, ökologisches und urbanes Projekt, in dem Menschen aus der Nachbarschaft zusammen Biogemüse anbauen.* *2 Was für eine Berufsausbildung haben Sie? – Die beiden Gründer sind keine ausgebildeten Gärtner und sind angewiesen auf Ideen und Input von außen. Sie wollen die Menschen für die Vielfalt der Pflanzenarten sensibilisieren und für eine gesunde Ernährung werben.* *3 Wer hilft Ihnen bei der Gartenarbeit? – Menschen wie Sie, die am Objekt lernen wollen und für die Biodiversität wichtig ist. Die angebauten Pflanzen können Sie käuflich erwerben.* *4 Was bekommen die Helfer für ihre Mitarbeit? Die Mitarbeiter bekommen das Gemüse zum Mitarbeiterpreis, zudem wird ein eigenes Restaurant auf dem Gelände betrieben. Außerdem können Schulen und Kitas eigene Beete anmieten.* *5 Warum bauen Sie das Gemüse in mobilen Beeten an? Da der Garten nur vorübergehend auf dem Gelände ist und durch Gentrifizierung in Berlin-Kreuzberg immer mehr Flächen wegfallen, kann der Garten mit einem mobilen Beetsystem umziehen; die Stadt sollte jedoch bessere Rahmenbedingungen für die Nutzung von Freiflächen bieten.*	 DVD 2/10 DVD 2/11 DVD 2/12 DVD 2/13 DVD 2/14 Kärtchen	
Einzelarbeit Plenum	c) Die TN sehen den Film nun komplett und überprüfen ihre Antworten auf den Kärtchen. Vergleichen Sie die Ergebnisse im Plenum.	DVD 2/15	

Plenum	d) Die TN diskutieren im Plenum, warum sich die Macher des Prinzessinnengartens für das Projekt interessieren. Dabei können sie noch einmal auf ihre Ergebnisse aus der Diskussion aus Aufgabe 1 zurückgreifen. *Lösungsvorschlag: Der Garten ist vielleicht ihr Gegenentwurf zum Leben in Großstädten, wo immer mehr Grünflächen verschwinden. Mit dem Anbau in unmittelbarer Nachbarschaft handeln sie nachhaltig, ernähren sich gesund und haben eine Vorbildfunktion für andere.*		
Einzelarbeit	**AB 143/Ü10** Wortschatzübung zum Film „Prinzessinnengarten", die sich gut zur Vorentlastung des Films eignet; auch als Hausaufgabe geeignet.		
Einzelarbeit	**AB 143/Ü11** Schreibübung, in der die TN eine E-Mail an eine Zeitungsredaktion zum Thema „Stadtprojekte" ergänzen müssen; auch als Hausaufgabe geeignet.		

Ich kann jetzt …

SOZIALFORM	ABLAUF	MATERIAL	ZEIT
Einzelarbeit	Die TN markieren, was auf sie zutrifft.		
Plenum	**VERTIEFUNG:** Schreiben Sie (schwierige) Wörter aus dem Film über den „Prinzessinnengarten" auf Post-Its, zum Beispiel *Dilettanten, Gentrifizierung, Biodiversität, mobiles Beetsystem* etc., die sich die TN gegenseitig an die Stirn heften und zwar so, dass die TN nicht sehen können, welches Wort sie auf der Stirn haben. Die TN gehen durch den Raum und stellen sich gegenseitig Ja-/Nein-Fragen zu ihrem Wort mit dem Ziel, das Wort möglichst zu erraten. Jede/r TN stellt nur eine Frage bzw. gibt nur eine Antwort (und zwar nur „ja" oder „nein"), danach wechseln die Lernpartner. Wer sein Wort erraten hat, nimmt das Post-It von der Stirn und beantwortet nur noch Fragen anderer TN („Was bin ich?", Glossar → S. 164).	Post-Its, Tesa	

SCHREIBEN

1 Leben in der Großstadt

SOZIALFORM	ABLAUF	MATERIAL	ZEIT
Gruppenarbeit Plenum	a) Die TN arbeiten in Kleingruppen, einigen sich auf eine Großstadt und unterhalten sich in Kleingruppen, was für Menschen dort leben und was typisch für sie ist. Vergleichen Sie die Ergebnisse im Plenum. *Lösungsvorschlag: Wahrscheinlich leben viele Singles und Paare ohne Kinder in der Groß- stadt. Arbeit und Karriere stehen bei ihnen im Mittelpunkt, außerdem wollen sie das umfangreiche Kultur- und Freizeitangebot nutzen. […]*		
Gruppenarbeit	**VERTIEFUNG:** Die TN entwerfen in ihren Kleingruppen eine typische Biographie eines Großstadtmenschen. *Wie alt ist sie/er? Wo arbeitet sie/er? Wie sieht ihr/sein Tagesablauf aus? Was ist ihr/ ihm im Leben wichtig? […]*		

9

Einzelarbeit Plenum	b) Die TN sehen das Foto an und vermuten, woran der Mann wohl leidet. Vergleichen Sie die Ergebnisse im Plenum. *Lösungsvorschlag:* *Vermutlich ist dieser Mann total überarbeitet und kann sich dem Zwang zu arbeiten nicht mehr entziehen. Daher merkt er gar nicht mehr, in welchen Situationen er seinen Laptop aufklappt. Er leidet an Stress, weil er aufgrund seines Arbeitszwangs keine Zeit mehr für sein Privatleben hat, sodass er zudem sehr einsam und vielleicht auch depressiv ist. […]*		
Gruppenarbeit Plenum	**VERTIEFUNG:** Bringen Sie Plakate mit in den Unterricht, auf die Sie große Gedankenblasen zeichnen. Die TN arbeiten in Kleingruppen und formulieren die Gedanken, die dem Mann auf dem Foto gerade durch den Kopf gehen („Gedankenraten", Glossar → S. 161). Vergleichen Sie die Ergebnisse im Plenum.	Plakate	
Einzelarbeit Plenum	c) Die TN lesen den Forumsbeitrag und markieren die Textstellen, in denen es um die Aspekte geht, die nach Meinung des Verfassers typisch für ein Leben in der Großstadt sind. Vergleichen Sie die Ergebnisse im Plenum. *Lösungsvorschlag:* *der Lärm – der Druck (hohe Kosten, weite Wege, viel Arbeit, viele Menschen) – Hektik – an einer Depression erkrankt – vereinsamt – einfacher […] sich von anderen Menschen fernzuhalten – viel anonymer – Ehepaare sich leichter trennen – Familien auseinanderbrechen – alle ständig arbeiten – kümmert sich keiner um Alleinlebende – sich immer mehr Menschen der Probleme bewusst werden – neue Nachbarn besser kennenzulernen – vielfältigen Angebote einer Großstadt – in einer Großstadt glücklich und gesund leben*		
Einzelarbeit	**VERTIEFUNG:** Die TN schreiben die unterstrichenen Wörter auf ein Extra-Blatt, schließen das Buch und schreiben den Text zum Thema „Macht Stadtleben krank?" mithilfe ihrer mitgeschriebenen Wörter noch einmal neu. Anschließend vergleichen sie ihren Text mit dem Original. Auch als Hausaufgabe geeignet.		
Einzelarbeit Plenum	d) Die TN unterstreichen die Redemittel in dem Beitrag und ordnen sie den Schreibabsichten zu. Vergleichen Sie die Ergebnisse im Plenum. Weisen Sie die TN auch auf die Übersicht der Redemittel im Anhang hin. *Lösung:* *A 3; B 5; C 4; D 2; E 1*		
Einzelarbeit Plenum	e) Die TN verfassen einen eigenen Forumsbeitrag, beziehen sich auf den Forumsbeitrag in **c**, geben nach Möglichkeit weitere Beispiele und beschreiben die Situation in ihrem Heimatland. Vergleichen Sie die Ergebnisse im Plenum. *Lösungsvorschlag:* *Mit Interesse habe ich Ihren Beitrag zum Thema „Macht Stadtleben krank?" gelesen. Plötzlich habe ich gemerkt, wie sich heutzutage das Stadtleben negativ auf das Individuum auswirkt. In meinem Bekanntenkreis gibt es immer mehr Menschen, die am hektischen Stadtleben leiden. Dies sehe ich als ein Trend für ganz Deutschland, man kann es zum Beispiel dadurch erkennen, dass psychische Krankheiten und die Vereinsamung gerade älterer Menschen auf dem Vormarsch sind. Positive Ansätze sehe ich darin, dass in den Großstädten immer mehr Initiativen, die das Stadtleben meiner Meinung nach immer lebenswerter machen. Durch „Urban Gardening" werden leer stehende Flächen begrünt, Menschen leben in Mehrgenerationenhäusern zusammen und helfen sich gegenseitig. In meiner Heimatstadt werden zudem immer mehr Straßen verkehrsberuhigt und Fahrradwege ausgebaut, die Anwohner begrünen selber Verkehrsinseln oder organisieren in Bürgerinitiativen soziale Projekte und Nachbarschaftshilfe. Die Großstadt ist trotz allem für mich der beste Ort zum Leben.*	DIN-A4-Papier	

9

SOZIALFORM	ABLAUF	MATERIAL	ZEIT
Plenum	**VERTIEFUNG:** Damit die TN nicht „einsam für sich" den Blockbeitrag erstellen, schreiben sie den Text kollektiv zusammen im Plenum. Jede/r TN bekommt ein DIN-A4-Papier. Geben Sie einen ersten Satzanfang vor, der oben auf das Papier geschrieben wird, zum Beispiel *Mit Interesse habe ich Ihren Beitrag gelesen.* Die TN schreiben den nächsten Satz und knicken den Text um, sodass nur noch ihr Satz zu sehen ist. So geht es weiter, die/der nächste TN fügt einen weiteren Satz an und knickt um, bis ein Text entsteht, zu dem jede/r TN nur einen Satz beigetragen hat. Anschließend werden die Texte aufgeklappt, die TN korrigieren den Text und lesen ihn laut im Plenum vor („Umknicktext", Glossar → S. 163).	DIN-A4-Papier	
Einzelarbeit	**AB 144/Ü12** Die TN ordnen die Redemittel einem Blogbeitrag über Probleme von Großstädtern zu; auch als Hausaufgabe geeignet.		

Ich kann jetzt …

SOZIALFORM	ABLAUF	MATERIAL	ZEIT
Einzelarbeit	Die TN markieren, was auf sie zutrifft.		
Gruppenarbeit Partnerarbeit	**VERTIEFUNG:** Teilen Sie die TN in zwei Gruppen auf – eine Hälfte spricht sich für ein Leben in einer Großstadt aus, die andere Hälfte ist dagegen. Die beiden Gruppen treffen sich jeweils in einer Ecke des Unterrichtsraums und sammeln Argumente für ihren Standpunkt. Danach arbeiten jeweils zwei TN zusammen, die unterschiedlicher Meinung sind, und führen auf einem Plakat ein Schreibgespräch durch. Die Lernpartner diskutieren, indem sie jeweils in einem Satz schriftlich aufeinander reagieren, ohne zu sprechen. Eine anschließende Korrektur findet nicht statt („Schreibgespräch", Glossar → S. 163).	Plakat	

WORTSCHATZ

1 Groß oder klein?

SOZIALFORM	ABLAUF	MATERIAL	ZEIT
Einzelarbeit Plenum	a) Die TN ergänzen im Lexikoneintrag die Begriffe. Vergleichen Sie die Ergebnisse im Plenum. *Lösung:* *1 Kleinstadt; 2 Großstadt; 3 Dorf*	Stoppuhr	
Gruppenarbeit Plenum	b) Die TN unterhalten sich zu viert, zu welcher Kategorie der Ort gehört, in dem sie selbst leben, wie viele Einwohner es dort gibt und welche gesellschaftliche und kulturelle Bedeutung der Ort hat. Vergleichen Sie die Ergebnisse im Plenum.		
Gruppenarbeit Plenum	**VERTIEFUNG:** Teilen Sie die TN in drei Gruppen auf und teilen Sie ihnen die Begriffe *Kleinstadt, Großstadt* und *Dorf* zu. Jede Gruppe nimmt sich einen der Begriffe und diskutiert, wie ein Leben dort wohl aussieht. *Welche Vor- und Nachteile hat ein Leben dort? Was ist charakteristisch für diese Lebensform? Wie sieht die/der typische Bewohner/in aus. Wo würden die TN selbst am liebsten leben?* Anschließend präsentieren die Gruppen den anderen TN ihre Ergebnisse im Plenum.		

2 Wladimir Kaminer: „Mein deutsches Dschungelbuch"

SOZIALFORM	ABLAUF	MATERIAL	ZEIT
Einzelarbeit Plenum	Die TN lesen den Textausschnitt und erklären, was der Autor mit den Begriffen „innere Architektur", „alles am richtigen Platz" und „das Herz der Kleinstadt" meint. Vergleichen Sie die Ergebnisse im Plenum. *Lösung:* *„innere Architektur" – das Merkmal/Charakteristikum einer typischen deutschen Kleinstadt* *„alles am richtigen Platz" – alles hat seine Ordnung* *„das Herz der Kleinstadt" – das Zentrum einer (Klein-)Stadt* **INTERKULTURELL:** In multinationalen Lerngruppen schreiben die TN einen kurzen Text über eine typische Kleinstadt in ihrem Land nach dem Vorbild von Wladimir Kaminer. Dabei schreiben sie anstatt eines Städte- oder Ländernamens nur ZONK. Sammeln Sie die Texte ein und verteilen Sie sie neu unter den TN. Jede/r TN liest den erhaltenen Text vor, die anderen raten, um welches Land es sich handeln könnte, und wer die/der Verfasser/in ist. Bei homogenen Lerngruppen, in denen alle TN aus einem Land kommen, kann jeder über einen Ort aus der Region schreiben, der einigermaßen bekannt sein muss und erraten werden kann („ZONK", Glossar → S. 164).		

3 Adjektive und Partizipien mit Präpositionen

SOZIALFORM	ABLAUF	MATERIAL	ZEIT
Einzelarbeit Plenum	Die TN lesen die Rezension und ordnen die Adjektive und Partizipien mit Präpositionen zu. Vergleichen Sie die Ergebnisse im Plenum. *Lösung:* *1 erfahren im; 2 aufgeschlossen gegenüber; 3 bemüht um; 4 erfreut über; 5 gespannt auf*		
Plenum	**FOKUS GRAMMATIK:** Machen Sie den TN deutlich, dass es neben Verben und Nomen auch Adjektive und Partizipien mit festen Präpositionen gibt, auf die ein bestimmter Kasus folgt. Weitere Adjektive und Partizipien mit Präpositionen finden Sie auf der Grammatikübersicht im Kursbuch (→ S. 120/2). Weisen Sie die TN auch auf die erweiterte Grammatikübersicht im Lehrwerkservice zu *Sicher!* hin. Tipps für das richtige Memorieren finden sich jeweils am Ende eines jeden Kapitels unter der Rubrik LERNWORTSCHATZ.		
Einzelarbeit	AB 144/Ü13 Wiederholungsübung zu schon bekannten Adjektiven/Partizipien mit festen Präpositionen, die sich gut als Vorbereitung auf diese Einheit eignet; auch als Hausaufgabe geeignet.		
Einzelarbeit	AB 145/Ü14 Grammatikübung zu Adjektiven/Partizipien mit festen Präpositionen; auch als Hausaufgabe geeignet.		
Einzelarbeit	AB 145/Ü15 Filmtipp gestaltet als weitere Grammatikübung zum Thema „Präpositionen"; auch als Hausaufgabe geeignet.		

Ich kann jetzt …

SOZIALFORM	ABLAUF	MATERIAL	ZEIT
Einzelarbeit	Die TN markieren, was auf sie zutrifft.		
Partnerarbeit Plenum	**VERTIEFUNG:** Schreiben Sie fünf Adjektive/Partizipien mit festen Präpositionen an die Tafel. Die TN arbeiten zu zweit und bekommen 15 Minuten Zeit, um eine kurze Geschichte zu erfinden, in der die fünf Verbindungen vorkommen. Anschließend präsentieren alle ihre Geschichte im Plenum, die TN stimmen ab, die kreativste/spannendste Geschichte hat gewonnen. **TIPP:** Machen Sie den TN deutlich, dass sie bei dieser Übung die neuen Grammatikstrukturen in einen neuen Kontext bringen; unser Gehirn lernt so am besten.	Stoppuhr	

LESEN 2

1 Dorf einmal anders

SOZIALFORM	ABLAUF	MATERIAL	ZEIT
Plenum	a) Die TN diskutieren im Plenum, was sie von einem Zeitschriftenartikel mit dem Titel „Aussteiger mit Hightech" erwarten. Vergleichen Sie die Ergebnisse im Plenum. *Lösungsvorschlag:* *In einem Artikel mit diesem Thema geht es vermutlich nicht um Aussteiger, die sich total von der modernen Welt abwenden, sondern die trotz eines alternativen Lebensstils weiterhin alle technischen Errungenschaften nutzen wollen.*		
Einzelarbeit Plenum	b) Die TN lesen den Text und notieren, wie sich die einzelnen Dörfer unterscheiden. Vergleichen Sie die Ergebnisse im Plenum. *Lösungsvorschlag:* |	*traditionell: Kreßberg*	*alternativ: Tempelhof*
---	---	---
existiert seit:	*7.–9. Jahrhundert*	/
Regierung	*Bürgermeister*	*7 Dorfvorstände*
Einwohnerzahl	*3883*	*300*
Wirtschaft, Betriebe	*zahlreiche Firmen, Biogasmaisanbau, kaum noch Landwirtschaft, Gewerbegebiete am Ortsrand*	*26 Hektar landwirtschaftliche Nutzfläche (Gemüse und Obst), Viehzucht, Käserei, Bäckerei, Imkerei, Schneiderei, Schreinerei, Schlosser- und Fahrradwerkstatt, Labor*
soziale Infrastruktur	/	*Waldkindergarten, Kantine, Café*			
Einzelarbeit	**AB 146-147/Ü16** Leseverstehen, in dem sich Personen zu verschiedenen Aspekten bezüglich „Wohnen in Tempelhof" äußern; auch als Hausaufgabe geeignet.		

2 Satzstrukturen: Konzessive Zusammenhänge

SOZIALFORM	ABLAUF	MATERIAL	ZEIT
Einzelarbeit Plenum	a) Die TN formulieren die Sätze mithilfe der bekannten Strukturen auf S. 120, Kursbuch, um. Vergleichen Sie die Ergebnisse im Plenum. *Lösungsvorschlag:* *1 Obwohl Wolfgang Sechser sein Leben ändern wollte, konnte er sich zuerst nicht vorstellen, in einer alternativen Gemeinschaft zu leben. Wolfgang Sechser wollte sein Leben ändern. Dennoch/Trotzdem konnte er sich zuerst nicht vorstellen, ...* *Trotz des Wunsches, sein Leben zu ändern, konnte sich Wolfgang Sechser nicht vorstellen, in einer alternativen Gemeinschaft zu leben.* *2 Obwohl in Tempelhof eine andere Lebensweise vorherrschte, akzeptierten die Kreßberger die Bewohner ...* *Die Bewohner des alternativen Dorfes hatten eine andere Lebensweise. Dennoch/Trotzdem wurden sie von den Kreßbergern akzeptiert.* *Trotz der anderen Lebensweise in Tempelhof akzeptierten die Kreßberger die Bewohner des alternativen Dorfes.*		
Plenum	b) Die TN diskutieren im Plenum, welche der beiden Sätze man eher in der Schriftsprache verwendet. Vergleichen Sie die Ergebnisse im Plenum. *Lösung:* *Den zweiten Satz mit der Präposition „ungeachtet" verwendet man eher in der Schriftsprache. Der Nominalstil ist charakteristisch für die Schriftsprache (im Gegensatz zum Verbalstil).*		
Plenum	**FOKUS GRAMMATIK:** Machen Sie den TN deutlich, dass bei Satzstrukturen mit konzessiven Zusammenhängen eine Kontroverse (ein Gegengrund) ausgedrückt wird. **VERTIEFUNG:** Schreiben Sie die einzelnen Wörter eines Satzes, der einen konzessiven Zusammenhang ausdrückt, auf Kärtchen, zum Beispiel *Obschon die Aussteiger alternativ leben, verfügen sie über neueste Technik.* Jede/r TN bekommt ein Wort zugeteilt, geht durch den Raum und wiederholt es immer wieder laut. Die TN organisieren sich untereinander, Ziel ist es, die Wörter in die richtige Reihenfolge zu bekommen. Zum Schluss stellen sich die TN nebeneinander auf und präsentieren den Satz in der richtigen Reihenfolge („Atomspiel", Glossar → S. 160).	Kärtchen	
Einzelarbeit	AB 148/Ü17 Grammatikwiederholung der aus *Sicher! B2* schon bekannten konzessiven Konnektoren; auch als Hausaufgabe geeignet.		
Einzelarbeit	AB 148–149/Ü18 Selbstentdeckende Grammatikübung; auch als Hausaufgabe geeignet.		
Einzelarbeit	AB 149/Ü19 Grammatikübung zu konzessiven Zusammenhängen; auch als Hausaufgabe geeignet.		

Ich kann jetzt …

SOZIALFORM	ABLAUF	MATERIAL	ZEIT
Einzelarbeit	Die TN markieren, was auf sie zutrifft.		
Einzelarbeit Plenum	**VERTIEFUNG:** Die TN werden in Kreßberger und Tempelhofer aufgeteilt (teilen Sie den TN ein „K" für *Kreßberg* und „T" für *Tempelhof* zu). Jede/r TN erstellt eine Rollenkarte, auf der sie/er eine fiktive Biographie entwirft *(Alter, Herkunft, Beruf, Hobbys; Warum hat sie/er sich für diese Lebensform entschieden? Welche Vor- und Nachteile sieht sie/er in dieser Lebensform?)* Diese Rollen-karten werden neu verteilt, jede/r TN liest sich die Notizen durch und nimmt die ihr/ihm zugewiesene Rolle an. Die Kreßberger und Tempelhofer bilden einen Außen- und Innenkreis, interviewen sich gegenseitig, indem sie sich möglichst viele W-Fragen stellen und bleiben dabei in ihrer Rolle. Wer spielt seine Rolle am glaubwür-digsten? Wechseln Sie ggf. nach fünf Minuten die Gesprächspart-ner („Kugellager", Glossar → S. 161).	Kärtchen Stoppuhr	

HÖREN

1 Alternatives Leben

SOZIALFORM	ABLAUF	MATERIAL	ZEIT
Einzelarbeit Plenum	a) Die TN sehen die Fotos an und diskutieren, was die Leute wohl anders machen. Vergleichen Sie die Ergebnisse im Plenum. *Lösungsvorschlag:* *Die beiden Frauen leben wahrscheinlich in einem alternativen Wohnpro-jekt, wo die Nahrungsmittel zum täglichen Verzehr selbst angebaut wer-den (Foto 1), und wo man sich gemeinschaftlich um die Kinder kümmert (Foto 2) – ein Gegenentwurf zum anonymen, fremdbestimmten Leben in der Stadt.*		
Einzelarbeit Plenum	b) Die TN arbeiten in Kleingruppen und diskutieren, was alternati-ves Leben in Bezug auf die angegebenen Lebensbereiche bedeutet. Vergleichen Sie die Ergebnisse im Plenum. *Lösungsvorschlag:* *Arbeit/Beruf – alle arbeiten zusammen auf dem Hof, ganz nach den per-sönlichen Begabungen und Vorlieben, ein Lohn wird nicht gezahlt* *Ernährung – die Menschen leben „autark", d.h., sie ernähren sich von ihrer eigenen Landwirtschaft oder Viehzucht.* *Familienleben – die Familien leben in enger Gemeinschaft zusammen, jeder kümmert sich um jeden, die Kinder verschiedener Eltern wachsen wie Geschwister auf* *Kleidung – die Kleidung wird selbst angefertigt oder untereinander ge-tauscht und weitergegeben*		

9

2 Ökologisch-soziale Modellsiedlung

SOZIALFORM	ABLAUF	MATERIAL	ZEIT
Einzelarbeit	Die TN hören die Radioreportage über ein soziales Experiment in Abschnitten. <u>Abschnitt 1:</u>	CD 2/11	
Plenum	1 Die TN markieren, über welchen Abschnitt sie <u>keine</u> Auskunft erhalten. Kontrolle im Plenum. *Lösung:* *2 die Arbeitsteilung; 6 die politische Entscheidungsfindung*		
Einzelarbeit Plenum	<u>Abschnitt 2:</u> 1 Die TN bringen vor dem Hören des Gesprächs die Fragen in die richtige Reihenfolge. Kontrolle im Plenum. *Lösung:* *1 Was war seine Motivation für den Umzug ins Dorf?* *2 Hat er sich durch „Sieben Linden" menschlich weiterentwickelt?* *3 Warum fühlt er sich in „Sieben Linden" wohl?* *4 Worauf musste er für sein Leben im Öko-Dorf verzichten?* *5 Gab es eine Zeit, in der er „Sieben Linden" verlassen wollte?* *6 Inwiefern kann „Sieben Linden" ein Vorbild für unsere Gesellschaft sein?*	CD2/12	
Gruppenarbeit	2 Die TN hören Abschnitt 2 noch einmal und arbeiten in Kleingruppen. Jede Gruppe wählt zwei Fragen aus, notiert stichwortartig die Antworten von Michael Würfel und tauscht sich danach mit einer anderen Gruppe aus, die zwei andere Fragen beantwortet hat. Sammeln Sie anschließend interessante Aspekte des Projektes im Kurs. **TIPP:** Kopieren Sie den TN zu besserer Kontrolle das Transkript dieser Reportage im Anhang dieses Lehrerhandbuchs (**Transkriptionen der Hörtexte im Kursbuch → S. 170–171**).	CD2/12 Transkript	
Einzelarbeit	**AB 149/Ü20** Wortschatzübung zu den neuen Wörtern aus dem Hörverstehen; auch als Hausaufgabe geeignet.		

3 Ihre Meinung

SOZIALFORM	ABLAUF	MATERIAL	ZEIT
Gruppenarbeit Plenum	Die TN diskutieren in Kleingruppen darüber, was sie positiv oder negativ an „Sieben Linden" finden und ob das Öko-Dorf als Modell für die Zukunft gelten kann. Vergleichen Sie die Ergebnisse im Plenum.		

Ich kann jetzt ...

SOZIALFORM	ABLAUF	MATERIAL	ZEIT
Einzelarbeit	Die TN markieren, was auf sie zutrifft.		
Partnerarbeit Plenum	**VERTIEFUNG:** Die TN arbeiten zu zweit und hören das Interview mit Herrn Würfel noch einmal. Danach überlegt sich ein/e TN noch weitere Interviewfragen, ihr/sein Interviewpartner stellt Vermutungen an, wie Herr Würfel wohl antworten würde. Vergleichen Sie die Ergebnisse im Plenum.	CD 2/11–12	

SPRECHEN

1 Debatte oder Diskussion?

SOZIALFORM	ABLAUF	MATERIAL	ZEIT
Einzelarbeit Plenum	a) Die TN sehen die Bilder an und diskutieren, wo sich die Personen befinden und bei welchem Bild es sich wohl um eine Debatte handelt. Vergleichen Sie die Ergebnisse im Plenum. *Lösung:* *Die Personen auf dem linken Bild befinden sich in einem Fernsehstudio und führen eine Diskussion zu einem Thema, auf Bild zwei sehen wir Abgeordnete im Deutschen Bundestag. Diese Art eines Streitgesprächs wird als Debatte bezeichnet.*		
Einzelarbeit Plenum	b) Die TN sehen sich die beiden Schemata an und diskutieren, was der Unterschied zwischen einer Debatte und einer Diskussion ist und welcher Begriff zu welchem Schema passt. Vergleichen Sie die Ergebnisse im Plenum. *Lösung:* *Eine Debatte ist eine Aussprache zu einem bestimmten Thema, das bestimmten formalen Regeln folgt. Sie wird meistens zur Vorbereitung auf eine Abstimmung oder offizielle Entscheidung geführt (Bild B). Die Für- und Gegen-Argumente zu einer These werden dargestellt mit dem Ziel, Zuhörer oder eine Jury / einen Beurteiler von den jeweiligen Argumenten zu überzeugen.* *Eine Diskussion ist ein freier Meinungsaustausch, der verschiedene Seiten einer These untersucht und bespricht und bei dem eine Einigung privat/ halboffiziell ist oder offen bleibt (Bild A).*		
Plenum	c) Die TN diskutieren im Plenum, ob es in ihrer Heimat eine „Debattenkultur" gibt. **TIPP:** Diskutieren Sie zunächst mit den TN im Plenum, was eine Debattenkultur überhaupt ausmacht. Es herrschen gewisse Grundregeln vor: sein Gegenüber ausreden zu lassen; auf Argumente zu reagieren, indem man sie zunächst zusammenfasst, bevor man sie entkräftet; auch bei kontroverser Meinung immer den Respekt vor seinem Gesprächspartner zu wahren etc. **VERTIEFUNG/INTERKULTURELL:** Zeigen Sie im Unterricht zur Veranschaulichung des Unterschieds zwischen einer Diskussion und einer Debatte Videoausschnitte einer deutschen politischen Talkshow (Diskussion) oder einer Bundestagssitzung (Debatte). Geeignete Quellen sind die ARD- oder ZDF-Mediathek oder die Webseite der Deutschen Welle. Die TN wiederum bringen Videoausschnitte aus ihrem Heimatland mit. Die TN diskutieren im Plenum: *Wie unterscheidet sich die Debatten- und Diskussionskultur zwischen ihrem Heimatland und Deutschland?*	Videos/Beamer	

2 Debatte: Stadtleben hat (k)eine Zukunft

SOZIALFORM	ABLAUF	MATERIAL	ZEIT
Gruppenarbeit Plenum	Die TN führen eine Debatte zu der These „Stadtleben hat (k)eine Zukunft" und berücksichtigen dabei die folgenden Schritte (1–3).		

Gruppenarbeit	Schritt 1: Vorbereitung Ihrer Argumentation für die Debatte a) Die TN bilden drei Gruppen: eine Pro-Gruppe, eine Kontra-Gruppe und eine Jury, die für beide Gruppen als Berater fungiert (TN, die sich zum Beispiel nicht für eine Position entscheiden können). Ziel jeder Gruppe sollte es sein, die Jury mit ihren Argumenten zu überzeugen. Die Jury-Mitglieder wiederum machen sich mithilfe der Kopiervorlage Lektion 9/2 (s. Vertiefung unter Schritt 2) Notizen und geben beiden Gruppen anschließend ein Feedback. **TIPP:** Achten Sie auf Binnendifferenzierung in den Gruppen: starke und schwache TN sollten gleichmäßig verteilt werden. b) Die TN bringen ihre Argumente (die Pro-Gruppe die These unterstützende Argumente, die Kontra-Gruppe Argumente dagegen) in eine Reihenfolge und verwenden dazu die angegebenen Redemittel. Die TN überlegen auch, wer die Argumente aus ihrer Gruppe vorbringt – sprechen alle oder spricht nur einer? **TIPP:** Bei der Reihenfolge bietet es sich an, dass die stärksten/überzeugendsten Argumente erst ganz zum Schluss genannt werden.	Kopiervorlage Lektion 9/2	
Einzelarbeit Plenum	Schritt 2: Durchführung der Debatte Teil 1: Hinrunde a) Zunächst trägt die Pro-Gruppe ihre Argumente vor, danach die Kontra-Gruppe, die Redezeit beträgt eine Minute, die Jury macht sich während der Diskussion Notizen für die anschließende Feedbackrunde (Schritt 3) **VERTIEFUNG:** Die Jury und nutzt für ihre Notizen die Kopiervorlage Lektion 9/2 (**Kopiervorlage Lektion 9/2 → S. 141**). Dabei teilen sich die Jurymitglieder als „Experten" die folgenden vier Punkte untereinander auf: 1 Inhalt/Aufbau (Ist die Argumentation nachvollziehbar und gut strukturiert aufgebaut?) 2 Gesprächsverhalten (Wird auf die Argumente der/des Vorrednerin/Vorredners eingegangen?) 3 Sprachliche Korrektheit und Angemessenheit (Beeinträchtigen Fehler in Morphologie und Syntax das Verständnis? Wie ist der Wortschatz, werden die Redemittel eingesetzt?) 4 Verständlichkeit/Non-Verbal (Wie ist die Phonetik/Aussprache, Mimik und Gestik der Redner? Spricht sie/er verständlich, zum Publikum gewandt? Hält sie/er Blickkontakt?) Die Jurymitglieder geben erst eine allgemeine Einschätzung (Ankreuzen eines Smilies) und notieren nach Möglichkeit Stichpunkte, die im Anschluss (Schritt 3) besprochen werden. **TIPP:** Ein TN der Jury ist für das Einhalten der Zeit verantwortlich und gibt durch ein dezentes Signal (Handywecker etc.) dem gerade Sprechenden ein Signal, dass die Redezeit abgelaufen ist; der Satz darf noch zu Ende geführt werden. Geben Sie auch eine Zeitvorgabe für die gesamte Debatte (maximal 15 Minuten). b) Die beiden Gruppen besprechen die gerade gehörten Argumente der Gegenseite und legen eine Strategie für die Rückrunde fest. *Welches Argumente kann ein Argument der Gegenseite entkräften, wo muss man ggf. zustimmen, wie kann man die anderen Argumente abschwächen?* **TIPP:** Weisen Sie die TN auch auf den Lerntipp „Aktives Zuhören" zur Aufgabe hin.	Kopiervorlage Lektion 9/2 akustisches Signal, Stoppuhr	

Gruppenarbeit Plenum	Die TN sollten möglichst versuchen, die Argumente der Gegenseite im eigenen Beitrag aufzugreifen, ggf. zu wiederholen und darauf einzugehen, im besten Fall diese zu entkräften. Geben Sie den TN genug Zeit, denn diese Aufgabe ist sehr anspruchsvoll. Gehen Sie mit den TN auch die Redemittel auf der Kursbuchseite noch einmal durch, damit die TN die geeigneten Ausdrücke in ihre Argumentation einbauen können. <u>Teil 2: Rückrunde</u> Jedem TN einer Gruppe wird ein argumentativer „Gegner" zugeordnet, der auf ihr/sein Argument eingeht, und es zu entkräften versucht; dabei verwendet sie/er die angegebenen Redemittel. Die Jury macht sich Notizen für die anschließende Feedbackrunde (Schritt 3), sie achtet vor allem darauf, ob die Gruppenmitglieder inhaltlich und sprachlich angemessen auf das vorhergehende Argument eingegangen sind. **TIPP:** Damit die TN die Redemittel auch wirklich gebrauchen, notieren Sie sie auf Kärtchen. Verteilen Sie die Kärtchen unter den TN, die sie während der Diskussion einsetzen müssen.	Kärtchen	
Gruppenarbeit Plenum	<u>Schritt 3: Feedback und offizielle Entscheidung durch die Jury</u> Die Jury bekommt anschließend Zeit, um sich anhand ihrer Notizen und mithilfe der Redemittel auf ein abschließendes Feedback vorzubereiten. Währenddessen diskutieren die zwei Gruppen untereinander, wie sie den Diskussionsverlauf empfunden haben und üben Selbstkritik. Bevor die Jury zu ihrem Schlussurteil kommt, jeder Gruppe ein gezieltes Feedback gibt und festlegt, welche Gruppe überzeugender war, schildert jede Gruppe zunächst im Plenum ihren eigenen Eindruck von der Diskussion. **TIPP:** Machen Sie der Jury-Gruppe deutlich, dass sie sich nicht nur negative Punkte und Fehler notieren sollen, ein rein negatives Feedback kann schnell demotivierend wirken. Ein gutes Feedback hebt zunächst die positiven Aspekte hervor und kommt dann zu den Kritikpunkten, versucht aber auch, diese konstruktiv vorzubringen, d.h. mit Vorschlägen, wie man was das nächste Mal besser machen könnte. Weisen Sie die TN darauf hin, dass es angenehmer ist, mit etwas Positivem aufzuhören, weil das am Ende „hängen bleibt".		
Einzelarbeit	AB 150/Ü21 Kommunikationsübung zu den neuen Redemitteln; auch als Hausaufgabe geeignet.		

3 Präzisierende Verbindungsadverbien

SOZIALFORM	ABLAUF	MATERIAL	ZEIT
Einzelarbeit Plenum	a) Die TN unterstreichen in den Redemitteln in Aufgabe 2 die Ausdrücke, die etwas präzisieren oder konkreter machen. Kontrolle im Plenum. Weisen Sie die TN auch auf die Grammatikübersicht im Kursbuch (→ S. 120/3) und auf die erweiterte Grammatikübersicht im Lehrwerkservice zu *Sicher!* hin. *Lösung:* *Beispielsweise; und zwar; Vielmehr/Im Gegenteil; beziehungsweise / respektive; genauer gesagt*		

Einzelarbeit Plenum	b) Die TN formulieren die Sätze mithilfe der Wörter in Klammern neu. Vergleichen Sie die Ergebnisse im Plenum. *Lösung:* *1 Als Zuhörer fanden wir die Argumentation der Pro-Gruppe überzeugender, und zwar, weil sie ihre Argumente gut strukturiert vorgebracht hat.* *2 Wir haben darauf geachtet, dass auch die Redemittel benutzt wurden, beziehungsweise haben wir uns darauf konzentriert, dass die Argumente in gutem Deutsch vorgetragen wurden.* *3 Nicht überzeugen konnte uns die Kontra-Gruppe, respektive ihre Argumentation.*		
Einzelarbeit	**AB 150/Ü22** Grammatikübung zu den präzisierenden Verbindungsadverbien; auch als Hausaufgabe geeignet.		

Ich kann jetzt …

SOZIALFORM	ABLAUF	MATERIAL	ZEIT
Einzelarbeit	Die TN markieren, was auf sie zutrifft.		
Plenum	**VERTIEFUNG:** Die TN führen die Debatte zum dem Thema: „Stadtleben hat (k)eine Zukunft" insgesamt dreimal durch, jede Gruppe ist einmal Pro, einmal Kontra und gibt einmal als Jury ihr Feedback. Diskutieren Sie anschließend im Plenum: *In welcher Gruppe haben sich die TN am wohlsten gefühlt und warum?*		

LERNWORTSCHATZ (Arbeitsbuch → S. AB 151)

SOZIALFORM	ABLAUF	MATERIAL	ZEIT
Einzelarbeit	Es fällt dem Gehirn leichter, sich neue Vokabeln zu merken, wenn diese kategorisiert werden. Die TN legen in ihrem Vokabelheft, Karteikasten oder unter verschiedenen Dateien auf ihrem Computer Kategorien fest, unter denen sie neue Wörter notieren. Bei dem Thema „Stadt und Dorf" dieser Lektion könnten diese Kategorien: *Visionen für die Zukunft, Stadtleben, Landleben, Landwirtschaft* oder *Soziale Wohnprojekte* [...] lauten. Um den visuellen Lerntypen anzusprechen, entwerfen die TN eine Mindmap mit verschiedenen Kategorien und Unterkategorien zu diesem Kapitel („Mindmap", Glossar → S. 162).		

LEKTIONSTEST 9 (Arbeitsbuch → S. AB 152)

SOZIALFORM	ABLAUF	MATERIAL	ZEIT
Einzelarbeit	Mithilfe des Lektionstests haben die TN die Möglichkeit, ihr neues Wissen in den Bereichen Wortschatz, Grammatik und Redemittel zu überprüfen. Wenn die TN mit einzelnen Bereichen noch Schwierigkeiten haben, können sie gezielt noch einmal einzelne Module wiederholen.		

REFLEXION DER LEKTION

SOZIALFORM	ABLAUF	MATERIAL	ZEIT
Einzelarbeit Gruppenarbeit Plenum	Die TN bekommen Kärtchen ausgehändigt. Sie vollenden auf möglichst vielen Kärtchen den Satzanfang: *„Ich kann jetzt … / Ich weiß jetzt …"*. Jedes Kärtchen steht für ein Thema, das sie in dieser Lektion gelernt haben. Schreiben Sie mögliche Themen (zum Beispiel *Die Stadt von morgen, Urban Gardening, Konditionale und konzessive Zusammenhänge, …*) vorher an die Tafel. Danach arbeiten die TN in Kleingruppen zusammen, alle Kärtchen werden auf dem Tisch ausgebreitet und die TN diskutieren: *Welche Themen wurden am seltensten genannt? Wo gab es am meisten Schwierigkeiten?* Vergleichen Sie anschließend die Ergebnisse der Gruppenarbeit im Plenum und planen Sie ggf. noch Zeit für Wiederholungsübungen ein.	Kärtchen	

9

EINSTIEG

Vor dem Öffnen des Buches

SOZIALFORM	ABLAUF	MATERIAL	ZEIT
Partnerarbeit Plenum	**VERTIEFUNG:** Die TN arbeiten zu zweit und interviewen sich gegenseitig zum Thema „Literatur". Zunächst formuliert jede/r TN fünf bis acht Fragen zum Thema, die sie/er spannend findet, zum Beispiel *Hast du ein Lieblingsbuch? Welche Art von Büchern liest du gern? Hast du eine/n Lieblingsautor/in? Welche/r Schriftsteller/in ist in deinem Heimatland am bekanntesten? Macht Literatur die Menschheit besser?* etc. Die TN stellen sich gegenseitig ihre Fragen und machen sich Notizen. Danach präsentieren alle TN ihre/n Lernpartner im Plenum und versuchen zu bestimmen, was für ein „Literaturtyp" sie/er ist. Anstatt des Namens oder Herkunftslandes sagen sie dabei „ZONK". Die anderen TN raten, um wen es sich dabei handelt. Wählen Sie ggf. eine neue Sitzordnung, sodass sich anschließend niemand mehr daran erinnern kann, wer mit wem zusammengearbeitet hat („ZONK", Glossar → S. 164).		
Einzelarbeit	**AB 153/Ü1** Die TN wiederholen Wortschatz zum Thema „Literatur" als Einstimmung; auch als Hausaufgabe geeignet.		

1 Zitate zum Thema „Lesen"

SOZIALFORM	ABLAUF	MATERIAL	ZEIT
Einzelarbeit Plenum	a) Die TN ordnen den Zitaten Schlagwörter zu. Vergleichen Sie die Antworten im Plenum. Wenn die TN Schwierigkeiten haben, die Zitate zu verstehen, können Sie die Übung 2 im Arbeitsbuch vorschalten. *Lösungsvorschlag:* *Lesen ist Denken mit fremdem Gehirn.* → Vorstellungskraft, Fantasie, Perspektivwechsel *Ein schönes Buch ist wie ein Schmetterling ...* → Freude, Schönheit, Poesie *Dort wo man Bücher verbrennt ...* → Freiheit, Zensur, Meinungsfreiheit *Ein Buch muss eine Axt sein ...* → Persönlichkeitsentwicklung, Psychologie, Selbstreflexion *Lesen ist für den Geist ...* → Training, Konzentration, Anstrengung		
Plenum Gruppenarbeit Plenum	b) Die TN diskutieren im Plenum, welche Zitate ihnen besonders gut gefallen und warum. **VERTIEFUNG:** Die TN arbeiten in Kleingruppen, verteilen Sie auf jede Gruppe eines der Zitate. Die TN finden dazu ein realistisches Beispiel aus ihrer Erfahrung/ihrem Alltag, zum Beispiel *„Das Zitat von Heinrich Heine passt zu der Epoche des Nationalsozialismus, als in Deutschland von den Nazis Bücher verbrannt wurden. Das ist erstaunlich, weil er ja in einer ganz anderen Zeit gelebt hat. ..."* / *„Das Gefühl, dass Lao-Tse beschreibt, kenne ich gut, mir ging es bei dem Buch ... genauso"*. Die TN präsentieren das Ergebnis ihrer Gruppenarbeit anschließend im Plenum.		
Plenum	c) Die TN diskutieren, ob sie noch andere Zitate zu diesem Thema kennen. **INTERKULTURELL:** Fragen Sie die TN aus internationalen Lerngruppen, ob es ähnliche Sprichwörter/Zitate zum Thema „Literatur" in ihrer Heimat gibt. Sammeln Sie weitere Zitate an der Tafel.		

| Einzelarbeit | **AB 153/Ü2** Die TN ordnen die Zitate aus dem Kursbuch den Erläuterungen zu. Falls die TN im Kursbuch bei Aufgabe 1a Schwierigkeiten haben, die Schlagwörter zuzuordnen, können ihnen diese Erläuterungen dabei helfen; auch als Hausaufgabe geeignet. | | |

LESEN 1

1 Lesen ist …

SOZIALFORM	ABLAUF	MATERIAL	ZEIT
Einzelarbeit Plenum	Die TN ergänzen den Satzanfang: *„Lesen ist …"* frei auf einem farbigen Notizzettel. Danach kleben sie diesen auf ein Plakat, sodass eine Klassen-Collage entsteht. *Lösungsvorschlag: Lesen ist… – eine Zeitreise/ein Abtauchen in fremde Welten – ein „Guckloch" in die Welt – Kommunikation/Unterhaltung – (manchmal) auch anstrengend* **VERTIEFUNG:** Die TN nehmen sich Zeit, die einzelnen Notizzettel zu lesen und sich für eine anschließende Diskussion im Plenum Notizen zu machen. Eine andere Variante wäre, dass die TN Smilies ☺ für die originellsten oder für übereinstimmende Satzergänzungen vergeben. Jede/r TN darf maximal drei Smilies vergeben, der Zettel mit den meisten Smilies hat gewonnen („**Kursausstellung**", Glossar → S. 161).	Notizzettel Plakat	

2 Macht Lesen glücklich?

SOZIALFORM	ABLAUF	MATERIAL	ZEIT
Einzelarbeit Plenum	a) Die TN lesen den Text in **b** und markieren die Aussagen, die mit ihren eigenen Assoziationen aus Übung 1 übereinstimmen. Vergleichen Sie die Ergebnisse im Plenum.		
Gruppenarbeit Plenum	b) Die TN arbeiten zu dritt, jede Kleingruppe nimmt sich zwei Aussagen vor und findet dafür Vergleiche und Beispiele im Text. Vergleichen Sie die Ergebnisse der Gruppenarbeit im Plenum. *Lösung:* 1 *kann süchtig machen:* „Wir müssen einfach weiterlesen, es wird Nacht und manchmal sogar wieder Tag." (Z. 23) 2 *kann beim Vorlesen gemeinsame Welten erschließen:* „Vorlesen heißt, zusammen unterwegs zu sein." (Z. 17) 3 *ist Kommunikation:* „…mit dem wir uns ausgetauscht haben über seine und unsere Sicht"; „… das Stromern durch die Gedankenwelt eines anderen, mit dem wir uns ausgetauscht haben …" (Z. 28) 4 *lässt einen in andere Gedankenwelten eintauchen:* „Wir begegnen Figuren und Menschen, deren Leben ein ganz anderes als das unsere ist." (Z. 7); „… Ausflug in ein Leben, das sich von unserem oft radikal unterscheidet …" (Z. 26) 5 *kann kritische Gedanken hervorrufen:* „… erzeugt einen Moment der Nachdenklichkeit oder macht einen neuen Aspekt eines Themas sichtbar." (Z. 20) 6 *verursacht starke Gefühle und Empfindungen:* „Während wir lesen, werden wir berührt." (Z. 11); „… und sind traurig und glücklich zugleich." (Z. 25) 7 *spielt bei der geistigen Entwicklung eine wichtige Rolle:* „ Es geht um weit mehr, als … den Zugang zu einem Medium zu ermöglichen, …" (Z. 15); „… nicht nur gegenüber den Kindern, sondern auch gegenüber dem Liebsten oder den alternden Eltern" (Z. 18)		

	TIPP: Machen Sie den TN deutlich, dass es sich beim Finden von Beispielen und Vergleichen zu bestimmten Aussagen um eine Lesestrategie handelt. („**Lesestrategien**", Strategie-Überblick → S. 165)		
Gruppenarbeit Plenum Gruppenarbeit Einzelarbeit Plenum	c) Die TN diskutieren in ihren Kleingruppen, ob die Argumente im Text sie überzeugen oder nicht. Vergleichen Sie die Ergebnisse im Plenum. **VERTIEFUNG:** Hängen Sie Plakate in den vier Ecken Ihres Kursraumes auf, auf jedem Plakat steht ein Medium, zum Beispiel *Musik, Computer, Fernsehen, Theater.* Die TN wählen das Medium aus, welches sie am interessantesten finden, treffen sich in Kleingruppen in der jeweiligen Ecke und tauschen sich nach dem Vorbild des Textes „Lesen ist das pure Glück" aus: *Warum ist ihr Medium pures Glück?* („**Ecken-Diskussion**", Glossar → S. 160). Danach arbeiten die TN alleine und schreiben anhand der gesammelten Informationen einen kurzen Text und versuchen wie im vorliegenden Text besonders viele Beispiele und Vergleiche anzuführen. Anschließend präsentieren die TN ihre Texte im Plenum. *Welches Medium schneidet am besten ab? Wie unterscheiden sich die anderen Medien vom Medium Buch? etc.*	Plakate	
Einzelarbeit	**AB 154/Ü3** Hörverstehen, in dem über unterschiedliches Leseverhalten gesprochen wird; auch als Hausaufgabe geeignet.	AB-CD/12 *AB-CD/45*	
Einzelarbeit	**AB 154/Ü4** Wortschatzübung zum Thema „Lesen"; auch als Hausaufgabe geeignet.		

3 Variationen der Satzstellung

SOZIALFORM	ABLAUF	MATERIAL	ZEIT
Einzelarbeit Plenum	a) Die TN formulieren die Sätze aus dem Text um, indem sie die Satzstellung variieren. Es fällt auf, dass die unterstrichenen Satzteile an Positionen im Satz stehen, an denen man sie eigentlich nicht erwartet. Vergleichen Sie die Ergebnisse im Plenum. *Lösung:* *1 Lesen mag vielleicht anstrengender als Fernsehen sein, aber es macht auch viel glücklicher.* *2 Es kann aber immer wieder vorkommen.* *3 ... eines anderen, mit dem wir uns über seine und unsere Sicht ausgetauscht haben.*		
Einzelarbeit Plenum	b) Die TN ordnen die Sätze aus a den verschiedenen Bedeutungen zu. Vergleichen Sie die Ergebnisse im Plenum. *Lösung:* *Übersichtlichere Satzstruktur: 1* *Nachtrag / Genauere Erklärung: 3* *Betonung: 2*		
Einzelarbeit Plenum	c) Die TN setzen die unterstrichenen Satzteile an den Anfang oder das Ende des Satzes. Vergleichen Sie die Ergebnisse im Plenum. *Lösung:* *1 Verstehen konnte ich die Geschichte nicht auf Anhieb.* *2 Sie hat sich den Roman nicht als gedrucktes Buch gekauft, sondern als Hörbuch.* *3 Gehört habe ich von der Romanverfilmung schon, sie aber noch nicht gesehen.*		

Plenum	**FOKUS GRAMMATIK:** Machen Sie den TN deutlich, dass zur Beto-nung der zweite Teil einer Verbklammer *(Infinitiv zum Modalverb, Partizip II)* ins Vorfeld gestellt werden kann *(Ich habe jeden Tag gelesen.* → *Gelesen habe ich jeden Tag.).* Einzelne Satzteile können auch hinter den zweiten Teil der Verbklammer gestellt werden, damit der Satz übersichtlicher wird *(Lesen mag anstrengender als Fernsehen sein, ...* → *Lesen mag anstrengender sein als Fernsehen ...).* Weisen Sie die TN auch auf die Grammatikübersicht im Kursbuch (→ S. 132/1a+b) und auf die erweiterte Grammatikübersicht im Lehrwerkservice zu *Sicher!* hin. **TIPP:** Wiederholen Sie mit den TN vorab die Regel te-ka-mo-lo, (Position der *temporalen-kausalen-modalen-lokalen Angaben)*, die die TN schon aus *Sicher! B2* kennen. Hier haben die TN schon gelernt, dass Wichtiges bzw. Aussagen, die man betonen möchte, vorangestellt werden können.		
Einzelarbeit	**AB 154/Ü5** Grammatikübung zu den Variationen der Satzstellung, in der die TN selbst entdecken können, welche Satzteile ins Vorfeld und welche ins Nachfeld gestellt werden können; auch als Haus-aufgabe geeignet.		
Einzelarbeit	**AB 155/Ü6** Grammatikübung zu den Variationen der Satzstellung; auch als Hausaufgabe geeignet.		

4 Wortbildung: Nachsilben bei Nomen

SOZIALFORM	ABLAUF	MATERIAL	ZEIT
Gruppenarbeit Plenum	a) Die TN suchen im Text die Nomen mit den passenden Endungen und ergänzen die Pluralformen. Vergleichen Sie die Ergebnisse im Plenum. *Lösung:* *die Figur, -en (Z. 7); die Manipulation, -en (Z. 9); die Kreativität (Z. 36); die Fantasie, -n (Z. 36); das Medium, die Medien (Z. 16); der Reichtum, Reichtümer (Z. 36)*		
Einzelarbeit Plenum	b) Die TN ergänzen weitere Nomen mit den Endungen aus a und bestimmen, welche Endung nicht immer den gleichen Artikel hat. Vergleichen Sie die Ergebnisse im Plenum. *Lösung:* *die Spekulation, -en; die Struktur, -en; das Wachstum, ̈er; die Intensi-tät, ̈en; das Stadium, -en; die Region, -en* → *die Endung -tum hat nicht immer den gleichen Artikel (zum Beispiel das Wachstum, **der** Reichtum)*		
Plenum	**FOKUS GRAMMATIK:** Die meisten Nachsilben sind schon aus *Sicher! B2* bekannt. Nomen mit den gleichen Nachsilben haben meistens den gleichen Artikel. Ausnahme hier ist die Endung *-tum.* Weisen Sie die TN auch auf die Grammatikübersicht im Kursbuch (→ S.132/2) und auf die erweiterte Grammatikübersicht im Lehr-werkservice zu *Sicher!* hin.		
Einzelarbeit	**AB 155/Ü7** Grammatikübung zu Nachsilben bei Nomen; auch als Hausaufgabe geeignet.		

10

Ich kann jetzt ...

SOZIALFORM	ABLAUF	MATERIAL	ZEIT
Einzelarbeit	Die TN markieren, was auf sie zutrifft.		
Gruppenarbeit Plenum	**VERTIEFUNG:** Die TN trainieren zum Ende dieser Einheit hin noch einmal die Variationen der Satzstellung und arbeiten in Kleingruppen zu dritt oder zu viert mit der Kopiervorlage Lektion 10/1 **(Kopiervorlage Lektion 10/1 → S. 142)**. Schneiden Sie vorher die einzelnen Wörter der Sätze aus oder geben Sie jeder Gruppe eine Kopie der Kopiervorlage. Reihum versucht nun jeder TN der Kleingruppe, einen sinnvollen Satz zu legen/zu bilden. Die/Der nächste TN versucht, die Satzstellung seiner/seines Vorgängerin/Vorgängers noch einmal zu variieren und legt/bildet danach mit neuen Wörtern den nächsten Satz. So geht es reihum, bis möglichst viele Wörter verbraucht wurden. Ein/e TN notiert die neu gebildeten Sätze, dabei gibt es nicht die eine richtige Lösung, viele verschiedene Variationen sind möglich. Vergleichen Sie danach im Plenum: *Wie viele verschiedene Sätze waren möglich? Wie hat sich die Bedeutung der Sätze durch die Betonung verschiedener Satzteile verändert?* *Lösungsvorschlag:* *1 Die Schriftstellerin konnte dieses Jahr den Roman beenden.* *2 Die Leser sind begeistert vom Stil des Bestsellers.* *3 Im Schulunterricht werden nicht mehr viele Romane gelesen.* *4 Forscher können belegen, dass Lesen glücklich macht.* *5 Sie kann sich vor allem in Liebesromane vertiefen.* *6 Lesen mag anstrengender als Fernsehen sein.* *7 Er hat den Roman nicht gelesen, sondern als Hörbuch gehört.* *8 Autoren sind mit der Meinung der Kritiker oft nicht einverstanden.*	Kopiervorlage Lektion 10/1	

WORTSCHATZ

1 Rund ums Buch

SOZIALFORM	ABLAUF	MATERIAL	ZEIT
Partnerarbeit	a) Die TN überlegen zu zweit, wie viele Komposita sie mit dem Wort „Buch" bilden können, dafür haben sie drei Minuten Zeit. Wer am Ende die meisten Komposita gefunden hat, hat gewonnen („**Word Battle**", Glossar → S. 164). *Lösungsvorschlag:* *Buchdruck, Buchladen, Buchmacher, Buchführung, Buchmesse, ... Taschenbuch, Bilderbuch, Märchenbuch, Freundebuch, Hörbuch ...*	Stoppuhr	
Plenum Partnerarbeit	b) Vergleichen Sie anschließend die Lösungen im Plenum und halten Sie die Ergebnisse an der Tafel fest. Die TN finden zusammen mit ihrer/ihrem Lernpartner/in passende Definitionen zu den Komposita. *Lösungsvorschlag:* *Buchdruck: „Das war eine der wichtigsten Erfindungen des Jahrtausends und wurde von Gutenberg erfunden. Die Möglichkeit, Bücher mit beweglichen Lettern zu drucken und zu vervielfältigen hatte viele sehr positive Folgen ...* *Buchladen: „Das ist der Ort, in dem ich Bücher kaufen oder bestellen oder auch nur ansehen kann. Manchmal gibt es dort auch Lesungen von den Autoren selbst ..."* etc.		

Einzelarbeit Plenum	c) Die TN ergänzen die Wörter und ordnen sie den Zeichnungen zu. Vergleichen Sie die Ergebnisse im Plenum. *Lösung:* *1 als gebundene Ausgabe (Abb. 3)* *2 im Taschenbuchformat (Abb. 2)* *3 als Hörbuch (Abb. 4)* *4 als elektronisches Buch (Abb. 1)*		
Plenum	d) Die TN diskutieren im Plenum und finden Vor- und Nachteile zu den einzelnen Erscheinungsformen. *Lösungsvorschlag:* *1 Gebunde Ausgabe: <u>Vorteil:</u> kann immer und überall mit hingenommen werden, ist stabil; es kann ein gutes Gefühl sein, die Seiten umzublättern, die Zeichnungen anzusehen und das Buch „zu spüren"* *<u>Nachteil:</u> es ist schwer und unhandlich* *2 Taschenbuch: <u>Vorteil:</u> es ist kleiner, biegsam, gut mitzunehmen; Nachteil: geht schnell kaputt* *3 Hörbuch: <u>Vorteil:</u> auch unterwegs, zum Beispiel beim Autofahren, ist Beschäftigung mit Literatur möglich* *<u>Nachteil:</u> man braucht ein technisches Gerät, um es abhören zu können* *4 als elektronisches Buch: <u>Vorteil:</u> man kann viele Texte auf das Buch laden und mitnehmen, hat weitere Hilfen, wie z.B. Veränderung der Schriftgröße oder Übersetzungshilfen ...* *<u>Nachteil:</u> man ist von einem elektronischen Gerät abhängig*		
Einzelarbeit	AB 156/Ü8 Schreibübung zum Thema „Bücher"; auch als Hausaufgabe geeignet.		

2 Was braucht ein spannender Roman oder eine gute Kurzgeschichte?

SOZIALFORM	ABLAUF	MATERIAL	ZEIT
Einzelarbeit Plenum	a) Die TN lesen den Text und ordnen die unterstrichenen Begriffe den Kategorien zu. Vergleichen Sie die Ergebnisse im Plenum. *Lösung:* | *Personen*	*Protagonist, Gegenspieler* | | *Handlung* | *Plot, Schauplatz* | | *Zusammenspiel Autor-Leser* | *Lesart, Spannungsbogen* |		
Einzelarbeit Plenum	b) Die TN suchen zu den unterstrichenen Nomen noch weitere Bedeutungen im Text, die die gleiche oder eine ähnliche Bedeutung haben. Vergleichen Sie die Ergebnisse im Plenum. *Lösung:* *1 <u>der Plot</u>: die Gesamtheit der einzelnen Handlungsstränge* *2 <u>der Protagonist</u>: eine identitätsstiftende Hauptfigur* *3 <u>ein Gegenspieler</u>: eine Nebenfigur, steht dem Hauptcharakter entgegen* *4 <u>der Schauplatz</u>: geographische Ansiedelung der Handlung* *5 <u>die Lesart</u>: die eigene Interpretation des Lesers* *6 Durch <u>einen Spannungsbogen</u> wird der Leser in Bann gezogen.*		
Einzelarbeit	AB 156/Ü9 Wortschatzübung zu verschiedenen Definitionen aus dem Bereich Literatur; auch als Hausaufgabe geeignet.		

Ich kann jetzt …

SOZIALFORM	ABLAUF	MATERIAL	ZEIT
Einzelarbeit	Die TN markieren, was auf sie zutrifft.		
Partnerarbeit Gruppenarbeit	**VERTIEFUNG:** Die TN arbeiten zu zweit und schreiben eine kurze Geschichte. Zunächst notieren sie sich Stichworte zu den Begriffen *Protagonist, Gegenspieler, Plot, Schauplatz, Spannungsbogen* und schreiben anschließend mithilfe der Notizen einen Text. Anschließend arbeiten jeweils zwei Zweiergruppen zusammen, lesen sich gegenseitig ihre Texte vor und geben sich ein Feedback.		

SPRECHEN

1 Meine Lektüren

SOZIALFORM	ABLAUF	MATERIAL	ZEIT
Gruppenarbeit Plenum	Die TN tauschen sich in Kleingruppen über Bücher aus, die sie zurzeit lesen oder in letzter Zeit gelesen haben. *Lösungsvorschlag: Ich lese gerade den neuesten Kriminalroman des dänischen Autors Jussi Adler-Olsen. Er hat den Titel „Verheißung". Eine Freundin hat ihn mir empfohlen.* **TIPP:** Weisen Sie die TN auch auf die landeskundliche Information in *Wussten Sie schon?* hin, in dem es um Bestsellerlisten der meist gelesenen Bücher in Deutschland, Österreich und der Schweiz geht. **VERTIEFUNG:** Bringen Sie die aktuelle deutsche Bestsellerliste (zum Beispiel die Bestsellerliste des Magazins „Spiegel") als Ausdruck oder Präsentation mit in den Unterricht. *Welche der Bücher/Autoren sind den TN bekannt? Gibt es solche Bestsellerlisten in den Heimatländern der TN? Wie sähe eine Bestellerliste in ihrem Heimatland aus?*	Bestsellerlisten	
Einzelarbeit	AB 156/Ü10 Hörverstehen, angelehnt an *Wussten Sie schon?* im Kursbuch (→ 125/1), über die Wirkung von „Bestsellerlisten"; hier kommt eine Buchhändlerin zu dem Thema zu Wort; auch als Hausaufgabe geeignet.	AB-CD/13 *AB-CD/46*	

2 Kurzpräsentation: Ein Roman, den man gelesen haben sollte

SOZIALFORM	ABLAUF	MATERIAL	ZEIT
Einzelarbeit	Die TN wählen ihren Lieblingsroman aus, den sie auch vorstellen wollen, und tragen mithilfe von Internetrecherchen die wichtigsten Informationen stichwortartig zusammen. Schritt 1: Formales Die TN machen sich Notizen zu den Punkten: Titel, Autorenname, Erscheinungsjahr/-ort, ob es ein Bestseller war oder Teil einer Reihe/Serie bzw. ob es sogar verfilmt wurde. Schritt 2: Inhalt Die TN gehen auf folgende Aspekte ein: Genre, Schauplätze, Protagonist(en), Gegenspieler, Plot, Besonderheit. **VERTIEFUNG:** Ein Beispiel für die angegebenen Recherchepunkte (Hape Kerkeling: „Ich bin dann mal weg", Piper-Verlag) finden die TN im Anhang auf der Kopiervorlage Lektion 10/2 (**Kopiervorlage Lektion 10/2 → S. 143**). Wenn Sie den handschriftlichen Teil der Vorlage beim Kopieren abdecken, können die TN die Kopiervorlage als Blanco-Vorlage für ihre eigenen Notizen verwenden. **TIPP/VERTIEFUNG:** Da die Begriffe *Schauplätze, Protagonist(en), Plot, Gegenspieler* schon aus der Einheit WORTSCHATZ bekannt sein sollten, wiederholen Sie ggf. noch einmal den aus *Sicher! B2* bekannten Begriff *Genre*. Die TN diskutieren im Plenum, welche Literaturgenres sie kennen (Belletristik: Roman, Erzählung, Kurzgeschichte; Krimi, Sachbuch, Kinderbuch, Theaterstück, Fantasy, Science Fiction, Comic etc.) und finden dazu verschiedene Beispiele. Halten Sie die verschiedenen Genres mithilfe einer Mindmap an der Tafel fest („**Mindmap**", Glossar → S. 162) .	Kopiervorlage Lektion 10/2	

3 Ausarbeitung

SOZIALFORM	ABLAUF	MATERIAL	ZEIT
Plenum	Gehen Sie mit den TN die Redemittel durch und klären Sie bei Bedarf unbekannten Wortschatz. Weisen Sie die TN auch auf die Übersicht der Redemittel im Anhang hin.		
Einzelarbeit	Die TN bereiten mithilfe der Redemittel eine Kurzpräsentation vor. **TIPP:** Motivieren Sie die TN, nicht die gesamte Präsentation aufzuschreiben. Sie schreiben sich lediglich die wichtigsten Stichworte und Redemittel auf Kärtchen und halten ihre Präsentation soweit es geht frei, ohne Wort für Wort abzulesen.	Kärtchen	
Einzelarbeit	**AB 157/Ü11** Anwendungsübung der Redemittel, die sich gut als vorbereitende Übung/Beispiel für die eigenen Präsentationen der TN eignet; auch als Hausaufgabe geeignet.		

4 Präsentation

SOZIALFORM	ABLAUF	MATERIAL	ZEIT
Plenum	Die TN stellen ihren Roman im Plenum vor. Weisen Sie die TN auch auf die Strategien zum mündlichen Ausdruck hin (**Strategie-Überblick → S. 167**). **TIPP:** Da es sehr ermüdend für die TN werden kann, alle Präsentationen hintereinander weg zu hören, planen sie ein bis zwei Präsentationen pro Unterrichtseinheit ein, ggf. als „literarische zehn Minuten" am Ende jeder Stunde. **VERTIEFUNG 1:** Die TN zeigen zunächst das Buchcover und lassen die anderen TN Vermutungen anstellen, um was für ein Buch es sich handeln könnte. Erst dann beginnen sie mit ihren Präsentationen und vergleichen anschießend, ob die Vermutungen gestimmt haben. **VERTIEFUNG 2:** Um einen Leseeindruck von dem präsentierten literarischen Werk zu bekommen, kopieren die TN zwei Seiten für die anderen TN, die sie charakteristisch für das Buch halten, und geben eine kurze Lesung. **VERTIEFUNG 3:** Nach der Präsentation formulieren die TN drei Quizfragen zu dem Gehörten (keine allgemeinen Fragen, sondern Fragen nach Fakten oder Namen). Anschließend tragen die TN abwechselnd ihre Quizfragen vor, wer als Erste/r die richtige Antwort nennt, bekommt einen Punkt, die/der TN mit den meisten Punkten hat gewonnen. Die/Der TN, die/der die Präsentation gehalten hat, fungiert als Schiedsrichter und bestätigt die korrekten Antworten.		

Ich kann jetzt ...

SOZIALFORM	ABLAUF	MATERIAL	ZEIT
Einzelarbeit	Die TN markieren, was auf sie zutrifft.		
Plenum	Bieten Sie den TN an, sie während ihrer Präsentationen zu filmen, oder beauftragen Sie damit einen anderen TN. Für die Feedbackrunde wird die Aufnahme zusammen im Plenum angeschaut, die/der Vortragende bekommt dadurch einen guten Eindruck über ihre/seine eigene Präsentation.	Filmkamera, Handy	

LESEN 2

1 Martin Suter: „Business Class"

SOZIALFORM	ABLAUF	MATERIAL	ZEIT
Gruppenarbeit Plenum	a) Die TN unterhalten sich zu dritt darüber, was für Menschen sich wohl in einer „Business Class" bewegen und wie ihr Alltag aussieht. Vergleichen Sie die Ergebnisse im Plenum. *Lösungsvorschlag:* *In der Luftfahrt bezeichnet die Business Class die zweithöchste Beförderungsklasse (hinter der First Class) und ist speziell auf Geschäftsreisende ausgelegt. In der Business Class bewegen sich wohl meistens Geschäftsleute mit verantwortungsvollen Berufen und einem hohen Einkommen, die rund um die Uhr arbeiten, gestresst sind und die Wert auf guten Service legen.*		

Einzelarbeit Plenum	b) Die TN lesen die Kurzgeschichte bis Zeile 16 und beantworten die Frage. Weisen Sie darauf hin, dass der Text in Schweizer Schreibweise geschrieben ist (zum Beispiel „dreissig", s.a. den TIPP unten.) Vergleichen Sie die Ergebnisse im Plenum. *Lösungsvorschlag:* *1 Die Szene spielt zu Hause bei Dr. Alfred Kauter, es wird geschildert, wie er morgens aufsteht, Gymnastik macht, frühstückt und sich duscht.* *2 Vermutlich sind „Kauter Fredi" und „Dr. Alfred Kauter" zwei Facetten ein- und derselben Figur. Dr. Alfred Kauter ist der verantwortungsbewusste Vorsitzende der Geschäftsleitung, diszipliniert (steht auf, macht Yoga, nimmt ein gesundes Frühstück ein, duscht kalt), während der Kauter Fredi die andere Seite seines Ichs ist: er möchte lieber liegenbleiben, nur heiß duschen …* *3 Die beiden Personen werden sich wahrscheinlich im Alltag immer wieder in die Quere kommen, bis einer die Oberhand gewinnt.*		
Einzelarbeit Plenum	c) Die TN lesen die Kurzgeschichte bis Zeile 27 und notieren Stichpunkte. Vergleichen Sie die Ergebnisse im Plenum. *Lösungsvorschlag:* *1 frottiert sich rot, kleidet sich sorgfältig, geht ins Schlafzimmer, verabschiedet sich von seiner Frau, flüchtet in die Garage, um nicht der Versuchung zu erliegen, sich wieder ins Bett zu legen (wie es Kauter Fredi gerne hätte)* *2 lässt einen Schleier Schlaf über Dr. Kauter fallen, flüstert: „Komm, komm."; er möchte Dr. Alfred Kauter zum Dableiben bewegen.*		
Einzelarbeit Plenum	d) Die TN lesen die Kurzgeschichte zu Ende und beantworten die Fragen. Vergleichen Sie die Ergebnisse im Plenum. *Lösungsvorschlag:* *1 Dr. Alfred Kauter will sich in seinem Büro an den neuen Namen für die Koordinationssitzung erinnern, doch Kauter Fredi lenkt ihn immer wieder ab.* *2 Dr. Kauter spricht zu seinem Spiegelbild und fordert es auf zu verschwinden („Verpiss dich!")* **TIPP:** Machen Sie die TN darauf aufmerksam, dass es sich bei Martin Suter um einen Schweizer Autor handelt und fragen sie die TN nach der ersten Lektüre, was ihnen an dem Text als „schweizerisch" auffällt. Machen Sie den TN deutlich, dass Familiennamen wie „Kauter" oder „Stähli" typisch schweizerisch sind (und dass der Vorname Fredi in der Umgangssprache hintenangestellt wird), außerdem werden Begriffe wie „Lavabo" (für Waschbecken) und „Makulatur" (für Altpapier) nur in der Schweiz verwendet. Das in Deutschland und Österreich gebräuchliche „scharfe S" („ß") nach langen Vokalen (Straße) wird in der Schweiz nicht verwendet (hier schreibt man: Strasse).		
Einzelarbeit	**VERTIEFUNG:** Die TN recherchieren im Internet, was sie über den Autor Martin Suter erfahren und bereiten eine Kurzpräsentation vor. *Wie ist sein Werdegang? Was sind seine wichtigsten literarischen Werke? Hat er wichtige Preise gewonnen?*		

10

Einzelarbeit Plenum	e) Die TN ordnen die Charakterisierungen den beiden Personen zu. Vergleichen Sie die Ergebnisse im Plenum. *Lösung:*		

Dr. Alfred Kauter	Kauter Fredi
pflichtbewusst, diszipliniert, gehemmt, genussfeindlich, verkrampft, überlegt, verunsichert	*spontan, genussorientiert, ehrlich, emotional, hemmungslos, unberechenbar*

Einzelarbeit Plenum	**VERTIEFUNG 1:** Die TN finden zunächst eigene Adjektive, die die beiden Personen charakterisieren, bevor sie die Tabelle mit den vorgegebenen Adjektiven ergänzen. Vergleichen Sie die Ergebnisse im Plenum. **VERTIEFUNG 2:** Die TN finden Situationen im Text, die die Wahl des jeweiligen Adjektivs begründen, unterstreichen die Passagen und notieren die Adjektive am Rand. Vergleichen Sie die Ergebnisse im Plenum.		
Gruppenarbeit Plenum	f) Die TN unterhalten sich in Kleingruppen darüber, welche Funktion die Figur des Kauter Fredi hat. Vergleichen Sie die Ergebnisse im Plenum. *Lösungsvorschlag:* *Kauter Fredi ist der Privatmann, das wahre Ich der Figur; Dr. Alfred Kauter der öffentliche Geschäftsmann. Der Geschäftsmann Dr. Alfred Kauter steht für Selbstdisziplin, gibt das Tempo vor, während Kauter Fredi ihn bremst, ihm den Spiegel vorhält und für seine eigentlichen Bedürfnisse steht. Kauter Fredi könnte man auch als sein „Alter Ego" (lateinisch für: das andere Ich) bezeichnen.*		
Plenum	g) Die TN diskutieren im Plenum, ob ihnen die Geschichte gefallen hat oder nicht und begründen ihre Entscheidung.		
Einzelarbeit	AB 157/Ü12 Wortschatzübung, die sich gut als Vorbereitung auf die Verständnissicherung der umgangssprachlichen und idiomatischen Wendungen aus der Geschichte eignet; auch als Hausaufgabe geeignet.		
Einzelarbeit	AB 158/Ü13 Wortschatzübung, die möglichst eigenständig, ggf. mithilfe der Wortschatzseite, bewältigt werden soll; auch als Hausaufgabe geeignet.		

2 Satzstrukturen: Temporale Zusammenhänge

SOZIALFORM	ABLAUF	MATERIAL	ZEIT
Einzelarbeit Plenum	a) Die TN markieren, welche Sätze die gleiche Bedeutung haben. Vergleichen Sie die Ergebnisse im Plenum. *Lösung:* – *Nachdem Dr. Alfred Kauter bemerkt hat, dass ihn Kauter Fredi zurück ins Bett locken will, flüchtet er in die Garage.* – *Dr. Alfred Kauter bemerkt, dass ihn Kauter Fredi zurück ins Bett locken will, woraufhin er in die Garage flüchtet.*		
Einzelarbeit Plenum	b) Die TN formulieren die Sätze mit *woraufhin* um. Vergleichen Sie die Ergebnisse im Plenum. *Lösung:* *1 Der Wecker fiept, woraufhin sich Kauter Fredi tot stellt.* *2 Sein „Alter Ego", Kauter Fredi, hat Dr. Alfred Kauter völlig durcheinandergebracht, woraufhin er auf die Direktionstoilette flieht.*		
Einzelarbeit Plenum	c) Die TN lesen den Satz und ergänzen die Variante. Vergleichen Sie die Ergebnisse im Plenum. *Lösung:* *Er fährt in die Firma. Währenddessen nimmt er ab und zu das kleine Diktiergerät vom Beifahrersitz.*		

Plenum	**FOKUS GRAMMATIK:** Machen Sie den TN deutlich, dass die temporalen Konnektoren *während* und *woraufhin* einen Nebensatz einleiten, die Konnektoren *daraufhin* und *währenddessen* leiten einen neuen Hauptsatz ein. *Woraufhin* hat immer auch eine kausale Komponente, auch wenn es temporal verwendet wird. Weisen Sie die TN auch auf die Grammatikübersicht im Kursbuch (→ S. 132/3a) und auf die erweiterte Grammatikübersicht im Lehrwerkservice zu *Sicher!* hin. Die temporalen Präpositionen *im/beim* und *am* werden in SCHREIBEN eingeführt.		
Einzelarbeit	AB 158/Ü14 Grammatikübung, in der bekannte temporale Konnektoren und Präpositionen wiederholt werden; auch als Hausaufgabe geeignet.		
Einzelarbeit	AB 159/Ü15 Selbst entdeckende Grammatikübung zum Thema; auch als Hausaufgabe geeignet.		
Einzelarbeit	AB 159/Ü16 Grammatikübung zur Syntax; auch als Hausaufgabe geeignet.		
Einzelarbeit	AB 160/Ü17 Grammatikübung als Transformationsübung Nominal- und Verbalstil; auch als Hausaufgabe geeignet.		

Ich kann jetzt …

SOZIALFORM	ABLAUF	MATERIAL	ZEIT
Einzelarbeit	Die TN markieren, was auf sie zutrifft.		
Plenum	**VERTIEFUNG:** Die TN schließen das Buch und stellen sich alle im Kreis auf. Zusammen erzählen sie sich die Kurzgeschichte „Business Class" noch einmal in eigenen Worten nach und verwenden dazu die neu erlernten temporalen Konnektoren. Schreiben Sie den ersten Satz der Kurzgeschichte an die Tafel: „Als der Wecker fiept, stellt sich Kauter Fredi tot." Die/Der erste TN fügt einen weiteren Satz hinzu, indem sie/er einen Hauptsatzkonnektor verwendet (*daraufhin, währenddessen*); sie/er wirft den Ball zum nächsten TN, die/der den Satz mit einem Nebensatzkonnektor weiterführt. Die/Der nächste TN beginnt wieder mit einem Hauptsatz etc. Anschließend lesen die TN noch einmal die Originalgeschichte im Buch. *Haben sie auch wirklich den gesamten Inhalt wiedergegeben und nichts vergessen?* („Ball", Glossar → S. 160).	Ball	

HÖREN

1 Titelbilder

SOZIALFORM	ABLAUF	MATERIAL	ZEIT
Plenum	a) Die TN diskutieren im Plenum, warum es jeweils zwei unterschiedliche Bilder mit dem gleichen Titel gibt. *Lösungsvorschlag: Zwei Bilder, nämlich die beiden äußeren links und rechts, sind die Buchcover/-umschläge von Romanen. Die mittleren beiden Bilder sind die entsprechenden Filmplakate/Ankündigungen der Filme, die auf der Grundlage der beiden Romane entstanden sind.*		
Plenum	b) Die TN diskutieren im Plenum, welche Romanverfilmung sie kennen und was ihnen daran gut oder weniger gut gefallen hat.		

10

Partnerarbeit Plenum	c) Die TN diskutieren zu zweit, welche Fragen sich ein Drehbuch-autor beim Umschreiben einer literarischen Vorlage stellen sollte. Vergleichen Sie die Ergebnisse im Plenum. *Lösungsvorschlag:* *– Wie weit darf man sich im Drehbuch von der literarischen Vorlage entfernen?* *– Was ist die Hauptintention des Buchs / die Hauptaussage, die auch im Film transportiert werden muss?* *– Auf welche Art und Weise können Gedankengänge und Reflexionen der Romanfiguren visuell dargestellt werden?* *– Was muss dem Roman noch hinzugefügt werden, was kann man weg-lassen, damit der Film funktioniert?* *– Auf welche Hauptfiguren sollte man sich beschränken?*		

2 Interview mit einer Drehbuchautorin

SOZIALFORM	ABLAUF	MATERIAL	ZEIT
Einzelarbeit Plenum	a) Die TN hören das Interview und markieren, welche der Punkte angesprochen werden. Vergleichen Sie die Ergebnisse im Plenum. *Lösung:* *1 Kindheitserinnerung mit einer Literaturverfilmung* *3 Erwartung von Lesern nach authentischer Wiedergabe der Roman-vorlage im Film* *4 Unterschiede zwischen den Medien Buch und Film* *6 notwendige Beschränkungen in der Filmadaption* *7 Aufgaben der Filmfiguren* *8 Darstellung von Gedanken und Gefühlen* *10 Zusammenspiel zwischen Drehbuchautor und Regisseur*	CD 2/13	
Einzelarbeit Plenum	b) Die TN vergleichen, ob auch einige ihrer Vorüberlegungen aus Aufgabe 1c genannt wurden. Vergleichen Sie die Ergebnisse im Plenum.		
Einzelarbeit Plenum	c) Die TN hören das Interview noch einmal in Abschnitten und notieren die Antworten auf die Fragen in Stichpunkten. Verglei-chen Sie die Ergebnisse im Plenum. *Lösungsvorschlag:* *Abschnitt 1:* *1 Er musste weinen, war wahnsinnig frustriert.* *2 Bücher können im Gegensatz zum Film in der Handlung abschweifen, sich ausbreiten, haben eine größere Anzahl von Figuren.* *3 Man muss den Stoff auf 120 Minuten reduzieren, sich auf das Wesent-liche konzentrieren, den Kern der Geschichte transportieren.* *Abschnitt 2:* *1 Personen können wegfallen, aus zwei Figuren wird eine gemacht, Figuren werden neu hinzuerfunden.* *2 Es ist besonders schwer, Gedanken und Gefühle visuell darzustellen.* *Abschnitt 3:* *1 Sie haben sich den Film beim Lesen anders vorgestellt, das „Kopfkino" war besser.* *2 der Regisseur* *3 Sie/Er fungiert als Berater, Co-Autor oder schreibt die Adaption selbst.*	CD 2/14 CD 2/15 CD 2/16	
Einzelarbeit	**AB 160–161/Ü18** Filmtipp zu „Die Vermessung der Welt" als Leseverstehen verschiedener Filmkritiken; auch als Hausaufgabe geeignet.		
Einzelarbeit	**AB 162/Ü19** Schreibübung, bei der die TN selbst eine Filmkritik zu einer Literaturverfilmung schreiben; gehen Sie ggf. im Vorfeld mit den TN die neuen Redemittel durch; auch als Hausaufgabe geeignet.		

3 Ich kann jetzt …

SOZIALFORM	ABLAUF	MATERIAL	ZEIT
Einzelarbeit	Die TN markieren, was auf sie zutrifft.		
Gruppenarbeit Plenum	**VERTIEFUNG:** Die TN arbeiten in Kleingruppen und schreiben zusammen das Drehbuch zu der Kurzgeschichte „Business Class" (LESEN 2). Die TN berücksichtigen, was sie im Interview mit der Drehbuchautorin über Literaturverfilmungen erfahren haben – sie beschränken sich auf das Wesentliche und versuchen für Gefühle und Gedanken stimmige Bilder zu finden. Machen Sie den TN deutlich, dass sie ein Drehbuch zu einem Kurzfilm schreiben sollen (maximal 5 Minuten, 2–3 Seiten Drehbuchtext). Bei jedem Orts- oder Zeitwechsel beginnt eine neue Szene. Figuren sprechen in wörtlicher Rede, in den Regieanweisungen wird beschrieben, was später im Film zu sehen ist. Die TN präsentieren ihre Drehbücher anschließend im Plenum, indem sie die Szenen mit verteilten Rollen vorlesen, ein/e TN liest die Regieanweisungen, die anderen TN geben ihr Feedback. *Wie weit hat sich das Drehbuch von der literarischen Vorlage entfernt? Stimmt das „Kopfkino" beim Lesen mit der Filmadaption überein?* *Beispielszene:* *Schlafzimmer Innen/Morgen* *Dr. Alfred Kauter liegt schlafend in seinem Bett, als sein Wecker klingelt. Kauter Fredi tritt an sein Bett.* *KAUTER FREDI „Du musst noch nicht aufstehen, schlaf weiter!"* *Panisch schaut Dr. Alfred Kauter auf seinen Wecker.* *DR. ALFRED KAUTER „Halb sieben? Schon so spät!"* *Er steht auf und eilt ins Bad.*		

SCHREIBEN

1 Das Gedicht „Das Buch"

SOZIALFORM	ABLAUF	MATERIAL	ZEIT
Einzelarbeit Plenum	a) Die TN lesen den Anfang des Gedichts „Das Buch" von Robert Gernhardt bis Zeile 13 und diskutieren im Plenum, was dort über das Medium Buch gesagt wird. Vergleichen Sie die Ergebnisse im Plenum. *Lösungsvorschlag:* *Das Gedicht von Robert Gernhardt ist eine Hommage / eine Liebeserklärung an das Medium Buch. Das Gedicht nimmt die Diskussion auf, ob das Buch im Zeitalter moderner Medien überhaupt noch eine Chance hat; Gernhardt sagt: Das Medium hat eine Zukunft, eben weil es immer und überall und ohne zusätzliche Geräte nutzbar ist.* **VERTIEFUNG:** Die TN recherchieren im Internet über den Schriftsteller Robert Gernhardt, ein/e TN hält eine Kurzpräsentation über sein Leben und literarisches Schaffen. *Lösungsvorschlag:* *Robert Gernhardt wurde am 13.12.1937 in Tallinn (Estland) geboren, seine Familie gehörte dort zur deutschsprachigen Minderheit; er starb am 30.6.2006 in Frankfurt am Main nach langem Krebsleiden. Er gilt als einer der wichtigsten zeitgenössischen Dichter deutscher Sprache. Bekannt wurde er vor allem mit seinen Nonsens-Gedichten und anderen humoristischen Formen.*		

Einzelarbeit Plenum	b) Die TN markieren, was ihnen an der Textform auffällt. Vergleichen Sie die Ergebnisse im Plenum. *Lösung:* *– Jeweils zwei Zeilen hintereinander reimen sich am Zeilenende.* *– Die Zeilen oder Verse haben einen bestimmten Betonungsrhythmus.*		
Gruppenarbeit	**TIPP/VERTIEFUNG:** Schreiben Sie vor Bearbeitung der Frage die Wörter *Zeile, Strophe, Silbe, Reim, Vers* und *Betonung* auf Kärtchen, die TN arbeiten in Kleingruppen und finden eine Definition für die einzelnen Begriffe. Vergleichen Sie die Ergebnisse im Plenum. *Lösungsvorschlag:* *Zeile: die einzelnen Textreihen in einem Gedicht* *Strophe: mehrere Zeilen zu einer Einheit zusammengefasst* *Silbe: Einheit aus einem oder mehreren aufeinander folgenden Lauten* *Reim: Verbindung von Wörtern mit ähnlichem Klang* *Vers: eine Reihe metrisch gegliederter Rhythmen* *Betonung: Hervorhebung in der gesprochenen Sprache*	Kärtchen	
Einzelarbeit Plenum	c) Die TN ergänzen die Wörter in den Lücken. Weisen Sie die TN darauf hin, dass hier teilweise (der Metrik geschuldete) umgangssprachliche Ausdrücke zu finden sind. Vergleichen Sie die Ergebnisse im Plenum. *Lösung:* *(Z. 15) erledigen.* *(Z. 17) veraltet!* *(Z. 19) Abfallkübel* *(Z. 21) hatten,* *(Z. 23) sind* *(Z. 25) hören.* *(Z. 27) Bücher,* *(Z. 29) waren:* *(Z. 31) unverruckbar* *(Z. 33) strahlen:* *(Z. 35) veralten.*		
Plenum	d) Die TN diskutieren im Plenum, womit das Buch in dem Gedicht verglichen und welche Empfehlungen ausgesprochen werden. *Lösungsvorschlag:* *Das Buch wird mit anderen Medien wie dem Film (Filmbänder) und dem Computer (Festplatte) verglichen. Es wird empfohlen, lieber auf das Medium Buch zurückzugreifen, weil dies nachhaltiger ist, nicht veraltet und auch noch in hundert Jahren anzusehen und zu lesen ist wie heute.*		
Einzelarbeit	**AB 162–163/Ü20** Übung zum Gedicht „Der Panther" von Rainer Maria Rilke, mit Tonaufnahme; auch als Hausaufgabe geeignet.	AB-CD/14 *AB-CD/47*	

2 Satzstrukturen: Temporale Zusammenhänge

SOZIALFORM	ABLAUF	MATERIAL	ZEIT
Einzelarbeit Plenum	a) Die TN lesen die Zeilen 8 und 10 aus dem Gedicht noch einmal und schreiben die präpositionalen Formulierungen mit *im/beim* + nominalisierter Infinitiv mit den Nebensatzkonnektoren *während / (immer) wenn* neu. Vergleichen Sie die Ergebnisse im Plenum. *Lösung:* *Im Sitzen, Stehen, Knien ... → während wir sitzen, stehen, knien ...* *Beim Fliegen, Fahren, Gehen → (immer) wenn wir fliegen, fahren, gehen ...*		

Einzelarbeit Plenum	b) Die TN markieren, was richtig ist. Vergleichen Sie die Ergebnisse im Plenum. *Lösung:* *1 Gleichzeitiges* *2 einen Zustand* *3 eine Aktion*		
Plenum	**FOKUS GRAMMATIK:** Machen Sie den TN deutlich, dass die temporale Präposition *im* eher bei Verben des Zustands verwendet wird, *beim/am* wird eher in der Umgangssprache mit Verben der Aktion verwendet. Weisen Sie die TN auch auf die Grammatikübersicht im Kursbuch (→ 132/3a) und auf die erweiterte Grammatikübersicht im Lehrwerkservice zu *Sicher!* hin. Eine Übung zu dem in diesem Zusammenhang eher umgangssprachlich gebrauchten *am* finden die TN im Arbeitsbuch.		
Einzelarbeit	AB 163/Ü21 Grammatikübung zu *im/am/beim* + nominalisierter Infinitiv; auch als Hausaufgabe geeignet.		

3 Kleine Schreibwerkstatt für Gedichte

SOZIALFORM	ABLAUF	MATERIAL	ZEIT
Plenum Einzelarbeit Plenum	Die TN verfassen in Schritt 1-4 ein „Elfchen-Gedicht". Zur Erklärung, worum es sich bei einem „Elfchen" handelt, lesen die TN zusammen im Plenum vorab die Informationen in *Wussten Sie schon?*. Schritt 1: Die TN lesen das Beispiel zusammen im Plenum. Schritt 2: Die TN notieren Stichwörter, die ihnen spontan einfallen und machen eines davon zum Thema in Zeile 1, anschließend setzen sie ihr „Elfchen" mithilfe der Frage in der Tabelle fort. Dabei achten die TN darauf, dass die Wörter klanglich zueinander passen. Schritt 3: Die TN füllen die Zeilen mit ihren Einfällen. Danach lesen sie das Gedicht laut, um den Klang zu testen. **TIPP:** Die TN gehen dabei durch den Raum und sprechen ihr Gedicht beim Gehen laut vor, dadurch bekommen sie ein gutes Gefühl für den Betonungsrhythmus („Raumlauf", Glossar → S. 162). Schritt 4: Die TN präsentieren ihre „Elfchen" im Kurs, schreiben sie auf Kärtchen, die sie möglichst schön verzieren, hängen sie im Kursraum auf oder stellen sie in den virtuellen Kursraum, falls vorhanden. Im Plenum werden die drei schönsten Gedichte ausgewählt („Kursausstellung", Glossar → S. 161).	 Kärtchen	

Ich kann jetzt ...

SOZIALFORM	ABLAUF	MATERIAL	ZEIT
Einzelarbeit	Die TN markieren, was auf sie zutrifft.		
Gruppenarbeit Plenum	**VERTIEFUNG:** Die TN arbeiten in Vierergruppen. Geben Sie als Thema „Das Buch" vor und schreiben Sie den Begriff an die Tafel. Die TN schreiben nun in ihrer Kleingruppe zusammen ein „Elfchen" und können dabei an den neuen Wortschatz anknüpfen, den sie in dieser Lektion gelernt haben. Verteilen Sie Plakate, das Thema „Das Buch" steht in der ersten Zeile, die/der erste TN schreibt die zweite Zeile, der nächste die dritte Zeile etc., so wie in Aufgabe 3, Schritt 2 beschrieben. Danach präsentieren die TN das Ergebnis ihrer Gruppenarbeit im Plenum und diskutieren: *Wie unterscheiden sich die „Elfchen" von dem Gedicht von Robert Gernhardt (Beispiel aus Aufgabe 1)? Welche Meinung haben die TN zum Medium Buch?*	Plakate	

SEHEN UND HÖREN

1 Ein Roman entsteht

SOZIALFORM	ABLAUF	MATERIAL	ZEIT
Einzelarbeit Plenum	Die TN sehen die Bilder an und mutmaßen, was die Schriftstellerin Beatrix Mannel gerade macht. Vergleichen Sie die Ergebnisse im Plenum. *Lösungsvorschlag: Bild 1: Sie unterhält sich mit Menschen aus einem anderen Kulturkreis, eventuell hört sie Geschichten/Mythen/Erzählungen oder sie erzählt selbst etwas. Bild 2: Sie streift in einem tropischen Land (mit freilebenden Affen) durch die Natur. Bild 3: Sie sitzt in ihrem / in einem Arbeitszimmer und schreibt. Bild 4: Sie ist in einer Buchhandlung und signiert nach einer Lesung eines ihrer Bücher.* **VERTIEFUNG:** Die TN diskutieren im Plenum und überlegen, wie der Tagesablauf einer/eines Schriftstellerin/Schriftstellers ausse-hen könnte. *Wann steht sie/er auf? Wie ist ihr/sein Tag strukturiert? Welche Arbeitsphasen braucht es, bis ein Roman entsteht? Was außer Schreiben gehört wohl noch zum Alltag einer/eines Schrift-stellerin/Schriftstellers?*		

2 Porträt einer Autorin: Beatrix Mannel

SOZIALFORM	ABLAUF	MATERIAL	ZEIT
Einzelarbeit Plenum	a) Die TN sehen den Anfang der Reportage ohne Ton an. Sie diskutieren anschließend im Plenum, um was für eine Art von Roman es sich handeln könnte. *Lösungsvorschlag: Es lässt sich vermuten, dass Beatrix Mannel Kinderbücher schreibt (auf einem der Buchcover ist ein junges Mädchen abgebildet), auf einem der Buchrücken ist das Wort „Hexe" zu lesen – vielleicht spielen Hexen in ihren Büchern eine Rolle.*	DVD 2/16	

Einzelarbeit Plenum	b) Die TN sehen die Fotoreportage in Abschnitten, beantworten die Fragen und ergänzen. Vergleichen Sie die Ergebnisse im Plenum. *Lösung/Lösungsvorschlag:* *Abschnitt 1:* *1 Ja, sie schreibt Bücher für Kinder und Jugendliche. Nein, über Hexenfiguren wird nichts gesagt.* *2 Thriller* *3 Übersetzungen* *4 Grundidee* *5 Madagaskar* *6 Bibliotheken*	DVD 2/17	
	Abschnitt 2: *1 Mit einem Exposé, in dem steht, um was es in der Geschichte gehen soll.* *2 Die junge Paula glaubt, dass sie auf Madagaskar eine Vanille-Plantage geerbt hat.* *3 Die Vanilleernte, die Tierwelt, Lemuren (Feuchtnasenaffen), den tropischen Regenwald.* *4 Um einen Minitrailer zu erstellen, in dem das Grundgefühl des Buches hergestellt wird.*	DVD 2/18	
	Abschnitt 3: *1 die Recherchephase und die eigentliche Schreibphase* *2 5–7 Monate* *3 Sie gibt Lesungen und Workshops zum Thema „Schreiben", weil sie gern das, was sie über das Schreiben gelernt hat, an alle weitergeben möchte, die Spaß am Schreiben haben.*	DVD 2/19	
Einzelarbeit	**AB 163/Ü22** Leseverstehen zum Roman von Beatrix Mannel; auch als Hausaufgabe geeignet.		

3 Satzstrukturen: Finale Zusammenhänge

SOZIALFORM	ABLAUF	MATERIAL	ZEIT
Einzelarbeit Plenum	Die TN ordnen zu, was passt. Vergleichen Sie die Ergebnisse im Plenum. *Lösung:* *1 Für; 2 um … zu; 3 zum; 4 wofür; 5 zur/zwecks; 6 Dazu; 7 damit*		
Plenum	**FOKUS GRAMMATIK:** Machen Sie den TN deutlich, dass die finalen Konnektoren *um … zu*, *wozu* und *wofür* einen Nebensatz einleiten, die Konnektoren *dazu* und *daraufhin* leiten einen neuen Hauptsatz ein. Nach den Präpositionen *für*, *zu*, *zwecks* und *zum Zwecke* folgt ein Nomen mit einem bestimmten Kasus. Finale Satzstrukturen drücken eine Absicht aus (*wozu?*). Weisen Sie die TN auch auf die Grammatikübersicht im Kursbuch (→ 132/3b) und auf die erweiterte Grammatikübersicht im Lehrwerkservice zu *Sicher!* hin.		
Einzelarbeit	**AB 164/Ü23** Grammatikübung, in der Finalsätze mit *um … zu* und *damit* noch einmal wiederholt werden (bekannt aus *Sicher! B2*). Eignet sich gut als Vorbereitung auf die neue Grammatik; auch als Hausaufgabe geeignet.		
Einzelarbeit	**AB 164/Ü24** Grammatikübung, in der die TN die Nutzung der neuen Konnektoren selbst entdecken; auch als Hausaufgabe geeignet.		
Einzelarbeit	**AB 165/Ü25** Grammatikübung zu den Satzstrukturen, die „finale Zusammenhänge" ausdrücken; auch als Hausaufgabe geeignet.		

Ich kann jetzt ...

SOZIALFORM	ABLAUF	MATERIAL	ZEIT
Einzelarbeit	Die TN markieren, was auf sie zutrifft.		
Einzelarbeit Partnerarbeit	**VERTIEFUNG:** Die TN notieren sich mehrere Fragen mit *Wozu?* zum Thema „Literatur" auf Kärtchen, zum Beispiel *Wozu machst du einen Lyrikkurs? Wozu siehst du dir eine Romanverfilmung im Kino an? Wozu ist Literatur gut?* etc. Die TN gehen durch den Raum, suchen sich spontan eine/einen Lernpartner/in und stellen sich gegenseitig ihre Fragen. Sie antworten mit finalen Satzstrukturen, indem sie abwechselnd Nebensatzkonnektoren, Hauptsatzkonnektoren oder Präpositionen verwenden.	Kärtchen	

AUSSPRACHE: Pausierungen und ihre Funktionen (Arbeitsbuch → S. AB 166)

1 Der gleiche Satz, ein anderer Sinn

SOZIALFORM	ABLAUF	MATERIAL	ZEIT
Einzelarbeit Plenum	a) Die TN lesen die Sätze 1–4 und erstellen durch unterschiedliche Interpunktion jeweils zwei Varianten mit unterschiedlichem Sinn. Die Varianten werden an der Tafel gesammelt und vorgetragen. Die TN benennen die Sinnunterschiede zwischen den Varianten. *Lösung: 1 Lisa kann Andreas hören. (Lisa kann hören, wie Andreas Geräusche macht.); Lisa, kann Andreas hören? (Lisa wird gefragt, ob Andreas hören kann.) 2 Das ist meine Freundin Barbara. (Jemand stellt seine Freundin Barbara jemand anderem vor.); Das ist meine Freundin, Barbara. (Jemand stellt Barbara seine Freundin vor.) 3 Im Haus, nicht im Garten. (Etwas befindet sich nicht im Garten, sondern im Haus.); Im Haus nicht, im Garten. (Etwas befindet sich nicht im Haus, sondern im Garten.) 4 Henry sagt, Markus ist ein guter Lehrer. (Henry sagt, dass Markus ein guter Lehrer sei.); Henry, sagt Markus, ist ein guter Lehrer. (Markus sagt, Henry sei ein guter Lehrer.*		
Plenum	b) Die TN vergleichen ihre Varianten und ihre korrekte Pausierung mit denen auf der CD.	AB-CD/15 *AB-CD/48*	

2 Ein Gedicht hören und Sinnzusammenhänge erfassen

SOZIALFORM	ABLAUF	MATERIAL	ZEIT
Plenum Einzelarbeit	a) Die TN hören die beiden Varianten des Gedichts „Schreiben" und tragen anhand der wahrgenommenen Intonation und Pausierung passende Satzzeichen ein. *Lösung:* *Version 1* *Weiß und leer ist das Papier,* *schon seit Stunden sitz ich hier,* *auf dem Stuhl in meiner Hand,* *einen Bleistift an der Wand,* *hundert Bilder in meinem Geist,* *bin ich durch die Zeit gereist.* *Doch das Papier bleibt weiß und leer.* *ach, das Schreiben ist so schwer!* *Version 2* *Weiß und leer ist das Papier,* *schon seit Stunden sitz ich hier* *auf dem Stuhl, in meiner Hand* *einen Bleistift, an der Wand* *hundert Bilder, in meinem Geist* *bin ich durch die Zeit gereist,* *doch das Papier bleibt weiß und leer.* *Ach, das Schreiben ist so schwer!*	AB-CD/16–17 *AB-CD/49–50*	
Plenum	b) Die TN hören die beiden Versionen des Gedichts noch einmal und diskutieren, welche Version inhaltlich sinnvoller ist. *Lösung:* *Version 2 ist inhaltlich sinnvoller, da hier die Handlungen, die durch Pausierung als zusammengehörig markiert werden, im Alltag vorkommen. In Version 1 hingegen entstehen ungewöhnliche Bilder, z.B. sitzt man üblicherweise nicht auf „dem Stuhl in meiner Hand".*	AB-CD/16–17 *AB-CD/49–50*	

3 Ein Gedicht vortragen

SOZIALFORM	ABLAUF	MATERIAL	ZEIT
Einzelarbeit	a) Die TN lesen die beiden Varianten des Gedichts „Lesen" und überlegen gemeinsam, welche Variante die Satzzeichen an inhaltlich passender Stelle zeigt. Diese Variante wird laut vorgetragen, wobei auf die richtige Pausierung geachtet wird. *Lösung:* *Variante 2 ist inhaltlich sinnvoller, da die Satzzeichen nachvollziehbare Sinnzusammenhänge herstellen.*		
Plenum	b) Die TN hören beide Varianten aus a des Gedichts und vergleichen die Variante 2 mit ihrem eigenen Vortrag.	AB-CD/18–19 *AB-CD/51–52*	

LERNWORTSCHATZ (Arbeitsbuch → S. AB 167)

SOZIALFORM	ABLAUF	MATERIAL	ZEIT
Einzelarbeit	Es fällt dem Gehirn leichter, sich neue Vokabeln im Kontext zu merken. Vokabellisten Wort für Wort zu lernen, kann schnell demotivieren. Veranschaulichen Sie mithilfe eines neuen Verbs aus dieser Lektion, zum Beispiel *schildern*, wie neue Wörter im Kontext gelernt werden. Die TN finden eine <u>Situation</u>, in der dieses Verb gebraucht wird, zum Beispiel *Ich schildere dir den Inhalt des Romans.* Sie finden <u>Synonyme</u> wie *beschreiben, erzählen, berichten, referieren, mitteilen, ...* und erweitern nach Möglichkeit das <u>Wortfeld</u> *die Schilderung, geschildert.* Außerdem bietet es sich an, mit neuen Vokabeln einen Satz oder eine kurze Geschichte zu erfinden, um so einen Kontext herzustellen.		

LEKTIONSTEST 10 (Arbeitsbuch → S. AB 168)

SOZIALFORM	ABLAUF	MATERIAL	ZEIT
Einzelarbeit	Mithilfe des Lektionstests haben die TN die Möglichkeit, ihr neues Wissen in den Bereichen Wortschatz, Grammatik und Redemittel zu überprüfen. Wenn die TN mit einzelnen Bereichen noch Schwierigkeiten haben, können sie gezielt noch einmal einzelne Module wiederholen.		

REFLEXION DER LEKTION

SOZIALFORM	ABLAUF	MATERIAL	ZEIT
Gruppenarbeit	Kopieren Sie jeweils zwei bis drei Übungsaufgaben zu jeder der 7 Einheiten dieser Lektion (Lesen 1 / Wortschatz / Sprechen / Lesen 2 / Hören / Schreiben / Sehen und Hören) und legen Sie diese an sieben verschiedenen Orten im Unterrichtsraum aus. Dabei können Sie Aufgaben aus dem Arbeitsbuch einsetzen, die Sie im Unterricht noch nicht durchgenommen haben, oder Sie greifen auf die Lektionstests zurück. Kopieren Sie außerdem die Antworten zu den Aufgaben und legen Sie diese mit aus. Zusätzlich bereiten Sie einen „Laufzettel" vor, auf dem die TN notieren können, welche Aufgaben sie schon abgearbeitet haben und welche Fragen/ Schwierigkeiten dabei aufgetreten sind. Die TN gehen von Station zu Station, lösen die Aufgaben und vergleichen ihre Ergebnisse mit den Lösungen. Motivieren Sie die TN, sich dabei gegenseitig zu helfen. Anschließend findet eine Evaluationsrunde im Plenum statt; planen Sie dabei Zeit ein, Themen, bei denen die TN Schwierigkeiten hatten, noch einmal zu wiederholen („**Stationenlernen**", Glossar → S. 163).	Übungsaufgaben, Laufzettel	
Gruppenarbeit Plenum	**VERTIEFUNG:** Schreiben Sie den neuen Wortschatz dieser Lektion auf Kärtchen und teilen Sie die TN in zwei Gruppen auf. Abwechselnd kommt jeweils ein TN nach vorne und würfelt: Augenzahl 1–2 bedeutet: *Pantomime* (das Wort erklären, ohne etwas zu sagen), 3–4: *Sprechen* (ohne das Wort oder Teile daraus zu nennen), 5–6: *Zeichnen* (ohne Buchstaben und Zahlen). Die anderen TN raten, um welches Wort es sich handelt, die/der TN, die/der das Wort als erste/r nennt, hat für seine Gruppe einen Punkt erspielt. Die Gruppe mit den meisten Punkten hat gewonnen („**Pantomime-Sprechen-Zeichnen**", Glossar → S. 162).	Kärtchen, Würfel, Zettel, Stift, Stoppuhr	

EINSTIEG

Vor dem Öffnen des Buches

SOZIALFORM	ABLAUF	MATERIAL	ZEIT
Partnerarbeit	Schreiben Sie „Internationale Geschäftskontakte" an die Tafel. Die TN arbeiten zu zweit und assoziieren spontan, was ihnen zu diesem Themenfeld einfällt. Die/Der erste TN nennt ein Wort, zum Beispiel *Geschäftsreise*, die/ der zweite nennt das nächste Wort, das mit dem letzten Buchstaben des vorherigen Wortes beginnen muss, zum Beispiel *E-Mail*. So geht es weiter, jede/r TN hat maximal zehn Sekunden Zeit, um ein neues Wort zu finden (dazu zählt ihr/ sein Lernpartner leise von zehn rückwärts). Wenn einer der TN nicht mehr weiter weiß, hat die/der andere gewonnen („ABC-Kette", Glossar → S. 160).		

1   Interkulturelle Gespräche

SOZIALFORM	ABLAUF	MATERIAL	ZEIT
Gruppenarbeit Plenum	a) Die TN arbeiten zu viert, interpretieren die Zeichnung und gehen auf die Fragen ein. Vergleichen Sie die Ergebnisse im Plenum. *Lösungsvorschlag:* *– Auf dem Bild ist wohlmöglich ein Geschäfts-Meeting dargestellt, bei dem die Teilnehmer aus verschiedenen Kulturen kommen.* *– An dem Meeting sind vier Personen beteiligt: Eine rothaarige Frau, die aus Europa stammen könnte, ein Mann im Kaftan, vielleicht aus dem arabischen Raum, eine dunkelhaarige Frau mit hochgesteckten Haaren, die aus Ost-Asien kommen könnte, und ein Mann mit Turban, vermutlich orientalischer Herkunft.* *– Die Personen unterhalten sich eventuell über ihre geschäftliche Zusammenarbeit, vielleicht wird gerade ein Kaufvertrag besprochen.*		
Gruppenarbeit Plenum	b) Die TN formulieren in ihren Kleingruppen ein Gespräch zwischen den Personen und tragen die Sätze in die Sprechblasen ein. Vergleichen Sie die Ergebnisse im Plenum. *Lösungsvorschlag:* *Person 1: „Bis wann könnten Sie die Ware liefern?"* *Person 2: „Unsere Fabrik in Taiwan hat ab Ende des Jahres wieder freie Kapazitäten."* *Person 3: „Für Europa bräuchten wir die Ware spätestens im Herbst zum Weihnachtsgeschäft."* *Person 4: „Für den arabischen Markt sehe ich für dieses Produkt leider keine Perspektive."* **VERTIEFUNG:** Jeder der vier TN übernimmt die Rolle einer Person und entwirft zunächst eine Kurzbiographie über sich selbst: *Aus welchem Land/Kulturkreis kommt sie/er? Welchen Beruf übt sie/er aus? Für welche Firma arbeitet sie/er und welche Position hält sie/er dort inne? Womit handelt ihre/seine Firma?*		

Einzelarbeit Plenum Gruppenarbeit	c) Die TN formulieren einen Titel und einen kurzen Einführungs-text für den Zeitschriftenartikel. Vergleichen Sie die Ergebnisse im Plenum. *Lösungsvorschlag:* *Immer einen guten Eindruck machen* *Den richtigen Umgang mit Partnern aus anderen Kulturen kann man lernen. Viele international operierende Unternehmen bereiten ihre Mitarbeiter durch Interkulturelles Training auf ihren Auslandseinsatz vor. Auch wenn sich bestimmte Normen und Verhaltensweisen mittlerweile international durchgesetzt haben, gibt es immer noch große Unterschiede, wie in verschiedenen Kulturkreisen miteinander verhandelt wird. Durch interkulturelle Missverständnisse kann das Auslandsgeschäft im schlimmsten Fall scheitern. Worauf Sie vor allem achten müssen, darüber gibt der folgende Artikel Auskunft.* **VERTIEFUNG:** Die TN formulieren zunächst in ihren Kleingruppen einen Titel, den sie an eine andere Kleingruppe weitergeben, die dazu einen passenden Text schreibt. Danach vergleichen die Kleingruppen untereinander die Texte: *Hätten sie zu ihrem Titel einen solchen Text erwartet?* **TIPP:** Damit sich bei dieser Gruppenarbeit auch alle TN mit einbringen können, übernimmt jede/r TN eine Experten-Aufgabe. Die/Der erste TN könnte zum Beispiel für Grammatik zuständig sein, die/der zweite für den Aufbau, die der dritte ist Experte für den Inhalt, die/der vierte TN verfasst den Text.		
Plenum Gruppenarbeit	d) Die Kleingruppen präsentieren ihre Texte im Kurs. **VERTIEFUNG:** Die TN korrigieren ihre Texte untereinander, bevor sie sie im Plenum präsentieren. Der fertige Text wird an eine andere Gruppe weitergegeben, die in einer bestimmten Farbe ihre Anmerkungen an den Rand schreibt. Die nächste Gruppe korrigiert den Text noch einmal und notiert ihre Anmerkungen in einer anderen Farbe etc. Am Ende schreiben die TN ihren Text mithilfe der Kommentare noch einmal neu und präsentieren ihn erst dann im Plenum („Kommentarlawine", Glossar → S. 161).	bunte Stifte	

LESEN 1

1 Verhandeln mit Geschäftspartnern aus anderen Kulturen

SOZIALFORM	ABLAUF	MATERIAL	ZEIT
Einzelarbeit Plenum	a) Die TN überfliegen den Artikel und markieren, welches Ziel der Artikel verfolgt. Vergleichen Sie die Ergebnisse im Plenum. *Lösung:* *Der Artikel möchte erklären, worauf man im Geschäftskontakt mit Schweizern achten sollte.*		
Einzelarbeit Plenum	b) Die TN ergänzen, wie sich Schweizer im Geschäftskontakt verhalten. Vergleichen Sie die Ergebnisse im Plenum. *Lösung:* *Höflichkeit: bedanken und entschuldigen sich häufig / lassen viele Dinge unausgesprochen* *Aufforderungen: nie direkt, sondern immer im Konjunktiv* *Standpunkte: werden schon vor einem Meeting ausgetauscht / alle Mitarbeiter sollen sich an der Entscheidungsfindung beteiligen*		

Einzelarbeit Plenum	c) Die TN lesen den zweiten Text über die Niederländer und ergänzen, welche Unterschiede es zwischen Deutschen und Niederländern gibt. Vergleichen Sie die Ergebnisse im Plenum. *Lösung:*		

	Deutsche	*Niederländer*
Fortbewegung	*fahren gern teure Autos*	*fahren auch Fahrrad*
Anrede	*siezen*	*eher duzen*
Statussymbole	*Luxusschlitten mit eigenem Parkplatz*	*sind ihnen fremd*
Unternehmenskultur	*eher maskulin; Wettbewerbs-, Erfolgs- und Besitzdenken*	*eher feminin; Kompromissbereitschaft, Bescheidenheit, Zusammenarbeit*
Wissen	*heißt Macht, teilt man nicht gern*	*Infos werden geteilt*
Projekte	*minutiös geplant, Beschreibungen bis ins letzte Detail formulieren, um Unsicherheitsfaktoren auszumerzen*	*haben keine Lust, wochenlang zu planen; es muss schnell gehen, sie probieren lieber aus, als sich an Theorien und Regelwerk zu orientieren*

Plenum	d) Die TN diskutieren im Plenum, welche Aspekte aus den Artikeln für sie neu/interessant/überraschend waren.		
Plenum Partnerarbeit Plenum	e) Die TN diskutieren im Plenum, welche Unterschiede sie persönlich im Umgang mit anderen Kulturen festgestellt haben. **INTERKULTURELL/VERTIEFUNG:** Eine Vertiefung für internationale Lerngruppen: Die TN arbeiten zu zweit zusammen (TN aus verschiedenen Ländern), interviewen sich gegenseitig und ergänzen für ihre/ihren Lernpartner/in die Tabelle aus **c** und notieren, was in ihrem/seinem Heimatland typisch ist im Hinblick auf *Fortbewegung, Anrede, Statussymbole, Unternehmenskultur, Wissen* und *Projekte*. Danach präsentieren die TN das Heimatland ihres Interviewpartners im Plenum.		
Einzelarbeit	**AB 169/Ü1** Einführende Wortschatzübung zum Thema „Geschäftliche Kommunikation", die Wörter sollten den TN schon aus *Sicher! B2* und *C1.1* bekannt sein; auch als Hausaufgabe geeignet.		
Einzelarbeit	**AB 169/Ü2** Wortschatzübung zum Thema „Internationale Karriere"; auch als Hausaufgabe geeignet.		

2 Satzstrukturen: Konsekutive Zuammenhänge

SOZIALFORM	ABLAUF	MATERIAL	ZEIT
Einzelarbeit Plenum	a) Die TN lesen die Sätze und markieren, welche Funktion die unterstrichenen Wörter haben. Vergleichen Sie die Ergebnisse im Plenum. *Lösung: Folge*		

Einzelarbeit Plenum	b) Die TN markieren den jeweils passenden Konnektor. Vergleichen Sie die Ergebnisse im Plenum. *Lösung:* *1 Infolge* *2 derartig* *3 Infolgedessen*		
Einzelarbeit Plenum	c) Die TN ordnen die passenden Wörter zu. Vergleichen Sie die Ergebnisse im Plenum. *Lösung:* *1 Infolge von* *2 solch ein / ein derartig* *3 weswegen*		
Plenum	**FOKUS GRAMMATIK:** Machen Sie den TN deutlich, dass die konsekutiven Konnektoren *solch ein, ein solch* und *ein derartig ... dass* einen Nebensatz einleiten, die Konnektoren *demnach, demzufolge, folglich* und *infolgedessen* leiten einen Hauptsatz ein. Nach den Präpositionen *infolge von* und *infolge* folgt ein Nomen in einem bestimmten Kasus. Aus *Sicher! B2* sind *so groß, dass ... / derartig groß, dass ...* bereits bekannt. Konsekutive Satzstrukturen drücken eine Folge aus *(In welcher Art und Weise?)*. Weisen Sie die TN auch auf die Grammatikübersicht im Kursbuch (→ S. 144/1a) und auf die erweiterte Grammatikübersicht im Lehrwerkservice zu *Sicher!* hin.		
Einzelarbeit	`AB 170/Ü3` Grammatikübung zum Thema „Konsekutive Satzstrukturen"; die TN wiederholen konsekutive Konnektoren, die ihnen schon aus *Sicher! B1+/B2* bekannt sein sollten; auch als Hausaufgabe geeignet.		
Einzelarbeit	`AB 170/Ü4` Grammatikübung zum Thema, bei der die TN die neue Grammatik selbst entdecken. Die Übung eignet sich gut als Einführung in das neue Grammatikthema; auch als Hausaufgabe geeignet.		
Einzelarbeit	`AB 171/Ü5` Grammatik-Transformations-Übung zu den neuen Konnektoren; auch als Hausaufgabe geeignet.		
Einzelarbeit	`AB 171/Ü6` Grammatikübung; auch als Hausaufgabe geeignet.		
Einzelarbeit	`AB 171/Ü7` Grammatikübung; auch als Hausaufgabe geeignet.		

Ich kann jetzt ...

SOZIALFORM	ABLAUF	MATERIAL	ZEIT
Einzelarbeit	Die TN markieren, was auf sie zutrifft.		
Einzelarbeit Plenum	**VERTIEFUNG:** Die TN schreiben nach dem Vorbild der Texte in Aufgabe 1b und 1c einen Text darüber, was typisch für internationale Verhandlungen in ihrem Heimatland ist und vergleichen die Informationen aus ihrem Land mit denen aus Deutschland. Dabei greifen sie auf ihre eigene Erfahrung zurück (falls sie schon einmal in Deutschland gearbeitet haben) oder beziehen sich darauf, was sie über Deutschland in den Texten erfahren haben. In ihren Texten verwenden die TN *mindestens* jeweils einen konsekutiven Konnektor, der einen Nebensatz einleitet, einen konsekutiven Konnektor, mit dem ein Hauptsatz beginnt oder eine konsekutive Präposition. Anschließend präsentieren die TN ihre Texte im Plenum.		

HÖREN

1 Gewissensfragen

SOZIALFORM	ABLAUF	MATERIAL	ZEIT
Gruppenarbeit Plenum	Die TN arbeiten in Kleingruppen, jede der Kleingruppen beantwortet eine der beiden Fragen, stellt ihre Antwort im Plenum vor und begründet sie. *Lösungsvorschlag:* *1 Ja, wir würden die Frage, ob es geschmeckt hat, ehrlich beantworten, doch wir würden auf freundliche Art und Weise Kritik üben und Verbesserungsvorschläge machen. Auch für ein Restaurant ist es sicherlich gut, von den Gästen ein ehrliches Feedback zu erhalten.* *2 Auch hier würden wir ehrlich über das Scheitern der Verhandlungen berichten und betonen, warum es zu Schwierigkeiten gekommen ist, trotzdem könnten wir auch die positiven Aspekte der Reise hervorheben (z.B., dass wir beim nächsten Mal aus unseren Fehlern lernen würden, dass wir den ausländischen Markt nun besser einschätzen können). Auch im Arbeitsleben halten wir Selbstkritik und Ehrlichkeit für sehr wichtige Charaktereigenschaften.*		
Partnerarbeit	**VERTIEFUNG:** Die TN entwerfen mehrere ähnliche Situationen aus dem Geschäftsleben, der Beispielvorgabe folgend, und schreiben die Situationen auf Kärtchen. Die Kärtchen werden gemischt, die TN sitzen sich in einem Außen- und Innenkreis gegenüber und haben drei Minuten Zeit, um gemeinsam mit ihrem Lernpartner auf eine der Situationen eine Lösung zu finden. Danach entstehen durch ein Rotieren des Kreises neue Lernpartner, die Kärtchen werden gemischt und zusammen wird über eine neue Situation diskutiert („Kugellager", Glossar → S. 161).	Kärtchen	
Einzelarbeit	AB 172/Ü8 Schreibübung zum Thema „Richtiges Auftreten im internationalen Geschäftsleben"; auch als Hausaufgabe geeignet.		

2 Interkulturelle Missverständnisse in der beruflichen Kommunikation

SOZIALFORM	ABLAUF	MATERIAL	ZEIT
Gruppenarbeit Plenum	a) Die TN arbeiten in Kleingruppen und sammeln, was sie von einem Vortrag zu dem Thema erwarten. Vergleichen Sie die Ergebnisse im Plenum. Fragen Sie die TN auch, wo und in welcher Situation man so einen Vortrag wohl hören kann. *Lösungsvorschlag:* *Wahrscheinlich geht es um ähnliche Situationen wie in Aufgabe 1. Menschen aus verschiedenen Kulturkreisen würden unterschiedlich in diesen Situationen reagieren, ganz nach der Etikette und den Umgangsformen, die in ihrem Kulturkreis vorherrschen. Der Vortrag kann stattfinden, um Berufstätige, die viel mit anderen Kulturen zusammenarbeiten, für die kulturellen Unterschiede zu sensibilisieren.*		

Einzelarbeit Plenum	b) Die TN lesen die Aufgaben, hören dann den Vortrag in Abschnitten und lösen die Aufgaben. Vergleichen Sie die Ergebnisse im Plenum.		
	Lösungsvorschlag:		
	Abschnitt 1:		
	1 Wenn Deutsche „Ja" sagen, → kann man davon ausgehen, dass sie es auch so meinen.	CD 2/17	
	2 Die Sache, über die gesprochen wird, → steht im Mittelpunkt, nicht die Beziehung zwischen den Gesprächspartnern.		
	3 Die Beziehung wird → dadurch nicht beeinflusst, egal, ob die Antwort „Ja" oder „Nein" lautet.		
	4 In Asien → sagt man oft aus Bescheidenheit „Nein", auch wenn man eigentlich „Ja" meint.		
	Abschnitt 2:	CD 2/18	
	1 Der deutsche Chef denkt: → Die chinesische Mitarbeiterin hat ihn angelogen oder ist nicht in der Lage, ihre Arbeit richtig einzuschätzen und einzuteilen.		
	2 Die chinesische Mitarbeiterin denkt: → Ihr Vorgesetzter hat ihr eine falsche Frage gestellt, sie konnte nur mit „Ja" antworten, dabei wusste der Chef ganz genau, dass die Aufgabe zu umfangreich für sie war.		
	Abschnitt 3:	CD 2/19	
	1 Individualistische Gesellschaft → Sache / Kollektivistische Gesellschaft → Beziehung		
	2 Das Beziehungs-„Ja" bedeutet → Ich strenge mich an. / Ich habe Sie akustisch verstanden. / Das kann ich nicht tun. / Eventuell.		

3 Zusammenfassung

SOZIALFORM	ABLAUF	MATERIAL	ZEIT
Einzelarbeit Plenum	Die TN ergänzen, was die Referentin über das „Ja" in den deutschsprachigen Ländern sagt. Vergleichen Sie die Ergebnisse im Plenum.		
	Lösungsvorschlag:		
	Deutsche gebrauchen gewöhnlich das sogenannte Sache-„Ja". Das bedeutet, dass es nicht um die Beziehung geht, sondern rein um die Sache, zum Beispiel darum, ob ein Auftrag erledigt werden kann – ja oder nein. Die Beziehung wird dabei nicht infrage gestellt.		
	Zu Missverständnissen führt das manchmal deshalb, weil es Mitarbeiter, die aus einer kollektivistischen Gesellschaft kommen, dazu zwingt, ihrem Chef/Auftraggeber zu widersprechen. Besser wäre es deshalb, offene Fragen zu stellen, auf die der Gesprächspartner gezwungen ist, differenzierter zu antworten.		

4 Ihre Erfahrungen

SOZIALFORM	ABLAUF	MATERIAL	ZEIT
Plenum	Die TN berichten im Plenum, ob sie schon einmal in einer Firma gearbeitet haben, die Mitarbeiter aus verschiedenen Ländern beschäftigt und ob es schon einmal zu Missverständnissen und Problemen kam.		
Partnerarbeit	**VERTIEFUNG:** Die TN arbeiten zu zweit, ein TN übernimmt die Rolle der/des deutschen Chefin/Chefs, die/der Lernpartner/in die Rolle der/des chinesischen Mitarbeiterin/Mitarbeiters. Zusammen entwerfen die Lernpartner ein Gespräch, in dem die Kommunikation zwischen Chef und Mitarbeiter besser funktioniert, ohne dass es zu interkulturellen Missverständnissen kommt. *Welche Fragen hätte die/der Chef/in stellen müssen, welche Antworten hätte die/der Mitarbeiter/in geben*		
Plenum	*können?* Die TN präsentieren ihre Gespräche anschließend im Plenum.		

| Einzelarbeit | **AB 172–173/Ü9** Leseverstehen zum Thema „Individualismus und Kollektivismus", das sich gut als Vorbereitung auf das Hörverstehen eignet; auch als Hausaufgabe geeignet. | | |

Ich kann jetzt …

SOZIALFORM	ABLAUF	MATERIAL	ZEIT
Einzelarbeit	Die TN markieren, was auf sie zutrifft.		

WORTSCHATZ 1

1 Geschäftsreisen

SOZIALFORM	ABLAUF	MATERIAL	ZEIT
Gruppenarbeit Plenum	a) Die TN arbeiten in Kleingruppen und vermuten, was ein Geschäftsreisender vor der Abreise wissen möchte. Vergleichen Sie die Ergebnisse im Plenum. *Lösungsvorschlag: aktuelle Wirtschaftsdaten, Klima/Wetter, Tabuthemen bei Gesprächen, Zeitzone, „Dresscode", Trinkgeldhöhe in Restaurants, öffentliche Verkehrsmittel*		
Gruppenarbeit Plenum	b) Die TN arbeiten weiter in ihren Kleingruppen und ordnen die in a gesammelten Aspekte und die folgenden Begriffe nach Themengebieten. Kontrolle im Plenum. *Lösungsvorschlag:*		
	Bestimmungen des Gastlandes — *Visabestimmungen, Geldverkehr, Gesundheitssystem* *Praktisches* — *Transfer zum Hotel und Tagungsort, Preise für Handy und Internet* *Verhalten* — *richtige Begrüßung* *Anderes* — *Kulinarisches*		
Gruppenarbeit Plenum	**VERTIEFUNG:** Die TN arbeiten in Kleingruppen. Schreiben Sie potenzielle Zielorte/Zielländer für eine Dienstreise auf Kärtchen, zum Beispiel *New York / USA*, jede Kleingruppe erhält einen Zielort und recherchiert im Internet (oder Sie bringen Reiseführer mit in den Unterricht, falls vorhanden). Die TN recherchieren zu allen Punkten, die sie in Aufgabe 1a und 1b genannt haben, und fertigen eine Checkliste an, was vor der Reise zu beachten ist. Die TN präsentieren anschließend ihre Checkliste im Plenum, ohne das Reiseziel zu nennen, stattdessen sagen sie „ZONK". Die anderen TN raten, um welches Land es sich handeln könnte („ZONK", Glossar → S. 164).	Kärtchen, Reiseführer, Internet	

2 Was ziehe ich auf einer Geschäftsreise an?

SOZIALFORM	ABLAUF	MATERIAL	ZEIT
Gruppenarbeit Plenum	a) Die TN sehen die Fotos an und diskutieren zu dritt, welche Kleidung Geschäftsreisende im Zug oder im Flugzeug tragen würden und warum. Vergleichen Sie die Ergebnisse im Plenum. *Lösungsvorschlag: Im Zug oder Flugzeug würden Geschäftsreisende wahrscheinlich eher klassische Geschäftskleidung (Anzug) wie in Bild 2 tragen, da sie auch unterwegs Wert auf Etikette legen. Praktischer wäre gerade auf längeren Reisen jedoch eher legere Kleidung wie in Bild 1.*		

SOZIALFORM	ABLAUF		
Einzelarbeit Plenum	b) Die TN lesen den Text und ergänzen die Adjektive. Vergleichen Sie die Ergebnisse im Plenum. *Lösung:* *1 bequemere; 2 besten; 3 gedeckten; 4 geschlossene; 5 farbefrohes; 6 längeren; 7 gebügeltes; 8 legereres*		
Einzelarbeit	**AB 173/Ü10** Wortschatzübung; auch als Hausaufgabe geeignet.		

3 Vergleiche

SOZIALFORM	ABLAUF	MATERIAL	ZEIT
Einzelarbeit Plenum	a) Die TN unterstreichen in Aufgabe 2b Komparative und Superlative. Vergleichen Sie die Ergebnisse im Plenum. *Lösung:* *bequemere – besten – längeren – konservativer – legereres*		
Einzelarbeit Plenum	b) Die TN markieren, welche Bedeutung diese Sätze in Aufgabe 2b haben. Kontrolle im Plenum. *Lösung:* *1 ein legereres Outfit ist → im Vergleich zu anderen legerer* *2 eines der besten Kleidungsstücke → das Kleidungsstück gehört zu den besten*		
Plenum	**FOKUS GRAMMATIK:** Machen Sie den TN deutlich, dass bei dem sogenannten Impliziten Vergleich *(ein legereres Outfit)* ein Vergleich stattfindet, ohne dass das, womit verglichen wird, genannt wird. Es wird indirekt der Bezug zum allgemein Üblichen hergestellt. Das Adjektiv *(legereres)* steht im Komparativ. Beim Relativen Superlativ *(eines der besten Kleidungsstücke)* wird etwas aus einer bestimmten Gruppe als etwas Besonderes im Superlativ hervorgehoben. Weisen Sie die TN auch auf die Grammatikübersicht im Kursbuch (→ S. 144/2) und auf die erweiterte Grammatikübersicht im Lehrwerkservice zu *Sicher!* hin. Das Thema wird auch im Arbeitsbuch kleinschrittig aufbereitet.		
Einzelarbeit	**AB 174/Ü11** Grammatikübung, bei der Komparativ- und Superlativformen wiederholt werden; sie eignet sich gut als Vorbereitung auf das neue Grammatikthema; auch als Hausaufgabe geeignet.		
Einzelarbeit	**AB 174/Ü12** Grammatikübung, bei der die TN die neuen Grammatik-Strukturen selbst entdecken; auch als Hausaufgabe geeignet.		
Einzelarbeit	**AB 175/Ü13** Grammatikübung; auch als Hausaufgabe geeignet.		

Ich kann jetzt …

SOZIALFORM	ABLAUF	MATERIAL	ZEIT
Einzelarbeit	Die TN markieren, was auf sie zutrifft.		
Plenum	**VERTIEFUNG:** Die TN stellen sich in einem Kreis auf. Geben Sie folgende Situation vor: *Sie haben eine Million Euro im Lotto gewonnen, was würden Sie mit dem Geld machen?* Die TN werfen sich nun gegenseitig den Ball zu und bilden abwechselnd einen Satz mit einem Impliziten Vergleich oder einem Relativen Superlativ, zum Beispiel *Ich würde ein schnelleres Auto kaufen.* oder *Ich würde einen der längsten Urlaube meines Lebens machen.* Jeder TN soll mindestens einen Satz mit einem Impliziten Vergleich und einen Satz mit einem Relativen Superlativ gebildet haben („Ball", Glossar → S. 160).	Ball	

SCHREIBEN

1 Quiz: Beherrschen Sie die deutsche Business-Etikette?

SOZIALFORM	ABLAUF	MATERIAL	ZEIT
Einzelarbeit	a) Die TN machen den Test und markieren die passende Antwort. Weisen Sie die TN auch auf die landeskundlichen Informationen in *Wussten Sie schon?* hin, in denen es um den Ursprung der richtigen Etikette nach Freiherr Knigge geht. Passend dazu ist das Leseverstehen im Arbeitsbuch **AB 176/Ü15** ; auch als Hausaufgabe geeignet. *Lösung:* 1 A; 2 C; 3 B		
Gruppenarbeit Plenum	b) Die TN vergleichen ihre Ergebnisse mit der Auswertung auf S. AB 206 (im Vollband C1 auf S. 165 im Kursbuch). Sie gehen in Kleingruppen zusammen und unterhalten sich, welche Antworten für sie überraschend waren und warum. **INTERKULTURELL:** Die TN unterhalten sich in ihren Gruppen, welche der Antworten in ihrem Kulturkreis gelten würde. Wie hätten sich Mitarbeiter in ihrem Heimatland in dieser Situation verhalten? Anschließend präsentieren sie ihr Ergebnis im Plenum.		

2 Ratschläge für richtiges Verhalten

SOZIALFORM	ABLAUF	MATERIAL	ZEIT
Einzelarbeit Plenum	Die TN verfassen eine E-Mail (circa 200 Wörter) an einen deutschsprachigen Freund, der eine Geschäftsreise in ihr Heimatland plant, sie verwenden dabei die passenden Redemittel und gehen auf die Fragen ein. Vergleichen Sie die Ergebnisse im Plenum. *Lösungsvorschlag (Niederlande):* *Lieber Christoph,* *vielen Dank für Deine E-Mail. Es freut mich, dass Du eine Geschäftsreise nach Amsterdam planst. Auch wenn viele Deutsche erwarten, dass sich die Etikette in ihrem kleinen Nachbarland nicht groß von der in Deutschland unterscheidet, können gerade kleine Unterschiede unter Umständen zu großen interkulturellen Missverständnissen führen. Bei uns zum Beispiel ist es üblich, dass die Hierarchie zwischen Chef und Mitarbeiter sehr flach gehalten wird. Es ist bei uns erlaubt und sogar erwünscht, seinen Chef zu duzen, zu viel Unterwürfigkeit wird nicht gern gesehen. Zum Beispiel macht sich keiner Gedanken, wer wen als Erstes grüßt. Auch mit legerer Businesskleidung liegst Du bei uns richtig. Trotzdem wird auch bei uns erwartet, dass man pünktlich und gut vorbereitet zu Meetings erscheint. Wenn Du noch weitere Tipps benötigst, kannst Du Dich gern noch einmal bei mir melden.* *Viele Grüße* *Deine Merel*		
Einzelarbeit	**AB 175/Ü14** Wortschatzübung zum Thema „Pünktlichkeit"; auch als Hausaufgabe geeignet.		

Ich kann jetzt ...

SOZIALFORM	ABLAUF	MATERIAL	ZEIT
Einzelarbeit	Die TN markieren, was auf sie zutrifft.		
Einzelarbeit Partnerarbeit	**VERTIEFUNG:** Die TN schreiben die E-Mails aus Aufgabe 2 auf Zettel. Verteilen Sie die E-Mails anschließend in Ihrem Kurs (oder die TN tauschen ihre Mailadresse aus), jede/r TN bekommt einen Brief ausgehändigt und beantwortet ihn als die/der deutsche Freund/in und stellt bei Verständnisschwierigkeiten noch weitere Fragen und hakt nach. Die/Der Lernpartner/in beantwortet die Fragen und schreibt zurück, der E-Mail-Wechsel dauert so lange (und kann auch als Hausaufgabe weitergeführt werden), bis alle noch offenen Fragen beantwortet wurden.		

WORTSCHATZ 2

1 Berufliche Auslandserfahrung

SOZIALFORM	ABLAUF	MATERIAL	ZEIT
Plenum Einzelarbeit Plenum	a) Die TN unterhalten sich im Plenum, ob sie sich vorstellen können, im Ausland zu arbeiten: *Wo, für wie lange und in welcher Stellung?* **VERTIEFUNG:** Bringen Sie alte Zeitschriften, Zeitungen, bunte Stifte, Schere, Kleber mit in den Unterricht. Die TN fertigen auf Plakaten eine Collage über ihren Traumjob im Ausland an und verwenden dabei keine Wörter, sondern nur Zeichnungen und Bilder. Danach werden die Plakate aufgehängt, die TN gehen durch den Raum, betrachten die Plakate und notieren auf Post-its ihre Vermutungen, um welches Land und welche Stellung es sich handelt, und kleben sie auf das Plakat. Danach stellt sich jede/r TN vor ihr/sein Plakat und referiert zwei bis drei Minuten, welchen Auslandsjob sie/er sich vorstellen könnte („Kursausstellung", Glossar → S. 161).	Zeitschriften, bunte Stifte, Schere, Kleber, Plakate , Post-Its	
Einzelarbeit Plenum	b) Die TN lesen die Texte und ergänzen die Wörter. Vergleichen Sie die Ergebnisse im Plenum. *Lösungsvorschlag:* *1 erarbeitet; 2 reintegrieren; 3 eröffnet*		

2 Die Vorsilbe *er-*

SOZIALFORM	ABLAUF	MATERIAL	ZEIT
Einzelarbeit Plenum	a) Die TN ergänzen die Wörter, die in den Verben stecken. Vergleichen Sie die Ergebnisse im Plenum. *Lösung:* *1 arbeiten, Arbeit; 2 nähren, Nahrung; 3 öffnen, Öffnung; 4 kennen, Kenntnis; 5 klären, Klärung; 6 leben, Leben*		

Einzelarbeit Plenum	b) Die TN ordnen die Sätze 1–4 einer der Bedeutungen der Vorsilbe *er-* zu. Vergleichen Sie die Ergebnisse im Plenum. *Lösung:* *A Veränderung eines Zustands: 2, 3* *B etwas wird durch eine Handlung erreicht: 1, 4*		
Einzelarbeit	**AB 176/Ü16** Grammatikübung zu der Vorsilbe *er-*; auch als Hausaufgabe geeignet.		

3 Die lateinische Vorsilbe *re-*

SOZIALFORM	ABLAUF	MATERIAL	ZEIT
Plenum	a) Die TN bilden die passenden Nomen mit Artikel. Vergleichen Sie die Ergebnisse im Plenum. *Lösung:* *reformieren – die Reform; reagieren – die Reaktion; reflektieren – die Reflektion; regenerieren – die Regeneration*		
Plenum	b) Die TN markieren, welche zwei Bedeutungen die Vorsilbe *re-* in **a** hat. Vergleichen Sie die Ergebnisse im Plenum. *Lösung:* *zurück, wieder*		
Plenum	**FOKUS GRAMMATIK:** Machen Sie den TN deutlich, dass die Vorsilben *er-* oder *re-* jeweils zwei unterschiedliche Bedeutungen haben können. Die Vorsilbe *er-* kann ausdrücken, dass sich ein Zustand verändert *(erröten/rot werden)*, oder dass etwas durch eine Handlung erreicht werden soll *(erbauen)*. Vorsilben mit *re-* haben die Bedeutung von „*zurück*" *(reflektieren)* oder „*wieder*" *(reagieren)*. Weisen Sie die TN auch auf die Grammatikübersicht im Kursbuch (→ S. 144/3) und auf die erweiterte Grammatikübersicht im Lehrwerkservice zu *Sicher!* hin. **TIPP:** Weisen Sie die TN auch auf den Lerntipp „Wortschatz erschließen" zur Aufgabe hin, in dem es um die Herkunft vieler deutscher Wörter aus dem Lateinischen, Griechischen und Englischen geht.		
Einzelarbeit	**AB 177/Ü17** Grammatikübung zu den Vorsilben *er-* und *re-*; auch als Hausaufgabe geeignet.		

Ich kann jetzt …

SOZIALFORM	ABLAUF	MATERIAL	ZEIT
Einzelarbeit	Die TN markieren, was auf sie zutrifft.		
Gruppenarbeit	**VERTIEFUNG:** Teilen Sie Ihren Kurs in zwei Gruppen auf. Der einen Gruppe teilen Sie die Vorsilbe *re-* zu, der anderen die Vorsilbe *er-*. Lesen Sie nun Verben aus dem Kurs- oder Arbeitsbuchteil ohne Vorsilbe vor, zum Beispiel *flektieren*. Geben Sie fünf Sekunden Zeit zum Überlegen (zählen Sie von fünf rückwärts), dann stehen die TN mit der passenden Vorsilbe *(re-)* auf, die anderen bleiben sitzen („Sitzen–Stehen", Glossar → S. 163).		

LESEN 2

1 Ins Ausland versetzt

SOZIALFORM	ABLAUF	MATERIAL	ZEIT
Gruppenarbeit Plenum	Die TN arbeiten in Kleingruppen, lesen den Artikel über die Kunsthistorikerin Nora W. und diskutieren darüber, welche Probleme eine Versetzung ins Ausland mit sich bringen kann. Vergleichen Sie die Ergebnisse im Plenum. *Lösungsvorschlag:* *Folgende Probleme könnten auftreten:* *– Anpassungsschwierigkeiten in der fremden (Arbeits-)Kultur* *– Sprachbarrieren im Zielland* *– Einsamkeit wegen der Schwierigkeit, in kürzester Zeit neue soziale Kontakt zu knüpfen* *– kein Kontakt zum Familien- und Freundeskreises in der Heimat* *– Probleme bei der Wiedereingliederung nach der Rückkehr nach Deutschland* *– Kontakt zum heimischen Arbeitsmarkt bricht ab, dadurch schlechtere Karrierechancen bei der Rückkehr*		

2 Tipps für den beruflichen Auslandsaufenthalt

SOZIALFORM	ABLAUF	MATERIAL	ZEIT
Einzelarbeit Plenum	Die TN lesen das Interview mit Katrin Hansen vom Netzwerk Frauen- und Geschlechterforschung. Ordnen Sie die Fragen den Abschnitten zu. Vergleichen Sie die Ergebnisse im Plenum. *Lösung:* *4 Gibt es kulturelle Reibungspunkte, mit denen man rechnen muss?* *2 Gilt das auch für die beruflichen Kontakte?* *5 Kann ein Auslandsaufenthalt auch Negatives mit sich bringen?* *1 Wie gelingt es mir, im Ausland meine Netzwerke zu pflegen?* *6 Wo müssen Frauen ganz besonders mit Problemen im Beruf rechnen?* *3 Und wenn man für eine solche Kontaktpflege zu beschäftig ist?*		
Partnerarbeit	**VERTIEFUNG:** Die TN arbeiten zu zweit. Bevor sie die Fragen den Abschnitten zuordnen, probieren sie, Vermutungen anzustellen, interviewen sich gegenseitig und versuchen eine Antwort auf die Fragen zu geben. Nach der Lektüre des Textes vergleichen sie: *Lagen sie mit ihren Vermutungen richtig?*		
Einzelarbeit	AB 177/Ü18 Wortschatzübung zum Thema; auch als Hausaufgabe geeignet.		
Einzelarbeit	AB 178/Ü19 Hörverstehen zum Thema „Berufsbedingte Mobilität"; auch als Hausaufgabe geeignet.	AB-CD/20–27 *AB-CD/53–60*	

3 Zusammenfassung

SOZIALFORM	ABLAUF	MATERIAL	ZEIT
Einzelarbeit Plenum	Die TN lesen das Interview noch einmal, unterstreichen die Schlüsselwörter und fertigen eine Textzusammenfassung an. Vergleichen Sie die Ergebnisse im Plenum. **TIPP:** Die Textzusammenfassung wird den TN leichterfallen, wenn sie auch Schlüsselwörter in den Fragen unterstreichen. *Lösungsvorschlag:* *Schlüsselwörter* *1 Netzwerke pflegen – Internet, Skype – Freunde und Bekannte einzuladen – Gästezimmer haben* *2 berufliche Kontakte – zu sich nach Hause einladen – Messe in der Nähe – zu konkreten Treffen … verabreden* *3 Kontaktpflege zu beschäftigt – spezielle Foren – den fachlichen Aus- tausch beibehalten* *4 kulturelle Reibungspunkte – Sprache zum Kulturschock führen – man- gelnde Sprachkenntnisse und neue Spielregeln – erschweren, sich sozial und kompetent darzustellen – Beispiel Humor* *5 Auslandsaufenthalt (kann) Negatives mit sich bringen – Partnerschaften überdauern … nicht – Partner entwickelt sich anders – Erlebniswelt … aus- einanderdriften – vom eigenen Land entwöhnen – Lebensstil – Gesundheit* *6 Frauen – Probleme – in anderen Ländern eher als Mitarbeiterin ak- zeptiert – hohes Emanzipationsniveau – kann in manchen Ländern zu Irritationen führen* *Zusammenfassung* *Ein beruflicher Auslandsaufenthalt birgt sowohl Probleme als auch Chancen in sich. Durch soziale Netzwerke kann der Kontakt zur Heimat gehalten werden, es empfiehlt sich, immer ein Gästezimmer für Besucher parat zu halten, auch Kollegen aus der Heimat sollten eingeladen werden oder die Chance einer Messe in der Nähe des Einsatzortes für ein Treffen genutzt werden. Aber es existieren auch bestimmte Foren, durch die man den Kontakt halten kann. Vor allem mangelnde Sprachkenntnisse oder andere Spielregeln im Umgang miteinander können den Alltag im Aus- land erschweren. Schwierig wird es, wenn durch den Auslandaufenthalt Partnerschaften auf Zeit getrennt werden, da es durch unterschiedliche Erfahrungen zu einer Entfremdung kommen kann. Ein anderer (höherer) Lebensstil im Ausland erschwert die Rückkehr ins Heimatland. Vor allem für Frauen ergeben sich Schwierigkeiten, wenn in ihrem Heimatland ein anderes, weniger emanzipiertes Frauenbild vorherrscht.* **TIPP:** Machen Sie den TN deutlich, dass es sich beim Markieren von Schlüsselwörtern und dem Verfassen einer Textzusammenfassung um eine Lesestrategie handelt („**Lesestrategien**", Strategie-Über- blick → S. 165).		

4 Ihre Meinung

SOZIALFORM	ABLAUF	MATERIAL	ZEIT
Plenum Einzelarbeit Gruppenarbeit Plenum	Die TN diskutieren im Plenum, welche Probleme außer den im Text genannten bei einem Auslandsaufenthalt auftreten können. *Lösungsvorschlag:* *– Schwierigkeiten bei der Wohnungssuche, Kinderbetreuung* *– andere klimatische Bedingungen* *– anderes Hierarchieverständnis in der ausländischen Firma* *– Sicherheit im Alltag etc.* **VERTIEFUNG:** Jeder TN notiert sich zunächst drei weitere Probleme, sucht sich eine/einen Lernpartner/in, die/der auch drei Ideen notiert hat; zusammen einigen sie sich auf die wichtigsten vier Punkte (von sechs), danach suchen die Lernpartner ein weiteres Lernpartner-Paar, mit denen sie sich auf die wichtigsten sechs Punkte (von acht) einigen etc. Am Ende einigt sich die gesamte Lerngruppe auf die wichtigsten sechs Punkte des Kurses („Schneeballprinzip", Glossar → S. 163).		

5 Satzstrukturen: Modale Zusammenhänge

SOZIALFORM	ABLAUF	MATERIAL	ZEIT
Einzelarbeit Plenum	a) Die TN lesen die Sätze aus dem Text und markieren die Bedeutung der unterstrichenen Satzteile. Vergleichen Sie die Ergebnisse im Plenum. *Lösung:* *1 Art und Weise; 2 Vergleich; 3 Art und Weise*		
Einzelarbeit Plenum	b) Die TN ergänzen die Sätze, sodass die Bedeutung gleichbleibt. Vergleichen Sie die Ergebnisse im Plenum. *Lösung:* *1 Man kann dadurch in Kontakt bleiben, dass man die Technologie Skype benutzt.* *2 Erfolgreich wird ein Aufenthalt, indem man Strategien entwickelt, um sich wohlzufühlen.* *3 Indem man Netzwerke im neuen Land bildet, entwickelt man einen stärkeren Bezug zum Land.*		
Einzelarbeit Plenum	c) Die TN ergänzen *mittels*, *indem* und *dadurch*. Vergleichen Sie die Ergebnisse im Plenum. *Lösung:* *1 indem; 2 Dadurch; 3 Mittels*		
Plenum	**FOKUS GRAMMATIK:** Machen Sie den TN deutlich, dass die modalen Konnektoren *indem*, *womit*, *wodurch* und *dadurch, dass* einen Nebensatz einleiten; die Konnektoren *dadurch*, *damit*, *so*, *auf diese Weise* leiten einen Hauptsatz ein. Nach den Präpositionen *durch*, *mittels*, *mithilfe* folgt ein Nomen in einem bestimmten Kasus. Modale Satzstrukturen drücken die Art und Weise aus, wie etwas geschieht. Weisen Sie auch auf die Grammatikübersicht im Kursbuch (→ S. 144/1b) und auf die erweiterte Grammatikübersicht im Lehrwerkservice zu *Sicher!* hin.		
Einzelarbeit	**AB 178–179/Ü20** Grammatikübung zu „modalen Zusammenhängen", bei der die TN modale Konnektoren und Präpositionen wiederholen, die ihnen schon aus *Sicher! B1/B2* bekannt sein sollten; auch als Hausaufgabe geeignet.		

Einzelarbeit	**AB 179/Ü21** Grammatikübung, bei der die TN die neuen Grammatikstrukturen selbst entdecken; auch als Hausaufgabe geeignet.		
Einzelarbeit	**AB 180/Ü22** Grammatikübung; auch als Hausaufgabe geeignet.		
Einzelarbeit	**AB 180–181/Ü23** Grammatikübung; auch als Hausaufgabe geeignet.		

Ich kann jetzt ...

SOZIALFORM	ABLAUF	MATERIAL	ZEIT
Einzelarbeit	Die TN markieren, was auf sie zutrifft.		
Partnerarbeit Plenum	**VERTIEFUNG:** Die TN arbeiten zu zweit, wiederholen die modalen Satzstrukturen und überprüfen sich gegenseitig, ob sie gut vorbereitet wären auf eine Versetzung ins Ausland. Kopieren Sie dazu die Kopiervorlage Lektion 11/1 (**Kopiervorlage Lektion 11/1 →** S. 144) für jede Zweiergruppe einmal und schneiden Sie die modalen Konnektoren/Präpositionen und Fragen aus. Die TN legen die ausgeschnittenen Kärtchen verdeckt vor sich auf dem Tisch aus – einen Stapel mit Fragen, einen anderen mit Konnektoren/Präpositionen. Abwechselnd deckt jede/r TN ein Kärtchen auf und liest eine Frage vor, zum Beispiel *Wie kann ich den Kontakt zu meinen Angehörigen in der Heimat halten?* Danach wird ein Kärtchen vom Stapel Konnektor/Präposition aufgedeckt, zum Beispiel *indem.* Der/Die TN versucht einen Satz zu bilden, zum Beispiel *Ich halte den Kontakt zu meinen Angehörigen, indem ich täglich mit ihnen skype.* Machen Sie sich bei Schwierigkeiten Notizen und besprechen Sie diese anschließend im Plenum.	Kopiervorlage Lektion 11/1	

SPRECHEN

1 Umzug ins Ausland

SOZIALFORM	ABLAUF	MATERIAL	ZEIT
Gruppenarbeit Plenum	Die TN arbeiten in Kleingruppen und diskutieren darüber, was sie Nora und Paul in dieser Situation raten würden. Vergleichen Sie die Ergebnisse im Plenum. *Lösungsvorschlag:* *Variante 1: „Da es sicherlich sehr schwierig ist, als Ausländer in Shanghai eine schöne Wohnung zu finden, würden wir die Ablösesumme bezahlen. Die Summe oder einen Teil davon könnten sich Nora und Paul von ihrem Arbeitgeber erstatten lassen.“* *Variante 2: „Da sich Nora und Paul wohl nur für eine begrenzte Zeit in Shanghai aufhalten und dann zurück nach Deutschland kehren, lohnt sich wohl eine solche Investition nicht. Sie sollten sich nach einer anderen Wohnung umsehen.“*		

2 Verhandeln

SOZIALFORM	ABLAUF	MATERIAL	ZEIT
Plenum	Die TN bereiten eine Verhandlung vor und berücksichtigen dabei die vier Schritte. Erklären Sie den TN dabei, dass sie anhand des Themas „Küche" Redemittel einüben, die anschließend auf Verhandlungen anderer Art übertragen werden können.		
Gruppenarbeit	Schritt 1: Je nach Kursgröße wird eine gerade Zahl an Gruppen aufgeteilt; die Gruppe(n) 1 übernehmen die Rolle des Vormieters (V) und die Gruppe(n) 2 die von Nora und Paul (N); sie lesen die Informationen zu ihrer Rolle und besprechen innerhalb der Gruppe ihre Strategie. **TIPP:** Machen Sie den TN deutlich, dass sie für sich in der Gruppe ein klares Ziel formulieren müssen, mit dem sie in die Verhandlung gehen und welchen Kompromiss sie dafür eingehen würden. Auch wenn sie zunächst versuchen sollten, ihr Ziel durchzusetzen, sollte ihnen trotzdem klar sein, wo ihre (finanzielle) „Schmerzgrenze" liegt. Schritt 2: Die TN ordnen die Sprechabsichten den Redemitteln zu (einer der Sprechabsichten können zwei Redemittel zugeordnet werden) und ergänzen, welche Redemittel welchen Rollen zugeordnet werden		
Plenum	können. Kontrolle im Plenum. *Lösung:* *1 F (N); 2 E, G (V/N); 3 C (N); 4 I (V/N); 5 H (V/N); 6 A (V/N); 7 D (V/N); 8 B (V/N)* Schritt 3: Die TN bereiten sich mithilfe der Redemittel auf die Verhandlung vor.		
Gruppenarbeit	**VERTIEFUNG:** Die TN teilen die Redemittel in ihrer Gruppe untereinander auf. Jede/r TN verinnerlicht ein oder zwei der Redemittel (oder notiert es sich auf einem Kärtchen) und setzt es während der Verhandlung ein. **TIPP:** Machen Sie den TN deutlich, dass Redemittel nicht einfach abgelesen werden sollten. Die TN sollten sie vielmehr als Hilfsmittel sehen, sie können sie frei variieren und anpassen. Schritt 4: Je eine Gruppe 1 und eine Gruppe 2 gehen zusammen und versuchen, das Verhandlungsgespräch zu führen; sie sollten innerhalb von fünf Minuten zu einem Ergebnis kommen. Die Verhandlungspartner verkünden das Ergebnis im Plenum.	Kärtchen	
Plenum	**VERTIEFUNG:** Bestimmen Sie zwei TN in Ihrem Kurs als „Schiedsrichter", die sich während der Diskussion Notizen zum Inhalt der Argumentation, der sprachlichen Richtigkeit, Phonetik und dem Diskussionsverhalten der TN machen. Dazu können die TN die Kopiervorlage aus Lektion 9/2 (**Kopiervorlage Lektion 9/2 → S. 141**) benutzen. Anschließend geben die Schiedsrichter Feedback.	Kopiervorlage Lektion 9/2	
Einzelarbeit	**AB 181/Ü24** Übung zu den neuen Redemitteln; auch als Hausaufgabe geeignet.		

11

Ich kann jetzt …

SOZIALFORM	ABLAUF	MATERIAL	ZEIT
Einzelarbeit	Die TN markieren, was auf sie zutrifft.		
Partnerarbeit Plenum	**VERTIEFUNG:** Die TN arbeiten zu zweit. Schneiden Sie die sechs Rollenanweisungen auf der Kopiervorlage Lektion 11/2 (**Kopier-vorlage Lektion 11/2 → S. 145**) aus. Die Lernpartner bekommen aus einer der drei Situationen eine Rollenkarte, die festlegt, was ihre/ seine Aufgabe ist (Person A oder B). Geben Sie den TN zwei Minuten Zeit, damit sie sich ihre Rolle durchlesen und Gedanken machen können. Danach verhandeln die TN fünf Minuten lang und gebrauchen dabei die Redemittel. Motivieren Sie die TN, wirklich eine Lösung zu finden.	Kopiervorlage Lektion 11/2	

SEHEN UND HÖREN

1 Kontakte knüpfen und pflegen

SOZIALFORM	ABLAUF	MATERIAL	ZEIT
Gruppenarbeit Plenum	Die TN arbeiten in Kleingruppen und diskutieren, wie man am besten mit anderen Menschen ins Gespräch kommt, welche Themen sich dafür eignen und geben Beispiele (privat oder geschäftlich). Vergleichen Sie die Ergebnisse im Plenum.		

2 Kommunikation vermarkten

SOZIALFORM	ABLAUF	MATERIAL	ZEIT
Plenum	Die TN diskutieren im Plenum, was die Frau von Beruf sein könnte. *Lösungsvorschlag: Die Frau arbeitet vielleicht in einem Umfeld, in dem auf ein offenes und positives Erscheinungsbild wert gelegt wird. Sie wirkt positiv und kann andere Menschen wahrscheinlich gut motivieren. Vielleicht arbeitet sie deswegen im Bereich Coaching/Kommunikationstraining.*		

3 Buchpräsentation

SOZIALFORM	ABLAUF	MATERIAL	ZEIT
Gruppenarbeit Plenum	Die TN lesen in Kleingruppen die Fragen und beantworten diese, nachdem Sie den Film gesehen haben. Vergleichen Sie die Ergebnisse im Plenum. *Lösungsvorschlag:* <u>*Abschnitt 1:*</u> *1 Small Talk bedeutet „das kleine Gespräch" und dient dazu, dass sich Menschen annähern können.* *2 Herr Müller ist ein Geschäftspartner, mit dem man einen Termin hat. Er ist im Stress, um den Termin einhalten zu können, während Sie entspannt im Büro sitzen. Wenn Sie beide so zusammenkommen, würde ein Gespräch nicht funktionieren, weil das Energieniveau zu unterschiedlich ist.* <u>*Abschnitt 2:*</u> *1 Small Talk hilft, Kontakte zu knüpfen und Netzwerke aufzubauen.* *2 Durch Netzwerke sitzt man sicherer im „Job-Stuhl" und weiß, was wo los ist.* <u>*Abschnitt 3:*</u> *Sie erklärt, wie man richtig Small Talk hält: Nicht gleich in die Tiefe gehen, sondern sich beispielsweise erst einmal über das Wetter unterhalten. Danach beginnt der Übergang vom „Mittel Talk" hin zum richtigen Gespräch.* **TIPP:** In Deutschland sind bestimmte Themen beim Small Talk tabu. So sollten die TN vermeiden, über Todesfälle, Politik oder Geld zu sprechen.	DVD 2/20 DVD 2/21 DVD 2/22	
Einzelarbeit	**AB 182/Ü25** Leseverstehen zum Thema „Small Talk"; auch als Hausaufgabe geeignet.		
Einzelarbeit	**AB 182/Ü26** Wortschatzübung zum Filmtipp „Global Player – Wo wir sind isch vorne"; auch als Hausaufgabe geeignet.		

4 Buchbewertungen

SOZIALFORM	ABLAUF	MATERIAL	ZEIT
Einzelarbeit Plenum	a) Die TN lesen die Leser-Rezensionen und diskutieren im Plenum, was die Verfasser positiv bewerten und ob sie selbst die Rezensionen nützlich finden. Vergleichen Sie die Ergebnisse im Plenum. *Lösungsvorschlag:* *positiv: Die Autorin Caroline Krüll kennt sich mit dem Thema aus; es gibt einen Lerneffekt; der Ratgeber kann schüchternen Menschen helfen; Praxistipps sind leicht verständlich und einfach umzusetzen*		
Plenum	b) Die TN diskutieren im Plenum, ob und warum sie das Buch gern lesen würden.		

Ich kann jetzt ...

SOZIALFORM	ABLAUF	MATERIAL	ZEIT
Einzelarbeit	Die TN markieren, was auf sie zutrifft.		
Gruppenarbeit	**VERTIEFUNG:** Teilen Sie den Kurs in zwei Gruppen (zum Beispiel durch Abzählen: A/B). Gruppe A spielt „die Gäste", sie verlassen den Kursraum. Gruppe B empfängt die Gäste in ihrer (fiktiven) Firma (Kursraum). Jede/r TN sucht sich einen Gesprächspartner, hält fünf Minuten Small Talk und beachtet, was sie/er über richtigen Small Talk erfahren hat.		

LERNWORTSCHATZ (Arbeitsbuch → S. AB 183)

SOZIALFORM	ABLAUF	MATERIAL	ZEIT
Einzelarbeit	„Eselsbrücken" zwischen neuen deutschen Wörtern und Wörtern aus der Muttersprache zu bauen, ist eine weitere Merkhilfe. Für einen englischen Muttersprachler zum Beispiel erinnert das Adjektiv „unverschämt" aus dieser Lektion an das englische Wort „to shame" (sich schämen). Wenn jemand unverschämt ist, könnte er sich später dafür schämen.		

LEKTIONSTEST 11 (Arbeitsbuch → S. AB 184)

SOZIALFORM	ABLAUF	MATERIAL	ZEIT
Einzelarbeit	Mithilfe des Lektionstests haben die TN die Möglichkeit, ihr neues Wissen in den Bereichen Wortschatz, Grammatik und Redemittel zu überprüfen. Wenn die TN mit einzelnen Bereichen noch Schwierigkeiten haben, können sie gezielt noch einmal einzelne Module wiederholen.		

REFLEXION DER LEKTION

SOZIALFORM	ABLAUF	MATERIAL	ZEIT
Einzelarbeit Gruppenarbeit Plenum	Die TN vollenden auf so vielen Kärtchen wie möglich den Satzanfang: *„Ich kann jetzt …"*. Jedes Kärtchen steht für ein Thema, das sie in dieser Lektion gelernt haben. Danach arbeiten die TN in Kleingruppen, alle Kärtchen werden auf dem Tisch ausgebreitet und die TN diskutieren: *Welche Themen wurden am seltensten genannt? Wo gab es am meisten Schwierigkeiten?* Vergleichen Sie anschließend die Ergebnisse im Plenum und planen Sie noch Zeit für Wiederholungen ein.	Kärtchen	

EINSTIEG

Vor dem Öffnen des Buches

SOZIALFORM	ABLAUF	MATERIAL	ZEIT
Einzelarbeit Partnerarbeit Gruppenarbeit Plenum	Die TN bekommen 5 Minuten Zeit und notieren sich drei wichtige Erfindungen, die sie in ihrem Alltag für unentbehrlich halten, zum Beispiel *die Kaffeemaschine, das Auto* oder *das Handy.* Jeder TN sucht sich danach eine/einen Lernpartner/in, die/der auch drei Erfindungen notiert hat, zusammen einigen sie sich auf die wichtigsten vier Erfindungen (von sechs), danach suchen sich die Lernpartner zwei andere Lernpartner. Sie einigen sich wiederum auf die wichtigsten vier Erfindungen etc. Am Ende einigt sich die gesamte Lerngruppe auf die „Top Vier" der wichtigsten Erfindungen des Kurses („**Schneeballprinzip**", Glossar → S. 163). Diskutieren Sie anschließend mit den TN im Plenum: *Warum sind diese Erfindungen für sie im Alltag so wichtig? Wie sähe ihr Alltag ohne diese Erfindungen aus? Auf welche Erfindungen könnte man problemlos verzichten?*		

1 Technik für jedermann

SOZIALFORM	ABLAUF	MATERIAL	ZEIT
Partnerarbeit Plenum	a) Die TN arbeiten zu zweit und diskutieren, womit sich der Mann beschäftigt und was er mit dem Gerät wohl machen will. Vergleichen Sie die Ergebnisse im Plenum. *Lösungsvorschlag:* *Der Mann hat sich anscheinend gerade selbst ein Fluggerät (Drohne) gebastelt. Vielleicht hat er das Fluggerät mit einer Kamera ausgestattet und will seine Umgebung aus der Vogelperspektive erkunden.*		
Plenum	b) Die TN diskutieren im Plenum, für welchen Zweck man Fluggeräte wie das auf dem Foto noch einsetzen kann. *Lösungsvorschlag:* *Solche Fluggeräte können professionell bei Filmaufnahmen zum Einsatz kommen, um den Schauplatz eines Spielfilms oder einer Dokumentation in der Totale von oben zu zeigen. Stadtplaner können damit Baugrundstücke erkunden. Außerdem werden sogenannte Drohnen immer öfter vom Militär als unbemanntes Kriegsgerät eingesetzt.* **TIPP:** Manchen Sie den TN deutlich, dass man in Deutschland bestimmte Vorschriften beachten muss, bevor man eine Drohne steigen lassen darf. Zum Beispiel muss eine bestimmte Versicherung abgeschlossen werden, außerdem müssen bestimmte Gebiete (zum Beispiel in der Nähe von Flughäfen) gemieden werden. Über einen Teil der gängigen Vorschriften zum Einsatz einer Drohne informiert das Leseverstehen in Übung 2 im Arbeitsbuchteil AB 185/Ü2; die Übung ist auch als Hausaufgabe geeignet.		
Plenum	c) Die TN diskutieren im Plenum, welche der genannten Einsatzmöglichkeiten sie für begrüßenswert halten oder welche sie eher kritisch sehen, und sie finden eine Begründung für ihren Standpunkt. *Lösungsvorschlag:* *Der nicht-militärische Einsatz solcher Geräte ist sicherlich ein Fortschritt und spart immense Kosten, da auf Erkundungsflüge mit einem Flugzeug oder Hubschrauber verzichtet werden kann. Drohnen militärisch einzusetzen kann eher kritisch gesehen werden, da „anonym"/ferngesteuert aus der Distanz Menschen verletzt werden können.*		

Plenum	d) Die TN diskutieren im Plenum, ob sie noch andere selbstgebaute technische Geräte kennen. Zu welchem Zweck wurden diese konstruiert? *Lösungsvorschlag:* *„Als Kind hatte ich einen Modellbaukasten für ein ferngesteuertes Boot."* *„Ich habe zu Hause einen elektronischen Türöffner für meine Garage gebaut."„Für meine kleine Tochter habe ich eine sprechende Puppe konstruiert."*		
Einzelarbeit	AB 185/Ü1 Wortschatzübung zum Thema „Erfindungen", der Wortschatz sollte den TN schon aus *Sicher! B1* und *B2* bekannt sein; auch als Hausaufgabe geeignet.		

LESEN 1

1 „Tragbare Erfindungen"

SOZIALFORM	ABLAUF	MATERIAL	ZEIT
Einzelarbeit Plenum	a) Die TN sehen die zwei Bilder an und mutmaßen, um welche Erfindung es sich jeweils handeln könnte. Vergleichen Sie die Ergebnisse im Plenum. *Lösungsvorschlag:* *Bei Bild 1 könnte es sich um eine Mini-Drohne handeln, die, mit einer Kamera ausgestattet, Bilder von Innenräumen liefert.* *Auf Bild 2 ist vermutlich eine künstliche Hand zu sehen, die als Prothese Menschen nach Unfällen im Alltag hilft.*		
Einzelarbeit Plenum Gruppenarbeit Plenum	b) Die TN lesen die Einleitung zu dem Bericht und bestimmen, um was für einen Wettbewerb es geht. Vergleichen Sie die Ergebnisse im Plenum. *Lösung:* *Es handelt sich um einen gut dotierten Erfinderwettbewerb, der von einer weltbekannten Firma für Halbleiter und Micro-Chips ausgelobt worden ist.* **VERTIEFUNG:** Die TN arbeiten in Kleingruppen und diskutieren, welche Idee sie für diesen Wettbewerb einreichen würden. Anschießend stellen alle Kleingruppen ihre beste Idee im Plenum vor und diskutieren, ob eine Umsetzung ihrer Ideen sinnvoll und möglich wäre. Im Teil SCHREIBEN in dieser Lektion können die TN ihre Ideen weiter ausarbeiten.		
Einzelarbeit Plenum	c) Die TN lesen die Beschreibungen der einzelnen Erfindungen und beantworten für jede Erfindung die zwei Fragen. Vergleichen Sie die Ergebnisse im Plenum. *Lösung:* *Mini-Drohne „Nixie":* *1 Sie filmt den Träger dieser Mini-Drohne selbstständig aus unmittelbarer Nähe. Sie bleibt immer in unmittelbarer Nähe.* *2 Die Drohne muss nicht umständlich ferngesteuert werden, sie agiert selbstständig.* *„Babybe":* *1 Mithilfe der Matratze „Babybe" können Herzschlag, Atemfrequenz und Berührungen der Mutter direkt auf das Frühchen übertragen werden.* *2 Im Brutkasten waren die Frühchen bisher von ihrer Mutter isoliert. Mit dem „Babybe" kann trotzdem eine emotionale Nähe zwischen Frühchen und Mutter aufgebaut werden.* *„Handprothese"* *1 Die Handprothese dient als Handersatz und hilft im Alltag.* *2 Durch die Herstellung im 3D-Drucker ist diese Prothese viel kostengünstiger und dabei trotzdem hochfunktionell.*		

Partnerarbeit	**VERTIEFUNG:** Die TN arbeiten zu zweit und „untersuchen" jeweils unterschiedliche Aspekte: Ein/e Lernpartner/in konzentriert sich beim Lesen darauf, was dank der beschriebenen Erfindung möglich ist, die andere Lernpartner/in, was neuartig an der Erfindung ist.		
Einzelarbeit	**AB 186/Ü3** Wortschatzübung zum Thema „Erfinder-Wettbewerb"; auch als Hausaufgabe geeignet.		

2 Ihre Bewertung

SOZIALFORM	ABLAUF	MATERIAL	ZEIT
Plenum	a) Die TN diskutieren im Plenum und sammeln Kriterien, mit denen sie die Erfindungen bewerten würden. Vergleichen Sie die Ergebnisse im Plenum. *Lösungsvorschlag:* *- Brauchbarkeit* *- Realisierbarkeit* *- Kosten*		
Einzelarbeit Plenum	b) Die TN bewerten die drei Erfindungen hinsichtlich der Kriterien in a. *Lösungsvorschlag:* 	Kriterium	Mini-Flugobjekt	Babybe	Handprothese
Brauchbarkeit	in einigen Situationen verwendbar	sehr großer Bedarf bei vielen „Frühchen"	großer Bedarf gerade in ärmeren Ländern
Realisierbarkeit	unrealistisch, dass man immer seine Mini-Drohne dabei hat	das Kissen wäre leicht einsetzbar	mit einem geeigneten 3-Drucker leicht zu realisieren
Kosten	vermutlich hohe Kosten, weil technisch sehr komplex	Silikonkissen mit Elektronik wohl auch recht teuer	Anschaffung eines 3D-Druckers teuer			
Plenum Gruppenarbeit Plenum	c) Die TN stimmen im Kurs ab, wen sie zum Gewinner des Wettbewerbs küren würden. Dabei begründen sie auch ihre Entscheidung. Danach vergleichen sie ihr Ergebnis mit dem tatsächlichen Gewinner (S. AB 206 / im Vollband C1 auf S. 165 im Kursbuch). *Lösung:* *Der Gewinner war die Minidrohne „Nixie".* **VERTIEFUNG:** Die TN arbeiten in Kleingruppen zusammen. Hängen Sie drei Plakate mit den Aufschriften „Mini-Flugobjekt", „Babybe" und „Handprothese" im Kursraum aus. Die TN versammeln sich bei dem Plakat mit der Erfindung, die sie zum Gewinner küren würden. In ihrer Gruppen sammeln die TN anschießend Argumente, die für „ihre" Erfindung sprechen. Anschließend diskutieren die drei Gruppen zusammen im Plenum und versuchen sich gegenseitig von „ihrer" Erfindung zu überzeugen. **TIPP:** Weisen Sie die TN auch auf die landeskundlichen Informationen in *Wussten Sie schon?* hin und machen Sie ihnen deutlich, dass neue Erfindungen beim Patent- und Markenamt geschützt werden können. Fragen Sie die TN, wie sich neue Erfindungen in ihrem Heimatland schützen lassen.	Plakate	

Einzelarbeit	**AB 186/Ü4** Schreibübung, bei der die TN anhand ihrer Kriterien aus Aufgabe 2b im Kursbuch, S. 147, ein Plädoyer verfassen; auch als Hausaufgabe geeignet.		
Einzelarbeit	**AB 187/Ü5** Hörverstehen zu genialen Ideen und ihren Entstehungsgeschichten; auch als Hausaufgabe geeignet.	AB-CD/28–31 *AB-CD/61–64*	

3 Präpositionen mit Genitiv

SOZIALFORM	ABLAUF	MATERIAL	ZEIT
Einzelarbeit Plenum	Die TN ordnen den Präpositionen (aus dem Text) die passende Bedeutung zu. Vergleichen Sie die Ergebnisse im Plenum. *Lösung:* *1 E; 2 F; 3 B; 4 H; 5 D; 6 C; 7 A; 8 G*		
Plenum	**FOKUS GRAMMATIK:** Machen Sie den TN deutlich, dass Präpositionen mit dem Genitiv besonders in der technischen oder juristischen Fachsprache vorkommen. Weisen Sie die TN auch auf die Grammatikübersicht im Kursbuch (→ S. 156/1) und auf die erweiterte Grammatikübersicht im Lehrwerkservice zu *Sicher!* hin.		
Einzelarbeit	**AB 187/Ü6** Grammatikübung, bei der die TN die Präpositionen mit Genitiv wiederholen, die ihnen schon aus *Sicher! B1* und *B2* bekannt sein sollten; auch als Hausaufgabe geeignet.		
Einzelarbeit	**AB 188/Ü7** Grammatikübung zu Präpositionen mit Genitiv; auch als Hausaufgabe geeignet.		
Einzelarbeit	**AB 188/Ü8** Grammatikübung zu Präpositionen mit Genitiv; auch als Hausaufgabe geeignet.		

Ich kann jetzt …

SOZIALFORM	ABLAUF	MATERIAL	ZEIT
Einzelarbeit	Die TN markieren, was auf sie zutrifft.		
Einzelarbeit Plenum	**VERTIEFUNG:** Schreiben Sie folgende Präpositionen mit Genitiv an die Tafel: *anlässlich, angesichts, unweit, mittels, ungeachtet, oberhalb, mithilfe* und *hinsichtlich.* Die TN schließen das Buch und versuchen, sich an das Leseverstehen und den Erfinder-Wettbewerb zu erinnern. Sie schreiben einen kurzen Text über die drei Erfindungen und verwenden dabei möglichst alle acht Präpositionen. Anschließend präsentieren die TN ihre Texte im Plenum. *Was haben die TN vom Lesetext behalten? Mit welchen Präpositionen hatten die TN Schwierigkeiten und warum?*		

SCHREIBEN

1 Was die Welt noch brauchen könnte

SOZIALFORM	ABLAUF	MATERIAL	ZEIT
Einzelarbeit Plenum Plenum	a) Die TN lesen den Kurzbericht und bestimmen, was erfunden wurde und wozu es dient. Vergleichen Sie die Ergebnisse im Plenum. *Lösung:* *In dem Kurzbericht geht es um speziell trainierte Mäuse, die am Flughafen gefährliches Gut wie Rauschgift oder Sprengstoff wittern können.* **VERTIEFUNG:** Die TN diskutieren im Plenum, was sie von dieser Erfindung halten: *Ist es realistisch, dass diese Mäuse in Zukunft die üblichen Sicherheitskontrollen ersetzen? Wo könnten Schwierigkeiten auftreten? In welchen anderen Bereichen könnten solch „trainierte" Mäuse eingesetzt werden?*		
Einzelarbeit Plenum	b) Die TN ordnen den markierten Wörtern aus dem Text grammatische Formen zu (manche passen mehrfach!). Hier werden den TN noch einmal exemplarisch Ausdrucksmöglichkeiten an die Hand gegeben, wie technische Versuche kurz beschrieben werden können. *Lösung:* | *Grammatische Form*	*Textstelle* | |---|---| | *1 Adjektivnachsilbe, die beschreibt, was etwas oder jemand kann* | *lernfähige Mäuse* | | *2 Adjektivnachsilbe, die beschreibt, dass etwas gemacht werden kann* | *durchführbar* | | *3 Passivkonstruktionen* | *großgeschrieben werden; wurde eine spezielle Vorrichtung entwickelt; wodurch ein Alarm ausgelöst wird* | | *4 Partizip I-Formen, die Vorgänge beschreiben* | *einschüchternd, schnüffelnde* | | *5 Nebensätze, die beschreiben, wie etwas funktioniert* | *wodurch ein Alarm ausgelöst wird; sobald die Tiere gefährliches Gut wie Rauschgift oder Sprengstoff wittern* |		

2 Auf der Erfindermesse

SOZIALFORM	ABLAUF	MATERIAL	ZEIT
Partnerarbeit	Die TN arbeiten zu zweit, entwickeln eine Erfindung für den Alltag und befolgen dabei die drei Schritte: <u>Schritt 1: Ideen</u> Die TN notieren sich Lebensbereiche, für die sie sich Hilfsmittel wünschen und sammeln dann Ideen zu den jeweiligen Bereichen. *Lösungsvorschlag:* *Haushalt: Spaghettigabel mit drehbarem Antrieb* *Mobilität: selbstfahrendes Auto, das mich von der Arbeit abholt* *Wohnen: ein Sessel, der laufen kann* *Freizeit: ein Roboter, der mit dem Hund Gassi geht*		

Partnerarbeit	Schritt 2: Umsetzung Die TN wählen eine Idee aus, überlegen, wie man diese umsetzen könnte und fertigen dazu eine Zeichnung und einen beschreibenden Text an. Dabei verwenden sie die grammatischen Formen aus Aufgabe 1b. *Lösungsvorschlag:* *Wir haben eine Gabel mit drehbarem Antrieb entwickelt. Mit dieser neuartigen Spaghettigabel können die langen Nudeln ganz einfach und bequem vom Teller aufgenommen werden. Dabei wickeln sich die Spaghetti automatisch um die Gabel und können dadurch einfacher gegessen werden. Durch die drehende Gabel kann vor allem Kindern und alten Menschen geholfen werden, die Schwierigkeiten beim Essen haben.*		
Gruppenarbeit	Schritt 3: Austausch Die Lernpartner lesen die Beschreibung ihrer Idee einer anderen Lerngruppe vor. Die anderen Lernpartner überlegen sich eine Frage zu der Erfindung, die die „Erfinder" beantworten müssen. Im Anschluss lesen die anderen Lernpartner die Beschreibung ihrer Erfindung vor.		
Plenum	**VERTIEFUNG:** Veranstalten Sie mit Ihrem Kurs einen Erfinder-Wettbewerb wie in der Einheit LESEN 1 beschrieben. Die Lernpartner präsentieren reihum ihre Idee und haben dazu fünf Minuten Zeit. Die anderen hören zu und stellen ggf. Fragen. Anschließend spielen die TN Investoren. Jede Zweiergruppe erhält einen fiktiven Betrag von 100.000,- Euro (wenn vorhanden, bringen Sie Spielgeld mit in den Unterricht), das Geld wird in andere Erfindungen investiert (sie dürfen dabei nicht in ihre eigene Idee investieren). Machen Sie den TN deutlich, dass nicht nur die originellste Idee prämiert werden sollte, sondern dass auch die Überlegung im Vordergrund steht, ob sich die Investition auch rechnet. *Bei welcher Idee bestünde die Chance, dass damit Geld verdient werden könnte?* Bereiten Sie eine Tabelle vor und notieren Sie die Investitionen. *In welche Erfindung wird am meisten investiert? Könnte man mit dem Investitionsbetrag die Idee weiterentwickeln und vorantreiben?*	Spielgeld	
Einzelarbeit	**AB 189/Ü9** Grammatikübung zu den grammatischen Strukturen aus dieser Einheit; auch als Hausaufgabe geeignet.		

Ich kann jetzt ...

SOZIALFORM	ABLAUF	MATERIAL	ZEIT
Einzelarbeit	Die TN markieren, was auf sie zutrifft.		
Einzelarbeit Partnerarbeit	**VERTIEFUNG:** Schreiben Sie bekannte Erfindungen aus dem Alltag (Spülmaschine, Navigationsgerät, Eierkocher, Fön) auf Post-Its. Die TN heften sich die Erfindungen an die Stirn, ohne vorher den Begriff gelesen zu haben. Danach gehen die TN durch den Raum, suchen sich eine/einen Lernpartner/in und stellen sich gegenseitig jeweils eine Ja-/Nein-Frage dazu, wer bzw. was sie sind etc. Dabei gebrauchen sie eine Grammatikstruktur aus der Einheit, zum Beispiel *Bin ich essbar? Werde ich mit Strom betrieben?* etc. Danach wechseln die Lernpartner. Wer sein Wort erraten hat, nimmt sein Post-It von der Stirn und gibt nur noch Antworten, so lange, bis alle Begriffe erraten wurden („**Was bin ich?**", Glossar → S. 164).	Post-Its, Tesa	

HÖREN

1 Wohin strebt die Wissenschaft?

SOZIALFORM	ABLAUF	MATERIAL	ZEIT
Plenum	a) Die TN sehen die Fotos an und diskutieren im Plenum, was die Fotos thematisch miteinander zu tun haben könnten. *Lösungsvorschlag:* *Auf den Fotos geht es um das Streben der Wissenschaft nach immer neuen Erfindungen: Auf dem ersten Foto geht es vermutlich um eine Innovation in der Hühnerzucht, auf dem zweiten um neue Obstsorten, auf dem dritten um roboterhafte Wesen.*		
Gruppenarbeit Plenum	b) Die TN arbeiten zu dritt, diskutieren, welche Aspekte und Fragestellungen eine Reportage zum Thema „Ethische Grenzen der Wissenschaft" beinhalten könnte und notieren sich Stichpunkte zu ihren Fragen. Vergleichen Sie die Ergebnisse im Plenum. *Lösungsvorschlag:* *Wer bestimmt die ethischen Grenzen für die Wissenschaft? Wie kann verhindert werden, dass neue Erfindungen in die falschen Hände geraten (zum Beispiel neuartige Flugobjekte, die vom Militär als ferngesteuerte Waffen eingesetzt werden)? Dürfen Wissenschaftler „Gott spielen" und in die Evolution eingreifen?*		

2 Was ist gute Wissenschaft?

SOZIALFORM	ABLAUF	MATERIAL	ZEIT
Einzelarbeit Plenum	a) Die TN hören den Ausschnitt aus einem Interview zum Thema „Was ist gute Wissenschaft? – Ein Hearing über ethische Grenzen biotechnologischer Forschung" in Abschnitten und notieren sich Stichpunkte zu den Fragen. Kontrolle im Plenum. **TIPP:** Da der Wortschatz für dieses Hörverstehen sehr komplex ist und viele wissenschaftliche Begriffe auftauchen, geben Sie den TN ausreichend Zeit, sich die Fragen genau durchzulesen und Schlüsselwörter zu markieren. Helfen Sie bei Verständnisschwierigkeiten. Hören Sie die Abschnitte mindestens zweimal und kopieren Sie das Transkript zur Kontrolle (**Transkriptionen der Hörtexte im Kursbuch → S. 174**). *Lösung:* *Abschnitt 1:* *1 die Politik.* *2 Er ist dagegen.* *3 Erkenntnisfragen sollten keine Grenzen gesetzt werden; trotzdem müssen gesellschaftliche Standards berücksichtigt werden, wenn es um die biologische Forschung, um Lebewesen und um Eingriffe in die Natur geht.* *4 Mensch und Umwelt* *Abschnitt 2:* *1 die sich die Forschung setzen muss.* *2 Das Tier darf keine Eigenschaften erhalten, die es bisher so nicht hatte oder die bisher im Kontext dieses Tieres in der Natur nicht vorkommen.* *3 Schäden im Grundwasser und ähnliche Dinge* *Abschnitt 3:* *1 Die Forschungen in der Informatik, wo auf technischer Ebene an der Nachbildung des menschlichen Geistes gearbeitet wird.* *2 Roboter, die Spülmaschinen einräumen und Gläser füllen.* *3 Sie sollten nur eine Dienstfunktion haben und voll unter der Kontrolle des Menschen stehen.*	Transkript CD 2/20 CD 2/21 CD 2/22	

	TIPP: Machen Sie den TN deutlich, dass Herr Catenhusen Mitglied des Deutschen Ethikrates ist. Der Deutsche Ethikrat ist eine unabhängige Vereinigung von Wissenschaftlern aus verschiedenen Fachgebieten, die ethische, gesellschaftliche, naturwissenschaftliche, medizinische und rechtliche Fragen und die Folgen für Individuum und Gesellschaft diskutieren. Sie beraten die Bunderegierung und erstatten ihr jährlich Bericht.		
Gruppenarbeit Plenum	b) Die TN arbeiten in ihren Dreiergruppen (aus Aufgabe 1b) und vergleichen, welche ihrer Fragen auch im Interview angesprochen wurden. **VERTIEFUNG:** Bei Fragen, die nicht im Interview angesprochen wurden, recherchieren die TN selbstständig im Internet und präsentieren danach im Plenum das Ergebnis ihrer Recherche.		
Einzelarbeit Plenum	c) Die TN sammeln Argumente, die eine Gegenposition zu den Argumenten von Herrn Catenhusen einnehmen. Vergleichen Sie die Ergebnisse im Plenum. *Lösungsvorschlag:* – *Die Freiheit der Forschung muss ein Grundrecht bleiben, sonst gibt es keine Innovation mehr. Nur in der Forschung kann man austesten, was alles möglich ist. Und irgendwo muss es einen Ort geben, wo man das tun kann. In der Forschung gibt es zumindest ein kontrolliertes Austesten!* – *Nur, indem die Wissenschaft in die Evolution eingreift, zum Beispiel durch Gentechnik, können Volkskrankheiten wie Krebs oder Herz-Kreislaufkrankheiten besiegt werden.* – *Computer und Maschinen haben schon längst unser Leben übernommen und kontrollieren uns.*		
Einzelarbeit	**AB 189/Ü10** Wortschatzübung zum Thema „Forschung"; auch als Hausaufgabe geeignet.		
Einzelarbeit	**AB 190/Ü11** Wortschatzübung zum Thema „Risiken und Grenzen der Wissenschaft"; diese Übung kann auch gut als Vorentlastung zum Hörverstehen eingesetzt werden. Sie ist auch als Hausaufgabe geeignet.		

Ich kann jetzt …

SOZIALFORM	ABLAUF	MATERIAL	ZEIT
Einzelarbeit	Die TN markieren, was auf sie zutrifft.		
Plenum	**VERTIEFUNG:** Veranstalten Sie mit Ihrem Kurs eine Pro- und Kontradiskussion zu der Fragestellung: „Müssen der Wissenschaft Grenzen gesetzt werden?" Teilen Sie Ihre Lerngruppe durch Abzählen (A-B) in zwei Gruppen auf. Geben Sie ihnen 5 Minuten Vorbereitungszeit, in der sie sich Notizen machen und an die Argumente aus dem Interview oder ihre Gegenargumente aus Aufgabe 2c erinnern. Danach startet die Diskussion, zwei TN fungieren als Moderatoren und Schiedsrichter. Jeder TN erhält für die Diskussion drei Redekarten (*grün:* zwei Minuten, *rot:* eine Minute, *blau:* 30 Sekunden) und kann seine Redezeit während der Diskussion einsetzen. Die Schiedsrichter behalten die Zeit im Blick und unterbrechen die/den Redner/in durch ein dezentes Signal, falls sie/er die Redezeit überschritten haben sollte („Redekarten", Glossar → S. 162).	rote, blaue, grüne Kärtchen	

SPRECHEN

1 Forschung und Gesellschaft

SOZIALFORM	ABLAUF	MATERIAL	ZEIT
Einzelarbeit Plenum	a) Die TN ordnen die Begriffe den passenden Definitionen zu. Vergleichen Sie die Ergebnisse im Plenum. *Lösung:* *1 C; 2 A; 3 D; 4 E; 5 B*		
Einzelarbeit Plenum Partnerarbeit	b) Die TN lesen die Meldungen aus der deutschsprachigen Presse sowie einige Reaktionen aus dem Diskussionsforum und unterstreichen die Schlüsselwörter. Vergleichen Sie die Ergebnisse im Plenum. *Lösungsvorschlag:* *Meldung A:* *genetisch drei Elternteile / umstrittene genetische Methode / Erbsubstanz / anderen weiblichen Zelle ersetzt* *Meldung B:* *Tiefgefrorene Eizellen / späteren, passenderen Zeitpunkt befruchtet / hohe Kosten für diese Prozedur / Karriere* *Kommentar 1:* *unbegrenzten Möglichkeiten / zwei echte Mütter* *Kommentar 2:* *schaudert mich bei dem Gedanken / von meinem Betrieb abhängig* *Kommentar 3:* *der Natur ins Handwerk pfuschen / noch nicht möglich* *Kommentar 4* *früher: Frauen, die an einer Krankheit leiden / heute: Lifestyle / angebracht* **TIPP:** Machen Sie den TN deutlich, dass es sich beim Markieren von Schlüsselwörtern um eine Lesestrategie handelt. („**Lesestrategien**", Strategie-Überblick → S. 165) **VERTIEFUNG:** Die TN arbeiten zu zweit. Jeder schreibt seine Schlüsselwörter auf ein Papier, die untereinander ausgetauscht werden. Die TN schließen das Buch und verfassen mithilfe der Schlüsselwörter ihrer/ihres Lernpartnerin/Lernpartners eine kurze Zusammenfassung der beiden Pressemeldungen und der vier Kommentare.		
Einzelarbeit Plenum	c) Die TN ergänzen im Raster, zu welcher Meldung (A oder B) der Kommentar jeweils passt und ob sie die Errungenschaften als positiv oder negativ einstufen. Vergleichen Sie die Ergebnisse im Plenum. *Lösung:* <table><tr><td>Kommentar 1</td><td></td><td>Kommentar 2</td><td></td><td>Kommentar 3</td><td></td><td>Kommentar 4</td><td></td></tr><tr><td>A</td><td>+</td><td>B</td><td>–</td><td>A</td><td>–</td><td>B</td><td>+</td></tr></table>		
Einzelarbeit	**AB 190/Ü12** Wortschatzübung zum Leseverstehen; auch als Hausaufgabe geeignet.		
Einzelarbeit	**AB 191/Ü13** Kommunikationsübung, in der noch einmal auf die Kommentare aus dem Diskussionsforum eingegangen wird; auch als Hausaufgabe geeignet.		

2 Ihre Ansichten

SOZIALFORM	ABLAUF	MATERIAL	ZEIT
Partnerarbeit	a) Die TN arbeiten zu zweit mit einer/einem Lernpartnerin/ Lernpartner, die/der sich für die gleiche Meldung interessiert und bereiten zusammen einen zweiminütigen Vortrag/Kommentar zu dem Gelesenen vor. Sie machen sich zu den genannten drei Inhaltspunkten Notizen. **TIPP:** Weisen Sie die TN auch auf den Lerntipp „Eine Pressemeldung kommentieren" zur Aufgabe hin, in dem die TN Tipps erhalten, wie sie ihren Vortrag am besten vorbereiten und strukturieren.		
Einzelarbeit Partnerarbeit	**VERTIEFUNG:** Die Lernpartner bekommen ein Plakat, auf das sie zwei große Kreise zeichnen, die in der Mitte eine Schnittmenge bilden. Jeder macht sich zunächst alleine Notizen, anschließend vergleichen die Lernpartner ihre Ergebnisse und schreiben die wichtigsten gemeinsamen Punkte in die Schnittmenge. Die Punkte, die jeder für sich für relevant hält, werden in jeweils einen der Kreise geschrieben („**Schnittmenge**", Glossar → S. 163). Die Plakate werden dann im Kursraum aufgehängt.	Plakate	
Einzelarbeit	b) Die TN arbeiten den Kommentar schriftlich aus und verwenden dabei so viele der angegebenen Redemittel wie möglich. *Lösungsvorschlag:* *In dem Artikel „'Social Freezing' macht Kinderkriegen noch planbarer" ist die Rede davon, dass Frauen ihre Eizellen einfrieren können, um ihr Leben planbarer zu machen. Er gibt außerdem Auskunft darüber, dass Unternehmen wie Apple und Facebook ihren Mitarbeitern anbieten, die Kosten für dieses Verfahren zu übernehmen. Meines Erachtens spricht dies für den Wunsch, sich über die biologischen Grenzen des Menschen hinwegzusetzen – dies halte ich für äußerst gefährlich. Die erwähnten Firmen könnten ihre weiblichen Mitarbeiter unterstützen, indem sie eine gute Kinderbetreuung anbieten.*		
Partnerarbeit	c) Die TN wählen eine/n neue/n Lernpartner/in, die/der nicht denselben Artikel gewählt hat. Gegenseitig präsentieren sich die TN ihre Kommentare, verwenden ihren Text nur als Gedächtnisstütze und lesen nicht ab. Anschließend geben sie sich gegenseitig ein Feedback mithilfe der Redemittel „eine Rückmeldung / ein Feedback geben". **TIPP/VERTIEFUNG:** Machen Sie den TN deutlich, dass sie bei der anschließenden Feedbackrunde zunächst mindestens drei positive Aspekte des Vortrags ihrer Lernpartnerin / ihres Lernpartners hervorheben, bevor sie Kritik äußern. Kritik, die nur die negativen Punkte aufgreift, kann sehr schnell demotivierend wirken.		
Einzelarbeit	`AB 191/Ü14` Kommunikationsübung, in der die neuen Redemittel trainiert werden; auch als Hausaufgabe geeignet.		
Einzelarbeit	`AB 192/Ü15` Leseverstehen zum Hörbuchtipp über den Roman „Herr aller Dinge" von Andreas Eschbach; auch als Hausaufgabe geeignet.		

Ich kann jetzt …

SOZIALFORM	ABLAUF	MATERIAL	ZEIT
Einzelarbeit	Die TN markieren, was auf sie zutrifft.		
Gruppenarbeit	**VERTIEFUNG:** Die TN trainieren die neu erlernten Redemittel, indem sie weitere Pressemeldungen über neue Alltags-Erfindungen kommentieren (**Kopiervorlage Lektion 12/1 → S. 146**). Dabei arbeiten die TN zu dritt. TN 1 liest sich eine der Meldungen durch, beschreibt sie TN 2, die/der dazu eine Skizze anfertigt, mithilfe der Redemittel aus Aufgabe 2b. TN 3, die/der währenddessen den Kursraum verlassen hat, versucht, anhand der Skizze zu erraten, um welche Erfindung es sich handelt. Anschließend diskutieren die TN zu dritt, ob die Erfindung nützlich ist und sich gut verkaufen würde. Reihum wechseln die Rollen, sodass jede/r TN mindestens einmal beschreibt, malt oder rät („Maldiktat", Glossar → S. 161). **VARIATION:** Die TN entwerfen selbst Pressemeldungen zu einer eigenen Erfindung und können dabei auf ihre Ideen aus der Einheit SCHREIBEN zurückgreifen.	Kopiervorlage Lektion 12/1	

LESEN 2

1 Neue Freunde

SOZIALFORM	ABLAUF	MATERIAL	ZEIT
Plenum	Die TN diskutieren im Plenum, was die beiden abgebildeten Figuren voneinander unterscheidet, worin sie sich eventuell ähnlich sind, und ob sie sich vorstellen können, mit einem der beiden „befreundet" zu sein. *Lösungsvorschlag: Die beiden Figuren unterscheiden sich dadurch, dass es sich bei der ersten Figur um einen dem Menschen nachempfundenen Roboter handelt, einem sogenannten Humanoiden. Die zweite Figur ist ein Roboter, wie man ihn aus Filmen etc. kennt. Generell kann man sich vermutlich nur schwer vorstellen, mit einem „Roboter" befreundet zu sein.*		

2 Roboter – Mensch

SOZIALFORM	ABLAUF	MATERIAL	ZEIT
Plenum	a) Die TN diskutieren im Plenum, was der Titel der Reportage „Hey, lass uns mal quatschen!" hinsichtlich der Beziehung Roboter – Mensch suggeriert. *Lösungsvorschlag: Vermutlich geht es in der Reportage um den Unterschied zwischen Mensch und Roboter, und darum, dass dieser Unterschied durch neue Erfindungen immer fließender wird.*		

Einzelarbeit Plenum	b) Die TN lesen die Reportage, vergleichen die Aussagen mit den Informationen im Text und markieren „richtig", „falsch" und „keine Information". Vergleichen Sie die Ergebnisse im Plenum. *Lösung:* *1 r; 2 keine Information im Text; 3 r; 4 f; 5 keine Information im Text; 6 r; 7 r; 8 keine Information im Text; 9 r* **VERTIEFUNG:** Diskutieren Sie mit den TN im Plenum, welche Strategien Sie bei einer solchen typischen Multiple-Choice-Aufgabe, die immer wieder beim Leseverstehen in den gängigen Standard-Prüfungen (Test-DaF, Goethe-Standardprüfungen, telc-Standardprüfungen) auftaucht, anwenden. Gehen Sie vor allem auf den Unterschied zwischen „keine Information im Text" (könnte korrekt sein oder auch nicht, steht auf jeden Fall nicht explizit im Text) und „falsch" (steht im Text und ist nicht korrekt) ein. *Lösungsvorschlag:* *Mögliche Vorgehensweise:* *– Text vollständig lesen* *– Items (= Aussagen zum Text) vollständig lesen* *– Schlüsselwörter in den Items markieren* *– Synonyme (Antonyme) und Umschreibungen der Schlüsselwörter im Text suchen* *– Nummer der Items neben dem Text notieren* *– gleiche/ungleiche Informationen = richtig/falsch* *– gar keine Information = keine Information im Text* **TIPP:** Machen Sie die TN darauf aufmerksam, dass es „die eine korrekte Lesestrategie" nicht gibt. Die TN sollten vielmehr durch Ausprobieren verschiedener Strategien jene Strategie finden, die am besten zu ihnen passt („**Lesestrategien**", Strategie-Überblick → S. 165).		
Plenum	c) Die TN diskutieren im Plenum und begründen, welche Fähigkeiten und Fertigkeiten von Robotern sie positiv finden oder welche sie eher kritisch sehen. *Lösungsvorschlag:* *Positiv finde ich, wenn Roboter in der Therapie bei autistischen Kindern oder als emotionale Helfer bei Weltraummissionen zum Einsatz kommen. Hier sehe ich einen ganz konkreten Nutzen/Vorteil von Robotern. Negativ finde ich, wenn Roboter zwischenmenschliche Beziehungen im Alltag ersetzen sollen, dies führt zu einer fortschreitenden Vereinzelung und Vereinsamung der Gesellschaft.* **TIPP:** Motivieren Sie die TN, während der Diskussion so viele Redemittel wie möglich zu gebrauchen, die sie schon aus der Einheit SPRECHEN kennen.		
Einzelarbeit	**AB 193/Ü16** Hörverstehen zum Thema „Roboter"; auch als Hausaufgabe geeignet.	AB-CD/32 *AB-CD/65*	
Einzelarbeit	**AB 193/Ü17** Wortschatzübung, die sich gut als Vorentlastung für das Leseverstehen „Roboter – Mensch" eignet; auch als Hausaufgabe geeignet.		

12

3 Partizipialsätze

SOZIALFORM	ABLAUF	MATERIAL	ZEIT
Einzelarbeit Plenum	a) Die TN lesen den Partizipialsatz und die Varianten und bestimmen, worin sich diese unterscheiden. Vergleichen Sie die Ergebnisse im Plenum. *Lösung:* *Bei den beiden Varianten des Partizipialsatzes handelt es sich um Nebensätze, nämlich einen Relativsatz (1) und einen Adverbialsatz (2). Der Partizipialsatz ist kürzer und kommt ohne eigenes Subjekt aus.*		
Einzelarbeit Plenum	b) Die TN bilden mit den unterstrichenen Satzteilen einen Nebensatz. Vergleichen Sie die Ergebnisse im Plenum. *Lösung:* *1 „Flobi", der mit Sensoren und einem Sprachprogramm ausgerüstet ist, kann die Stimme ... erkennen.* *2 (Immer) Wenn/Während sie den munteren „Kaspar" auf den Armen tragen, bestimmen die Kleinen selbst ...*		
Plenum	**FOKUS GRAMMATIK:** Machen Sie den TN deutlich, dass Partizipialsätze verkürzte Relativ- bzw. Adverbialsätze sind, die in der Schriftsprache Knappheit und Prägnanz bewirken. Sie können mit dem Partizip I *(Den munteren Kaspar auf den Arm tragend)* oder dem Partizip II *(Astronauten, großen Herausforderungen im Weltall ausgesetzt ...)* gebildet werden. Das endungslose Partizip steht dabei gewöhnlich am Ende. Weisen Sie die TN auch auf die Grammatikübersicht im Kursbuch (→ S. 156/2) und auf die erweiterte Grammatikübersicht im Lehrwerkservice zu *Sicher!* hin.		
Einzelarbeit	AB 193/Ü18 Grammatikübung, in der Partizip I und II wiederholt werden, die den TN schon aus *Sicher! B1/B2* bekannt sein sollten; auch als Hausaufgabe geeignet.		
Einzelarbeit	AB 194/Ü19 Grammatikübung, in der die TN die neue Grammatik „Partizipialsätze" selbst entdecken; auch als Hausaufgabe geeignet.		
Einzelarbeit	AB 194/Ü20 Grammatikübung zu den Partizipialsätzen; auch als Hausaufgabe geeignet.		
Einzelarbeit	AB 195/Ü21 Grammatikübung zu den Partizipialsätzen; auch als Hausaufgabe geeignet.		

Ich kann jetzt ...

SOZIALFORM	ABLAUF	MATERIAL	ZEIT
Einzelarbeit	Die TN markieren, was auf sie zutrifft.		
Partnerarbeit	**VERTIEFUNG:** Die TN arbeiten zu zweit, schließen das Buch und erinnern sich an alle neuen Erfindungen, über die sie in dieser Lektion etwas erfahren haben. Zu jeder Erfindung schreiben sie einen Partizipialsatz, der die Erfindung beschreibt. Dabei verwenden sie abwechselnd das Partizip I und das Partizip II. Geben Sie eine bestimmte Zeit vor (10 Minuten), wer danach die meisten Partizipialsätze mit neuen Erfindungen präsentiert, hat gewonnen. *Lösungsvorschlag:* *Partizipialsatz mit Partizip I: Das „Frühchen" mit dem elektronischen Kissen „Babybe" versorgend können Ärzte nach einer Frühgeburt auch dem emotionalen Bedürfnis des Babys nachkommen.* *Partizipialsatz mit Partizip II: Mäuse, am Flughafen eingesetzt, können Rauschgift und Sprengstoff wittern.*	Stoppuhr	

WORTSCHATZ

1 Experimente

SOZIALFORM	ABLAUF	MATERIAL	ZEIT
Einzelarbeit Plenum	a) Die TN ordnen die beschriebenen Tätigkeiten den Bildern zu. Vergleichen Sie die Ergebnisse im Plenum. *Lösung:* *A Der Professor unterstellt dem Studierenden, abgeschrieben zu haben.* *B Man möchte eine Schwierigkeit umgehen.* *C Die Flüssigkeit im Reagenzglas läuft über.* *D Die Uni ist überlaufen.* *E Ein Wissenschaftler geht mit gefährlichen Substanzen um.* *F Die Studentin schaut durch ein Mikroskop durch.* *G Der Biologe durchschaut das Experiment.* *H Bei Regen stellen wir uns am Vorplatz unter.*		
Einzelarbeit Plenum	b) Die TN markieren die Vorsilben der Verben in **a**, ergänzen sie in der Tabelle und ergänzen auch die Überschriften der Tabelle. Vergleichen Sie die Ergebnisse im Plenum. *Lösung:* | *Vorsilbe*	*untrennbar*	*trennbar*
---	---	---
unter-	*Der Professor unterstellt dem Studierenden, abgeschrieben zu haben.*	*Bei Regen stellen wir uns am Vorplatz unter.*
um-	*Man möchte eine Schwierigkeit umgehen.*	*Ein Wissenschaftler geht mit gefährlichen Substanzen um.*
über-	*Die Uni ist überlaufen.*	*Die Flüssigkeit im Reagenzglas läuft über.*
durch-	*Der Biologe durchschaut das Experiment.*	*Die Studentin schaut durch ein Reagenzglas durch.*			

2 Wortbildung: Vorsilben *durch-*, *über-*, *um-* und *unter-*

SOZIALFORM	ABLAUF	MATERIAL	ZEIT
Einzelarbeit Plenum	a) Die TN ergänzen die Tabelle aus Aufgabe 1b mit den Verben *schreiben, fahren, gehen* und *streichen*. Vergleichen Sie die Ergebnisse im Plenum. *Lösung:* | *Vorsilbe*	*untrennbar*	*trennbar*
---	---	---
unter-	*unterschreiben, unterstreichen*	*untergehen*
um-	*umschreiben, umfahren*	*umschreiben, umgehen*
über-	*überschreiben, überfahren, überstreichen*	
durch-	*durchfahren*	*durchschreiben, durchstreichen*			

Einzelarbeit Plenum	**VERTIEFUNG:** Die TN finden Beispielsätze zu den Verben und ergänzen die Tabelle. Vergleichen Sie die Ergebnisse im Plenum. *Lösungsvorschlag:*

Vorsilbe	untrennbar	trennbar
unter-	*unterschreiben:* „Ich unter- schreibe den Vertrag." *unterstreichen:* „Im Text unterstreiche ich die wich- tigsten Wörter."	*untergehen:* „Im Jahr 1912 ging die Titanic unter."
um-	*umschreiben:* „Neue Wör- ter umschreibt man mit Synonymen." *umfahren:* „Die Innenstadt würde ich wegen des dichten Verkehrs lieber umfahren."	*umschreiben:* „Der Text gefällt mir nicht, ich schreibe ihn noch einmal um." *umgehen:* „Es geht ein Ge- rücht um."
über-	*überschreiben:* „Ich über- schreibe ihm mein Erbe." *überfahren:* „Gerade in der Dunkelheit sollte man aufpassen, dass man keine Tiere überfährt." *überstreichen:* „Die neue Wandfarbe gefällt mir nicht, ich werde sie noch einmal überstreichen."	
durch-	*durchfahren:* „Auf der Busreise durchfahren wir mehrere Länder."	*durchschreiben:* „Da ich den Text morgen abgeben muss, schreibe ich die ganze Nacht durch." *durchstreichen:* „Bitte strei- chen Sie die fehlerhaften Wörter durch."

Einzelarbeit Plenum	b) Die TN unterstreichen in der Tabelle, wie sich die Betonung der Verben mit trennbaren oder untrennbaren Verben unterscheidet, und wann die Vorsilbe eher eine konkrete oder eher eine abstrakte Bedeutung hat. Vergleichen Sie die Ergebnisse im Plenum. *Lösung:*

Vorsilbe	untrennbar	trennbar
unter-	*Der Professor unterstellt dem Studierenden, abge- schrieben zu haben.*	*Bei Regen stellen wir uns am Vorplatz unter.*
um-	*Man möchte eine Schwie- rigkeit umgehen.*	*Ein Wissenschaftler geht mit gefährlichen Substanzen um.*
über-	*Die Uni ist überlaufen.*	*Die Flüssigkeit im Reagenz- glas läuft über.*
durch-	*Der Biologe durchschaut das Experiment.*	*Die Studentin schaut durch ein Reagenzglas durch.*

Bei trennbaren Verben wird die Vorsilbe betont, bei nicht trennbaren Verben bleibt sie unbetont.
Beispiel trennbar → Ich stelle mich bei Regen unter.
Beispiel untrennbar → Ich unterstelle einen Fehler.
Trennbare Verben haben eher eine konkrete, untrennbare Verben eher eine abstrakte Bedeutung.

Plenum	**FOKUS GRAMMATIK:** Weisen Sie die TN auch auf die Grammatik- übersicht im Kursbuch (→ S. 156/3) und auf die erweiterte Gram- matikübersicht im Lehrwerkservice zu *Sicher!* hin.

SOZIALFORM	ABLAUF	MATERIAL	ZEIT
Einzelarbeit Plenum	c) Die TN bilden die Sätze im Perfekt. Vergleichen Sie die Ergebnisse im Plenum. *Lösung:* *1 Er hat einen Pullover übergezogen. / Er hat sein Konto überzogen.* *2 Er hat ein Straßenschild aus Versehen umgefahren. / Er hat die Baustelle umfahren.* *3 Er hat bei Reparaturarbeiten eine Decke untergelegt. / Er hat ein Bild mit einer Grundfarbe unterlegt.* **TIPP:** Machen Sie den TN deutlich, dass bei der Perfekt-Bildung bei trennbaren Verben im Partizip II das -ge- eingeschoben wird (unter-*ge*legt), bei untrennbaren Verben fällt es ganz weg (unterlegt). **VERTIEFUNG:** Die TN markieren in den Sätzen aus c die Betonung in den trennbaren oder untrennbaren Verben. Vergleichen Sie die Ergebnisse im Plenum. *Lösung:* *1 Er hat einen Pullover <u>über</u>gezogen. / Er hat sein Konto über<u>zogen</u>.* *2 Er hat ein Straßenschild aus Versehen <u>um</u>gefahren. / Er hat die Baustelle um<u>fahren</u>.* *3 Er hat bei Reparaturarbeiten eine Decke <u>unter</u>gelegt. / Er hat ein Bild mit einer Grundfarbe unter<u>legt</u>.*		
Einzelarbeit	AB 195/Ü22 Grammatikübung zu den Vorsilben *durch-, über-, um-* und *unter-*, in der die TN die neue Grammatik selbst entdecken; auch als Hausaufgabe geeignet.		
Einzelarbeit	AB 196–197/Ü23 Grammatikübung zu den Vorsilben *durch-, über-, um-* und *unter-*; auch als Hausaufgabe geeignet.		

Ich kann jetzt …

SOZIALFORM	ABLAUF	MATERIAL	ZEIT
Einzelarbeit	Die TN markieren, was auf sie zutrifft.		

SEHEN UND HÖREN

1 Bedienungsanleitungen verstehen

SOZIALFORM	ABLAUF	MATERIAL	ZEIT
Gruppenarbeit Plenum	a) Die TN diskutieren in Dreiergruppen, wann sie zuletzt Bedienungsanleitungen gelesen haben und wofür. Vergleichen Sie die Ergebnisse im Plenum.		
Gruppenarbeit Plenum	b) Die TN diskutieren in ihren Dreiergruppen, ob sie gut mit den Bedienungsanleitungen zurechtgekommen sind oder nicht. Vergleichen Sie die Ergebnisse im Plenum. **VERTIEFUNG:** Bringen Sie deutsche Bedienungsanleitungen mit in den Unterricht (als Original oder Computerausdruck – diverse Elektronikfirmen bieten eine Vielzahl von Bedienungsanleitungen ihrer Produkte als Gratis-Download im Internet an). Die TN diskutieren in ihren Dreiergruppen, wie diese Anleitungen geschrieben sind, wie sie den Stil beschreiben würden und welche grammatikalischen Formen immer wieder auftauchen. Vergleichen Sie die Ergebnisse im Plenum. *Lösungsvorschlag:* *Bedienungsanleitungen sind nüchtern und sachlich und unpersönlich gehalten, der Nominalstil herrscht vor. Oft sind sie im Passiv, mit vielen Partizipien und im Imperativ verfasst.*	deutsche Bedienungsanleitungen	

Einzelarbeit	**AB 197/Ü24** Schreibübung, bei der es um eine skurrile Gebrauchs-anweisung geht; auch als Hausaufgabe geeignet.		

2 Die Produktion eines technischen Redakteurs

SOZIALFORM	ABLAUF	MATERIAL	ZEIT
Gruppenarbeit Plenum	Die TN sehen den Film in Abschnitten und bearbeiten die Aufgaben. Vergleichen Sie die Ergebnisse im Plenum. *Lösung:* *Abschnitt 1:* *Vermutlich geht es in dem Film um Bedienungsanleitungen: Wir sehen die Bedienungsanleitung für einen Swimming-Pool, gleichzeitig schraubt jemand einen Grill zusammen, der nach vollendeter Montage zusammen-bricht.*	DVD 2/23	
	Abschnitt 2: *1 Masterstudiengang: Technische Redaktion und multimediale Dokumen-tation.* *2 Man fertigt hochwertige, technische Dokumentationen an.* *3 Die Wortwahl erinnert an den Bereich Industrie, die Studenten werden beschrieben wie Maschinen und Werkzeuge, die industriell hergestellt werden.*	DVD 2/24	
	Abschnitt 3: *1 Der Student wird wie ein Industrieprodukt auf einem Fließband darge-stellt, das bearbeitet wird.* *2 Der Student muss seine Muttersprache gut beherrschen können, er muss fähig sein, kurze, prägnante Sätze zu schreiben, die ein Übersetzer später leicht in eine andere Sprache übertragen kann.*	DVD 2/25	
	Abschnitt 4: *1 das Beherrschen von Programmen zur visuellen Bearbeitung einer Anleitung* *2 die Vorteile einer guten grafischen Darstellung* *4 die künftige Gestaltung von Bedienungsanleitungen* *6 der Ausbau anderer Medien* *7 die Notwendigkeit, als technischer Redakteur relevante, gesetzliche Normen zu kennen*	DVD 2/26	
	Abschnitt 5: *1 Es werden verschiedene Möglichkeiten angepriesen, mit einem Mas-terabschluss im Berufsleben fußzufassen: in redaktionellen Berufen bei Fachzeitschriften, im Bereich Marketing oder als klassischer, technischer Redakteur.* *2 Der Film wurde wahrscheinlich als Werbevideo für potentielle Studi-enanfänger gemacht. Die Filmästhetik ist jung, modern und erinnert an einen Werbespot.*	DVD 2/27	

3 Neue Berufe

SOZIALFORM	ABLAUF	MATERIAL	ZEIT
Einzelarbeit Plenum	Die TN recherchieren im Internet, welche weiteren Berufe im Bereich Online-Marketing, Bionik und Mechatronik neu entstanden sind und beschreiben das Berufsbild in Bezug auf Tätigkeitsbereich, Anforderungen, Voraussetzungen und Einsatzmöglichkeiten. Vergleichen Sie die Ergebnisse im Plenum. *Lösungsvorschlag:* <u>Online-Marketing</u> → „Social Media Manager" (betreibt Marketing für Produkte in den neuen sozialen Netzwerken) <u>Bionik</u> → „Bionik Ingenieur" (greift bei neuen industriellen Erfindungen auf „Baupläne" zurück, die in der Natur vorkommen) <u>Mechatronik</u> → „Produktionstechnologe" (ist kein reiner Mechaniker mehr, sondern mehr im Pilotbereich für Serienproduktionslinien und im Applikationsbereich der Produzierenden Industrie tätig)		

Ich kann jetzt …

SOZIALFORM	ABLAUF	MATERIAL	ZEIT
Einzelarbeit	Die TN markieren, was auf sie zutrifft.		
Gruppenarbeit Plenum	**VERTIEFUNG:** Die TN arbeiten in Dreiergruppen, blättern noch einmal durch die Einheiten dieser Lektion und fertigen auf einem Plakat eine kurze Bedienungsanleitung (maximal zehn Sätze) zu einer Erfindung an, die sie in der Lektion kennengelernt haben. Dabei versuchen Sie den Stil von einer typisch deutschen Gebrauchsanweisung nachzuahmen recherchieren dazu im Internet oder greifen auf die Gebrauchsanweisungen zurück, die sie in 1 (Vertiefung) gelesen haben. Den Text verdeutlichen sie mit Schaubildern. Anschließend präsentieren die Kleingruppen ihre Plakate im Plenum, die anderen TN raten, um welche Erfindung es sich handelt.	Plakate, deutsche Bedienungsanleitungen	

AUSSPRACHE: Kontrastakzentuierung (Arbeitsbuch → S. AB 198)

1 Widersprechen

SOZIALFORM	ABLAUF	MATERIAL	ZEIT
Einzelarbeit Plenum	a) Die TN lesen die Aussagen 1–4 und vergleichen sie inhaltlich mit dem Kurzbericht „Lernfähige Mäuse am Flughafen" im Kursbuch (S. 148, 1a). Sie korrigieren die Fehler in den Aussagen und schreiben die berichtigten Aussagen auf. Vergleichen Sie die Ergebnisse im Plenum. *Lösung:* *1 Nein, Mäuse haben einen <u>ausgezeichneten</u> Geruchssinn.* *2 Nein, ihre Lernfähigkeit macht Mäuse zu potenziellen Detektiven <u>am Flughafen</u>.* *3 Nein, für den effektiven Einsatz der Mäuse wurde <u>eine spezielle Vorrichtung</u> entwickelt.* *4 Nein, für die <u>Reisenden</u> ist das Verfahren weniger einschüchternd als schnüffelnde Spürhunde.*		

133

Partnerarbeit	b) Die TN arbeiten zu zweit. Sie tragen einander die falschen und korrigierten Aussagen vor. Dabei achten sie darauf, die korrigierten Teile (s.o., die unterstrichenen Wörter) durch einen Kontrastakzent hervorzuheben.		
Plenum	c) Die TN hören die Aussagen und vergleichen ihre Betonung mit der eigenen Produktion der Aussagen.	AB-CD/33 *AB-CD/66*	

2 Trennbare und untrennbare Verben

SOZIALFORM	ABLAUF	MATERIAL	ZEIT
Einzelarbeit Plenum	a) Die TN lesen die Verben und ihre unterschiedlichen Bedeutungen und formulieren zu jeder Bedeutung mithilfe der vorgegebenen Satzbestandteile einen Satz im Perfekt. Vergleichen Sie die Ergebnisse im Plenum. **TIPP:** Beziehen Sie die Ergebnisse aus dem Arbeitsbuch, Übung 23, mit ein und weisen Sie auf die unterschiedliche Bildung der Partizipien bei trennbaren und untrennbaren Verben hin. *Lösung:* *1a Ich habe ihn mit meinen Blicken durchbohrt.* *1b Ich habe das Brett durchgebohrt.* *2a Ich habe mir eine Jacke übergeworfen.* *2b Ich habe mich mit meinem Team überworfen.* *3a Ich habe den Begriff „sozial" umschrieben.* *3b Ich habe die Geschichte umgeschrieben.*		
Plenum	b) Die TN hören jeweils eine Betonungsvariante der Verben aus a im Infinitiv. Sie markieren anhand der Betonung, welche Bedeutung jeweils gemeint ist. *Lösung:* *1a durchBOHren; 2a ÜBERwerfen; 3a umSCHREIben*	AB-CD/34 *AB-CD/67*	
Plenum	c) Die TN tragen die jeweiligen Sätze aus a laut vor.		
Plenum	d) Die TN hören die Sätze aus a auf der CD und vergleichen die Aussprache und Betonung mit ihrer eigenen.	AB-CD/35 *AB-CD/68*	

LERNWORTSCHATZ (Arbeitsbuch → S. AB 199)

SOZIALFORM	ABLAUF	MATERIAL	ZEIT
Einzelarbeit	Motivieren Sie die TN, neue Wörter, kleine Sätze oder Satzteile, die sie schwer behalten können, als Audio-Datei aufzunehmen – die meisten Computer und Handys besitzen heute eine solche Funktion. Zuerst sprechen die TN das Wort und den Beispielsatz mit Übersetzung auf Band, dann folgen noch einmal Wort und Beispielsatz ohne Übersetzung. Danach lassen sie eine Pause, dann noch einmal ein Wort und ein Beispielsatz mit Übersetzung. Beim Anhören sprechen die TN die Übersetzung selbst in die Pause und vergleichen dann, ob die Lösung richtig war.		

LEKTIONSTEST 12 (Arbeitsbuch → S. AB 200)

SOZIALFORM	ABLAUF	MATERIAL	ZEIT
Einzelarbeit	Mithilfe des Lektionstests haben die TN die Möglichkeit, ihr neues Wissen in den Bereichen Wortschatz, Grammatik und Redemittel zu überprüfen. Wenn die TN mit einzelnen Bereichen noch Schwierigkeiten haben, können sie gezielt noch einmal einzelne Module wiederholen.		

REFLEXION DER LEKTION

SOZIALFORM	ABLAUF	MATERIAL	ZEIT
Einzelarbeit Plenum	Hängen Sie Plakate mit verschiedenen Überschriften im Kursraum auf, die die TN dazu motivieren, ein freies Feedback zu der Lektion zu geben. Die Überschriften sollten möglichst offengehalten werden, zum Beispiel *Das Wichtigste, das ich in dieser Lektion gelernt habe, war … / Am Schwierigsten fand ich … / Neu für mich war … / Ich hätte gut verzichten können auf …* Die TN gehen von Plakat zu Plakat und notieren ihre Eindrücke, ohne dabei ihren Namen zu nennen. Nehmen Sie sich danach die Zeit, die Kommentare im Plenum nachzubesprechen, und planen Sie ggf. Zeit ein, um wichtige Themen noch einmal zu wiederholen.	Plakate	

REFLEXION DES LEHRWERKS

SOZIALFORM	ABLAUF	MATERIAL	ZEIT
Einzelarbeit Plenum	Die TN haben in *Sicher!* C1 gelernt, wie sie eine Präsentation durchführen können. Anhand der erlernten Redemittel wie zum Beispiel „einzelne Aspekte erläutern", „auf Wichtiges hinweisen", „über eigene Erfahrungen berichten" etc. schreiben sie über das Lehrwerk *Sicher!* C1.2 (oder beide Lehrwerkteile C1.1 und C1.2) eine Kurzpräsentation, die sich an Lernende richten soll, die das Lehrwerk noch nicht kennen.		
Gruppenarbeit	Mit der Kopiervorlage Lektion 12/2 (**Kopiervorlage Lektion 12/2 →** **S. 147**) werden anhand eines Quiz die Grammatikthemen des Lehrwerks noch einmal aufgegriffen. Die TN spielen zu dritt oder zu viert. Als Spielstein eignen sich Münzen, Radiergummi oder Stiftkappen. Die/Der TN mit der höchsten Augenzahl beginnt. Wird die Antwort richtig beantwortet, darf die/der TN auf dem Feld stehenbleiben, das sie/er gewürfelt hat. Bei falscher Antwort geht sie/er wieder zurück. Um ins Ziel zu gelangen, muss die Augenzahl genau stimmen. Die Lösungen finden Sie im Anhang an das Würfelspiel. Es bietet sich an, diese umzuknicken oder abzutrennen. Einer der TN kann dann als „Jury" fungieren.	Kopiervorlage Lektion 12/2, Münzen, Radiergummi oder Stiftkappen, Würfel	

12

SPRICHWÖRTER ZUM THEMA „GELD"

Gehen Sie zu zweit zusammen. Kennen Sie die Sprichwörter? Was bedeuten sie? Überlegen Sie sich Alltagssituationen, in denen diese Sprichwörter passen.

Zeit ist Geld.	Geld ist nicht alles, aber ohne Geld ist alles nichts.	GELD STINKT NICHT.
So geht es in der Welt, der eine hat den Beutel, der andre hat das Geld.	*Geld ist weder bös noch gut; es liegt an dem, wer's brauchen tut.*	Glück im Spiel, Pech in der Liebe.
Alles ist möglich, aber es regnet kein Geld.	Geld regiert die Welt.	*Der Geiz wächst mit dem Gelde.*

© Hueber Verlag, Sicher! C1.2, Lehrerhandbuch, Autor: Sönke Andresen, Hamburg

SPIEL: SATZPUZZLE

Gehen Sie zu dritt zusammen. Bringen Sie die erste Strophe des Raps „Wach auf!" in die richtige Reihenfolge.

✂

Ich hör mich an wie 'n Vater, doch bin so was wie 'n Berater.

Erst nur klein gedruckt und vor Gericht dann ganz groß ...

---

warum du in deinem Leben noch nie richtig was gespart hast.

Doch beachtet man die Kosten nicht, gibt's größere Schäden.

Kann es sein, dass du dich das letzte Mal gefragt hast,

Du weißt, die Werbung verspricht dir 'n schöneres Leben.

Und diese Realität fühlt sich jetzt an wie 'n Kater.

---

1 _____

2 _____

3 _____

4 _____

5 _____

6 _____

7 _____

© Hueber Verlag, Sicher! C1.2, Lehrerhandbuch, Autor: Sönke Andresen, Hamburg

SITUATIONEN ZUM THEMA „EMOTIONALE INTELLIGENZ"

Suchen Sie sich eine Situation aus und überlegen Sie sich, wie Sie „emotional intelligent" reagieren würden. Gehen Sie dann zu zweit zusammen und finden Sie eine Lösung.

✂

---

1 Sie haben Ihrem Chef versprochen, ihm bis Ende des Jahres eine Präsentation zuzu-schicken – und jetzt ist es bereits 17 Uhr am 31. Dezember. Wie reagieren Sie?

✂

---

2 Ihr Nachbar ist ein sehr netter Mensch, der Sie immer freundlich grüßt und hilft, wo er kann. Doch jeden Abend hört er bis spät nachts laut Musik und Sie können nicht einschlafen. Wie reagieren Sie?

---

3 Sie wollen sich beruflich verändern und besuchen dazu einen mehrmonatigen Spezialkurs in Personalmanagement. Obwohl Sie im Zwischentest insgeheim mit einer Eins gerechnet haben, bekommen Sie nur eine Vier. Was tun Sie?

---

4 Sie befinden sich in einem Flugzeug, plötzlich treten sehr schwere Turbulenzen auf und die Frau auf dem Nebensitz beginnt zu weinen. Was tun Sie?

---

5 Während eines Streits mit Ihrer Lernpartnerin / Ihrem Lernpartner sagen Sie Dinge, die Ihnen später leidtun. Wie gehen Sie am besten weiter vor?

---

6 Sie haben Ihrer besten Freundin / Ihrem besten Freund versprochen, sich einen Nachmittag um ihr/sein Kind zu kümmern. Nun stehen Sie auf einem belebten Spielplatz und der kleine Felix weint, weil die anderen Kinder nicht mit ihm spielen wollen. Was tun Sie?

---

7 Auf einer Party sprechen Ihre Freunde schlecht über einen weiteren Freund, der an diesem Abend nicht anwesend ist. Was tun Sie?

© Hueber Verlag, Sicher! C1.2, Lehrerhandbuch, Autor: Sönke Andresen, Hamburg

SPIEL: ASPEKTVERSCHIEBUNGEN MIT MODALVERBEN: AKTIV – PASSIV

Gehen Sie zu zweit zusammen. Sie brauchen zusätzlich zwei Würfel. Würfeln Sie zunächst mit beiden Würfeln: In der rechten Spalte finden Sie die Situationsvorgabe. Beim ersten Würfeln entscheidet die Augenzahl, für welche Situation Sie sich entscheiden müssen, zum Beispiel Augenzahl 2: *Psychologe → Patientin dazu bewegen ...* Würfeln Sie dann noch einmal mit nur einem Würfel. Bei Augenzahl **1–3** bilden Sie mithilfe der Stichworte einen Aktivsatz mit dem Modalverb *wollen*, bei Augenzahl **4–6** einen Passivsatz mit dem Modalverb *sollen*.

Augenzahl	Wer?/Absicht
2	Psychologe → Patientin dazu bewegen – mehr von sich erzählen
3	Eltern → schulische Erfolge ihrer Kinder fördern
4	Lehrer → Schüler (pl.) in die Lage versetzen – die Grammatik beherrschen
5	Autorin von psychologischen Ratgebern → Leser motivieren – über sich selbst reflektieren
6	Therapeutin → Jugendliche (pl.) sensibilisieren – auch schwache Mitschüler integrieren
7	Bruder → Schwester davon überzeugen – eine Familienaufstellung machen
8	Frauenbeauftragte → Kollegen Anregungen geben – das traditionelle Rollenverständnis überdenken
9	Werner → Lena beibringen – sich besser ausdrücken
10	Referentin → Zuhörer (pl.) in die Lage versetzen – sich in die Welt der Jugendlichen eindenken
11	Familientherapeut → Kinder davon überzeugen – keine Angst haben
12	Jakob → seinen Freunden Anregung geben – ihr Verhalten überdenken

(Augenzahl 1–3)
Aktivsatz mit *wollen*

(Augenzahl 4–6)
Passivsatz mit *sollen*

SPIEL: KONDITIONALE ZUSAMMENHÄNGE

Gehen Sie zu zweit zusammen. Bilden Sie einen Stapel mit den Satzenden (Schrift nach unten) und legen Sie die Satzanfänge sichtbar vor sich hin. Ziehen Sie ein „Satzende" und formulieren Sie frei einen Satzanfang, indem Sie einen konditionalen Konnektor verwenden. Ordnen Sie dann einen passenden Satzanfang (1–9) zu.

Satzanfang	Satzende
1 Bei hoher Schadstoffproduktion …	… würden Städte nicht zu Megastädten anwachsen.
2 Unter der Bedingung, dass durch den Klimawandel der Meeresspiegel steigt, …	… wird es keine Lösungen geben.
3 Wir dürfen nicht mehr so viel CO_2 produzieren, …	… würden Unternehmen weniger Schadstoffe produzieren.
4 Wenn die Wissenschaft die Herausforderungen der Zukunft nicht annimmt, …	… sollten wir Siedlungen nicht mehr direkt in Küstennähe bauen.
5 Im Falle einer höheren Abgassteuer für Fabriken …	… wir beschleunigen sonst den Treibhauseffekt.
6 Die Gletscher in den Alpen dürfen nicht weiter schmelzen, …	… ist jede Klimakonferenz sinnlos.
7 Durch die Anschaffung eines Elektroautos …	… andernfalls ist dort Skifahren im Sommer bald nicht mehr möglich.
8 Ohne konkrete Klimaziele der Politiker …	… verursachen wir weniger Lärm.
9 Ohne den Zuzug von immer mehr Menschen …	… kann es zu Smog kommen.

© Hueber Verlag, Sicher! C1.2, Lehrerhandbuch, Autor: Sönke Andresen, Hamburg

BEWERTUNGSBOGEN: Debatte/Diskussion

Rückmeldung für: _____

Inhalt/Aufbau

☺ _____ ☺ _____ ☹

_____

_____

_____

_____

Gesprächsverhalten

☺ _____ ☺ _____ ☹

_____

_____

_____

_____

Sprachliche Korrektheit und Angemessenheit

☺ _____ ☺ _____ ☹

_____

_____

_____

_____

Verständlichkeit/Non-Verbal

☺ _____ ☺ _____ ☹

_____

_____

_____

_____

SPIEL: VARIATION DER SATZSTELLUNG

Gehen Sie zu dritt oder zu viert zusammen. Bilden Sie so viele Satzvariationen wie möglich. Was unterscheidet die Sätze, auch von der Bedeutung her, voneinander? Vergleichen Sie die Ergebnisse im Plenum.

1　konnte　die Schriftstellerin　dieses Jahr　beenden　den Roman

2　Stil　begeistert　sind　die Leser　des Bestsellers　vom

3　im Schulunterricht　gelesen　viele Romane　nicht mehr　werden

4　belegen　Forscher　können　Lesen　dass　glücklich macht

5　vertiefen　kann　in Liebesromane　sie　sich　vor allem

6　mag　anstrengender　sein　Fernsehen　als　Lesen

7　hat　Hörbuch　den Roman　nicht　gelesen　sondern　als
　gehört　er

8　mit　nicht　der Kritiker　Autoren　sind　oft
　einverstanden　der Meinung

© Hueber Verlag, Sicher! C1.2, Lehrerhandbuch, Autor: Sönke Andresen, Hamburg

EINE BUCHPRÄSENTATION

Titel (Original/Deutsch):	„Ich bin dann mal weg"
Name der Autorin/des Autors:	Hape Kerkeling
Erscheinungsjahr:	2006
Erscheinungsort:	München
Bestseller:	Gilt mit mehr als vier Millionen verkauften Exemplaren als erfolgreichstes deutsches Sachbuch.
Teil einer Reihe/Serie:	nein
Verfilmung:	ja: Kinostart Dezember 2015; Regie: Julia von Heinz; mit Devid Striesow, Martina Gedeck und Karoline Schuch in den Hauptrollen
Genre:	Sachbuch/Reisebericht
Schauplätze:	Spanien, Jakobsweg nach Santiago de Compostela
Protagonist(en):	autobiographisch, Ich-Erzähler ist der Autor Hape Kerkeling selbst
Gegenspieler:	Kampf gegen sich selbst auf einer Pilgerreise: gegen Hunger, Müdigkeit und die eigenen Ängste
Plot:	Der bekannte deutsche Entertainer und Komiker Hape Kerkeling macht sich mit Mitte 30 wegen einer Sinnkrise und gesundheitlichen Problemen auf zu einer Pilgerreise auf dem spanischen Jakobsweg. Dabei lernt er nicht nur sich selbst, sondern auch andere Pilger mit einem ähnlichen Schicksal kennen, sinniert über den Sinn des Lebens und seine eigene Religiosität. Leicht, humoristisch, aber trotzdem mit Tiefe schildert Kerkeling die Grenzerfahrungen auf seiner Reise. Neben zahlreichen exotischen Mitreisenden wie einer heiratswütigen Südamerikanerin, Esoterikerin und Kirchenkritikerin steht vor allem die Freundschaft zu der Engländerin Anne und der Neuseeländerin Sheelagh im Mittelpunkt, mit denen er mehrere Etappen gemeinsam bestreitet.
Besonderheit:	Der Komiker zeigt hier eine ganz andere, nachdenkliche Seite von sich. Nach dem Erscheinen des Buches ist die Anzahl der deutschen Pilger auf dem spanischen Jakobsweg um 71 Prozent angestiegen.

SPIEL: MODALE KONNEKTOREN UND PRÄPOSITIONEN

Gehen Sie zu zweit zusammen. Bilden Sie einen Stapel mit den Kärtchen Konnektoren/Präpositionen und einen Stapel mit Fragen. Ziehen Sie je ein Kärtchen und bilden Sie einen Satz.

indem	womit	dadurch	so	mithilfe
dadurch, dass	wodurch	damit	auf diese Weise	mittels

Wie gelingt es mir, auch im Ausland meine Netzwerke in der Heimat zu pflegen?

Wie kann man interkulturellen Missverständnissen vorbeugen?

Wie verhalte ich mich als emanzipierte Frau in einem weniger emanzipierten Land?

Wie kann ich den Kontakt zu meinen Angehörigen in der Heimat halten?

Wie vermeide ich, dass ich mich im Ausland einsam fühle?

Wie bekomme ich Kontakt zu meinen ausländischen Kollegen?

Wie integriere ich mich nach meiner Rückkehr nach Deutschland?

Wie finde ich heraus, was die gängige Business-Etikette im Zielland ist?

Wie verhalte ich mich in einem Meeting in den Niederlanden?

Wie grüße ich in Deutschland meinen Chef auf dem Flur?

11

ROLLENSPIEL: VERHANDELN

Gehen Sie zu zweit zusammen und spielen Sie eines der drei Rollenspiele.

Situation 1

PERSON A	**PERSON B**
Sie suchen ein gebrauchtes Auto und haben eine passende Annonce gelesen. Das Auto ist nur für den Übergang gedacht, bald werden Sie für einen neuen Job ins Ausland gehen und das Auto weiterverkaufen. Mehr als 5 000,- Euro sind Sie nicht bereit auszugeben.	Sie haben eine Annonce aufgegeben, sind gerade verschuldet und brauchen 8 000,- Euro, um Ihre Mietschulden begleichen zu können. Darum verkaufen Sie Ihr Auto, von dem Sie wissen, dass es nicht mehr als 5 000,– Euro wert ist. Dass das Auto vor zwei Jahren einen schweren Motorschaden hatte, darf niemand wissen.

Situation 2

PERSON A	**PERSON B**
Sie gehen für Ihre Firma längere Zeit ins Ausland und wollen darum Ihre Wohnung auflösen und alle Möbel für möglichst viel Geld auf einem Flohmarkt verkaufen. Sie glauben, dass die alten Möbel zwar nicht mehr viel wert sind, möchten aber mindestens 2 000,- Euro verdienen.	Sie sind Antiquitätensammler und suchen auf dem Flohmarkt nach alten Möbeln. Sie wissen als Experte, dass die Möbel von Person A sehr wertvoll sind - mindestens 5 000,– Euro. Trotzdem wollen Sie die Möbel für so wenig Geld wie möglich erwerben, um Profit zu machen.

Situation 3

PERSON A	**PERSON B**
Ihre Waschmaschine und Ihre Geschirrspülmaschine sind am selben Tag kaputt gegangen und Sie rufen einen Monteur. Sie möchten die Geräte, die erst fünf Jahre alt sind, unbedingt reparieren lassen und keine neuen Geräte kaufen, weil Sie dafür kein Geld haben. Für eine Reparatur könnten Sie maximal 200,- Euro ausgeben.	Sie arbeiten als Monteur und untersuchen die Geräte von Person A. Mit wenig Aufwand und für ungefähr 150,- Euro könnte man beide Geräte reparieren, doch dafür müssten Sie auf Ihre Mittagspause verzichten, außerdem verdienen Sie mehr, wenn Sie den Kunden ein neues Gerät verkaufen, da Sie dann eine Provision von 10 Prozent erhalten.

PRESSEMELDUNGEN: NEUE ERFINDUNGEN

Gehen Sie zu dritt zusammen. Kommentieren Sie mithilfe der Redemittel die Pressemeldungen.
Ist die Erfindung nützlich bzw. lässt sie sich gut verkaufen?

1

Jeder kennt das Problem am Frühstückstisch: Die Butter ist hart, fast gefroren und lässt sich nur schwer mit dem Messer auf dem Brot verstreichen. Abhilfe schafft der „Butter-Stick", mit dem die Butter wie mit einem Klebestift auf dem Brot verstrichen wird.

2

In vielen Kulturen bringt es Glück, wenn man alle Kerzen des Geburtstagskuchens in einem Zug auspustet. Doch dadurch verteilt sich das Kerzenwachs auf dem Kuchen. Mit den „Kerzenständer-Gabeln" tropft kein Wachs mehr auf den Kuchen und man erspart sich das Tischdecken, da sie auch als Gabeln zum Essen dienen.

3

Man kann eine Tube drücken und quetschen, wie man will, ein kleiner Rest bleibt immer drinnen. Nicht so mit der neuartigen „Tube mit zwei Öffnungen". An jeder Seite befindet sich ein Verschluss, so kann zum Beispiel bei der Zahnpasta auch der letzte Rest auf der anderen Seite herausgepresst werden.

4

Egal wie man seinen Toaster einstellt, mal kommt der Toast zu schwarz aus dem Gerät, mal ist er zu schwach getoastet. Die Lösung: Ein „Toaster mit durchsichtiger Ummantelung". Nun können Sie in Echtzeit mitverfolgen, wie Ihr Brot toastet und den Röstvorgang nach eigenem Geschmack sofort beenden.

5

Jede Frau, die das erste Mal auf High Heels (Stöckelschuhen) steht, kennt das Problem: Um die Balance zu halten, braucht es jahrelange Übung. Für „Anfängerinnen" eignen sich darum perfekt die neuartigen „High Heels mit Stützrädern". Sie verleihen Standhaftigkeit und man knickt nicht so leicht um.

6

Vielleicht kennen Sie das: Sie sitzen in der Kantine und benötigen einen Stift, um sich eine wichtige Information zu notieren. Hier leisten „Kugelschreiber mit Aufsteckbesteck" Abhilfe. Die Kappe eines Kugelschreibers hat dabei einen Messer-, Gabel- oder Löffelkopf. Damit lässt sich wunderbar speisen und auch schreiben.

7

Sie haben gekocht und wollen nun mit Heißhunger ihr Essen verspeisen, doch die Spaghetti oder Kartoffeln sind noch zu heiß? Alles Pusten nützt nichts, sie müssen warten, bis die Speise abgekühlt ist. Kein Problem mit dem „Gabel-Ventilator". Er wird an das Besteck gesteckt und kühlt, während Sie essen.

© Hueber Verlag, Sicher! C1.2, Lehrerhandbuch, Autor: Sönke Andresen, Hamburg

WIEDERHOLUNGSSPIEL

START	1 Bilden Sie die Nomen mit Artikel: – *verstehen* – *finden*	2 Schreiben Sie den Satz im Nominalstil: *Mandy vertraut ihrem Freund.*	3 Ergänzen Sie: *Mangels ... Aussicht auf Besserung ...*	4 Bilden Sie das Adjektiv: *Er wird bald gerettet → die ... Rettung*	5 Bilden Sie den Satz mit Gerundiv: *Ich kann emotionale Intelligenz jederzeit erlernen. → ...*
					6 Bilden Sie die Nomen mit Artikel: – *reagieren* – *reflektieren*
12 Formulieren Sie den Satz mit *woraufhin*: „Der Wecker fiept. Da stellt sich Kauter Fredi tot."	11 Formulieren Sie in einen konzessiven Nebensatz um: *Ungeachtet der anderen Lebensweise ist sie glücklich.*	10 Bilden Sie Nomen mit Artikel: *... Spekul... ... Wachs...*	9 Nennen Sie mindestens zwei Verbindungsadverbien.	8 Ergänzen Sie die Präposition: *Er ist gespannt ... das, was noch kommt.*	7 Bilden Sie den Passiversatz mit *bekommen*: „Wie dies gelingt, legt der Autor dem Leser dar."
13 *Zwecks* oder *Zum*? Ergänzen Sie: *... einer Recherche für seinen neuen Roman.*					
14 Was passt? *Infolge/Folglich* der Abmachung muss er bezahlen.	15 Ergänzen Sie die Präposition: *Der Schüler bemüht sich ... bessere Zensuren.*	16 Ergänzen Sie den Artikel: *Anlässlich ... Wettbewerbs fährt er nach China.*	17 Ist die Vorsilbe des Verbs betont oder nicht? *Ich umgehe die Vorschriften.*	18 Formulieren Sie den Satz mit *Immer wenn* um: „Beim Fliegen wird mir schlecht."	ENDE

Lösung:

1 das Verständnis / der Fund
2 Mandys Vertrauen zu ihrem Freund
3 eine/r/ der
4 baldige
5 die jederzeit zu erlernende emotionale Intelligenz
6 die Reaktion / die Reflektion

7 Wie dies gelingt, bekommt der Leser vom Autor dargelegt.
8 auf
9 beziehungsweise/respektive/und zwar/vielmehr
10 die Spekulation / das Wachstum
11 Obwohl sie/man anders lebt, ist sie glücklich.
12 Der Wecker fiept, woraufhin sich Kauter Fredi tot stellt.

13 Zwecks
14 Infolge
15 um
16 eines/des
17 nicht betont
18 Immer wenn ich fliege, wird mir schlecht.

Name: _____

1 WORTSCHATZ

Was passt? Ergänzen Sie in der richtigen Form.

> Ratenzahlung • Verfahren • Schulden • Mahnung • aufgrund • solvent •
> Ausweg • es geht • Schuldenfalle • Insolvenz

> Sehr geehrte Frau Reuter,
>
> _____ (1) um Ihren Brief vom 15.03. und die erneute _____ (2), die Sie mir
> zugeschickt haben. Ich muss mich schon wundern: Hatten wir wegen meiner _____ (3)
> bei Ihnen nicht eigentlich telefonisch eine _____ (4) in moderaten monatlichen
> Beträgen vereinbart? Wie Sie wissen, sitze ich gerade in der _____ _____ (5) und mein Konto ist
> gesperrt. _____ (6) eines selbst verschuldeten Unfalls läuft gerade ein _____ (7)
> gegen mich, zudem habe ich inzwischen Privat_____ (8) beantragt. Ich hoffe, dass ich einen
> _____ (9) aus meiner schwierigen Situation finde und bald wieder _____ (10)
> sein werde, um Ihren Forderungen nachzukommen.
>
> Mit freundlichen Grüßen
>
> Günter Frohwein

_____ / 5

2 GRAMMATIK

a Schreiben Sie die Ausdrücke/Sätze im Verbal- bzw. Nominalstil neu.

1 Günters baldige Kündigung. _____

2 Das morgige Treffen der Gläubiger. _____

3 Ihre ständigen Beschwerden. _____

4 Die häufigen Anrufe des Schuldners. _____

5 Die Landwirtschaft, die noch weiter ausgebaut wird, lohnt sich bald nicht mehr.

_____

6 Niemand hatte prognostiziert, dass der Boom in seiner Branche plötzlich begann.

_____

7 Helge schafft sich jeden Monat ein neues Handy an. Das bringt ihn in finanzielle Schwierigkeiten.

_____

8 Die Wirtschaft entwickelt sich dieses Jahr so schlecht, dass das Wachstum stagniert.

_____

9 Es ist hilfreich, wenn die Schuldner dem Schuldnerberater vertrauen.

_____

_____ / 9

© Hueber Verlag, Sicher! C1.2, Lehrerhandbuch, Autor: Sönke Andresen, Hamburg

b Schreiben Sie den Satz mit dem Wort in Klammern neu.

1 Viele Menschen geraten in die Schuldenfalle, weil sie Mahnungen ignorieren. (deshalb)

_____

2 Die Privatinsolvenz ist seine letzte Chance, denn er hat vergeblich nach einem Ausweg aus der Schuldenfalle gesucht. (mangels)

_____

3 Er ist glücklich, weil seine Tochter verantwortungsvoll mit ihrem Taschengeld umgeht. (aufgrund)

_____

4 Frau Schlüter hat endlich einen Ausweg gefunden, weil sie mit ihren Gläubigern Ratenzahlung vereinbart hat. (nämlich)

_____

_____ /8

3 KOMMUNIKATION

Vergleichen Sie Ihr Heimatland mit Deutschland, gehen Sie dabei auf die vier Punkte ein und verwenden Sie die bekannten Redemittel.

1 Fläche   2 Lage   3 Regierung   4 Lebenshaltungskosten

_____

_____

_____

_____

_____

_____

_____

_____

_____ / 8

Insgesamt _____ / 30

richtige Lösungen	Note	richtige Lösungen	Note
30 – 27	sehr gut	18 – 15	ausreichend
26 – 23	gut	14 – 0	nicht bestanden
22 – 19	befriedigend		

© Hueber Verlag, Sicher! C1.2, Lehrerhandbuch, Autor: Sönke Andresen, Hamburg

Name: _____

1 WORTSCHATZ

Was ist richtig? Markieren Sie.

1 Bei einer _Depression/Hypnose_ handelt es sich um eine schwere, psychische Krankheit.

2 Menschen mit _Empathie/Apathie_ können sich gut in andere einfühlen.

3 Viele psychisch Kranke versuchen, ihre Krankheit vor anderen zu _verlegen/verbergen_.

4 Jemand, der eher spontan handelt, tut dies _intuitiv/reflektiert_.

5 Eine langwierige Therapie erfordert von den Patients viel _Ausdauer/Feigheit_.

6 Ihre Freundin ist sehr sensibel, sie hat einen _einfühlsamen/beschämenden_ Charakter.

7 Nach dem selbst verursachten Unfall plagen ihn schwere _Glücksgefühle/Schuldgefühle_.

8 Viele Jugendliche sind nur noch online und leben in _reellen/virtuellen_ Welten.

9 Ich habe ihn dabei _erlangt/ertappt_, wie er im Geschäft etwas gestohlen hat.

10 Die Krankheit ihres Freundes _belegt/bedrückt_ Ulrike sehr.

_____ / 10

2 GRAMMATIK

a Ergänzen Sie bei den Adjektiven die Nachsilben -(i)ös, -(a/i)bel und -(i)ell in der richtigen Form.

1 Die Mannschaft hat keine re _____ Chance mehr auf einen Sieg.

2 Sein Verhalten ist wirklich nicht mehr toler _____.

1 Ich finde es unser _____, sich so zu verhalten.

2 Das ist ein substanz _____ Beitrag zur Lösung des Problems.

_____ / 4

b Bilden Sie das Gerundiv.

1 Ein Therapeut, der dringend aufgesucht werden muss.

_____

2 Ein Persönlichkeitstest, der schnell durchgeführt werden kann.

_____

3 Der emotionale Intelligenzquotient, der unbedingt berücksichtigt werden muss.

_____

_____ / 3

© Hueber Verlag, Sicher! C1.2, Lehrerhandbuch, Autor: Sönke Andresen, Hamburg

c Formulieren Sie die Sätze mithilfe von Modalverben ins Aktiv oder Passiv um.

1 Mit der Paartherapie will sie ihren Mann dazu bringen, über ihre Ehe nachzudenken.

_____

2 Der Patient soll nach Vorstellung der Therapeutin in die Lage versetzt werden, in Zukunft ohne Medikamente

auszukommen. _____

3 Hubert will seinen Freund motivieren, einen eigenen Blogbeitrag zu verfassen.

_____

4 An Schulen sollen laut Ministerium in Zukunft mehr Sozialarbeiter eingesetzt werden.

_____

5 Auf Anregung der Psychologin soll der Patient darauf vorbereitet werden, einen regelmäßigen Tagesablauf zu

führen. _____

_____

_____ / 5

3 KOMMUNIKATION

Schreiben Sie zu den vier Sprechanlässen passende Redemittel, die Sie für die Auswertung eines Schaubilds benutzen könnten.

1 Bezug auf eine Grafik nehmen   3 Umfrageergebnisse kommentieren
2 Unterschiede formulieren   4 Eigene Erfahrungen nennen

_____

_____

_____

_____

_____

_____

_____

_____

© Hueber Verlag, Sicher! C1.2, Lehrerhandbuch, Autor: Sönke Andresen, Hamburg

richtige Lösungen	Note	richtige Lösungen	Note
30 – 27	sehr gut	18 – 15	ausreichend
26 – 23	gut	14 – 0	nicht bestanden
22 – 19	befriedigend		

_____ / 8

Insgesamt _____ / 30

Name: _____

1 WORTSCHATZ

a Was passt? Ergänzen Sie in der richtigen Form.

> erfreut • Tristesse • Dilettant • spießig • neuerdings • Beet

Liebe Mitbewohner,

sicher haben Sie schon bemerkt, dass _____ (1) auf Ihrem Nachbargrundstück ein „Urban Gardening"-Projekt entsteht. Wir sind eine Gruppe von Hobbygärtnern, _____ (2), die in Eigenregie auf mehreren _____ (3) Obst und Gemüse anbauen – eine grüne Oase als Gegenentwurf zur Anonymität und _____ (4) in unserem Viertel. Aktuell suchen wir noch weitere Helfer und sind _____ (5) über alle neuen Interessenten. Kommen Sie doch einfach mal vorbei! Keine Angst, Gärtnern ist nicht _____ (6), sondern liegt voll im Trend!

_____ / 6

b Was passt? Ordnen Sie zu.

> □ nicken • □ kurzweilig • □ die Diversität • □ stichhaltig • □ der Kontrahent • □ präzisieren
> □ innovativ • □ appellieren • □ die Vision • □ die Diskrepanz

1 lateinisch für „Vielfalt"	6 der Gegenspieler
2 logisch, überzeugend	7 erneuernd, neuartig
3 Zeichen von „Ja"-Sagen	8 aufrufen
4 nicht langweilig	9 das (Wunsch)Bild
5 die Widersprüchlichkeit	10 etwas auf den Punkt bringen

_____ / 5

2 GRAMMATIK

a Schreiben Sie die Sätze mit den Wörtern in Klammern neu.

1 Im Falle, dass weiter Treibhausgase ausgestoßen werden, ist der Klimawandel nicht mehr aufzuhalten. (bei)

_____

2 Trotz Juttas Entscheidung, ihr Leben zu ändern, ist sie dennoch nicht glücklich geworden. (wenn auch)

_____

3 Wenn wir noch mehr Autos zulassen, wird der Smog in unseren Städten zunehmen. (angenommen, dass)

_____

© Hueber Verlag, Sicher! C1.2, Lehrerhandbuch, Autor: Sönke Andresen, Hamburg

4 Ungeachtet des Zuzugs vieler Stadtmenschen hat unser Dorf seinen ländlichen Charakter bewahrt. (obschon).

_____

5 Einige Pioniere haben sich sehr für das „Urban Gardening"-Projekt in unserem Viertel eingesetzt, andernfalls wären keine Gemüsebeete entstanden. (ohne)

_____

_____ / 5

b Ergänzen Sie die Adjektive und Partizipien *bemüht, dankbar, erfahren, aufgeschlossen, gespannt* und *zufrieden*.

1 Er ist sehr _____ damit, endlich der Großstadthektik entfliehen zu können.

2 Für das Leben in einem sozialen Wohnexperiment muss man _____ gegenüber anderen Lebensentwürfen sein.

3 Ich bin schon sehr _____ auf unsere erste Ernte.

4 Für unser Wohnprojekt brauchen wir Menschen, die _____ in alternativer Landwirtschaft sind.

5 Sie sind sehr _____ für die Unterstützung ihres Wohnprojekts.

6 Man merkt, dass sie sehr _____ um ihre Mitbewohner ist.

_____ / 6

3 KOMMUNIKATION

In einer Diskussionsrunde zum Thema „Stadt und Dorf" hören Sie folgende Behauptung: „In 50 Jahren sind unsere Großstädte so gewachsen, dass sie nicht mehr lebenswert sind." Schreiben Sie eine kurze Argumentation dafür oder dagegen, verwenden Sie die bekannten Redemittel und gehen Sie in folgenden Schritten vor. Schreiben Sie auf ein separates Blatt, wenn nötig.

1 Überlegen Sie sich Argumente, die die Behauptung stützen, und gehen Sie darauf ein.

2 Entkräften oder akzeptieren Sie das Argument.

3 Schildern Sie Ihre eigene Meinung dazu und nennen Sie konkrete Beispiele.

_____

_____

_____

_____

_____

_____ / 8

Insgesamt _____ / 30

richtige Lösungen	Note	richtige Lösungen	Note
30 – 27	sehr gut	18 – 15	ausreichend
26 – 23	gut	14 – 0	nicht bestanden
22 – 19	befriedigend		

© Hueber Verlag, Sicher! C1.2, Lehrerhandbuch, Autor: Sönke Andresen, Hamburg

Name: _____

1 WORTSCHATZ

Was passt? Ergänzen Sie.

> Panik • Kreativität • reimen • süchtig • stimmige • Plot • Lektüre • eintauchen

EINLADUNG ZUM WORKSHOP: KREATIVES SCHREIBEN

Sie schreiben gern? Sie sind _____ (1) nach Büchern? Dann können Sie mit uns für ein Wochenende

in die Welt der Literatur _____ (2). An zwei Tagen lernen Sie, was einen spannenden _____ (3)

ausmacht und wie Sie _____ (4) Charaktere kreieren. Wir widmen uns der _____ (5) verschie-

dener Genres und werden eigene Texte verfassen. Aber keine _____ (6), Sie müssen kein professio-

neller Schriftsteller sein, um teilzunehmen. Wenn sich Ihre Gedichte nicht _____ (7), ist das nicht

schlimm. Vielmehr stehen Spaß und _____ (8) im Vordergrund. Anmeldung ab sofort!

_____ / 8

2 GRAMMATIK

a Welche Nachsilbe passt? Markieren Sie und ergänzen Sie den passenden Artikel.

1   _____ Sta   ☐ -um   ☐ -tion

2   _____ Wachs   ☐ -ur   ☐ -tum

3   _____ Fantas   ☐ -ie   ☐ -ur

4   _____ Reich   ☐ -tum   ☐ -ation

_____ / 4

b Formulieren Sie die Sätze um, indem Sie die Stellung des unterstrichenen Satzteils variieren.

1   Lesen kann manchmal spannender <u>als das reale Leben</u> sein.

_____

2   Der Autor kann immer wieder durch seinen Stil <u>überzeugen</u>.

_____

3   Ich kann <u>mit den Texten dieser Autorin</u> nichts anfangen.

_____

4   Ich habe mir die Romane der Schriftstellerin immer als gebundene Ausgabe <u>oder als Hörbuch</u> gekauft.

_____

5   Ich habe die Aussage des Gedichts tatsächlich nicht auf Anhieb <u>verstanden</u>.

_____

_____ / 5

© Hueber Verlag, Sicher! C1.2, Lehrerhandbuch, Autor: Sönke Andresen, Hamburg

c Bilden Sie aus den unterstrichenen Wörtern Nomen und schreiben Sie mithilfe der
   Wörter in Klammern neue Sätze.

1 Ich esse und telefoniere gleichzeitig mit dem Kollegen. (beim)

   _____

2 Die Schriftstellerin diskutiert gerade mit ihrer Lektorin. (am)

   _____

3 Sie kommuniziert online und gebraucht nur noch ihr Notebook. (zwecks)

   _____

4 Ihren Lieblingsroman liest Beate abends im Bett, wenn sie liegt. (im)

   _____

5 Sie kauft sich einen Ratgeber, um besser mit ihren Problemen umzugehen. (zum)

   _____

_____ / 5

3 KOMMUNIKATION

**Erinnern Sie sich noch an Ihr liebstes Kinderbuch? Schreiben Sie eine Kurzpräsentation,
gehen Sie dabei auf die folgenden Inhaltspunkte ein und verwenden Sie die bekannten
Redemittel.**

1 Nennen Sie die wichtigsten Daten zum Roman.
2 Geben Sie den Inhalt kurz wieder.
3 Begründen Sie die Auswahl und empfehlen Sie das Buch weiter.

   _____

   _____

   _____

   _____

   _____

   _____

   _____

   _____

_____ / 8

Insgesamt _____ / 30

richtige Lösungen	Note	richtige Lösungen	Note
30 – 27	sehr gut	18 – 15	ausreichend
26 – 23	gut	14 – 0	nicht bestanden
22 – 19	befriedigend		

© Hueber Verlag, Sicher! C1.2, Lehrerhandbuch, Autor: Sönke Andresen, Hamburg

Name: _____

1 WORTSCHATZ

Was passt? Ergänzen Sie.

gründlich • Irritationen • Small Talk • richtig liegen • Outfit • Business-Etikette • eröffnen • Eindruck

E-Mail senden
An: Asnam@mail.com
Betr: Mein Besuch

Lieber Herr Al-Asnam,

nun sind es nur noch wenige Wochen bis zu unserem Meeting in Marokko. Gern würde ich mich _____ (1)

vorbereiten und von Ihnen vorab wissen, wie die _____ (2) in Ihrem Land aussieht, damit es

nicht zu _____ (3) kommt. Unbedingt möchte ich einen positiven _____ (4) hinter-

lassen. Welches _____ (5) wähle ich am besten – Anzug und Krawatte? Welche Themen sollte ich

beim _____ (6) auf jeden Fall vermeiden? Und mit was für einem Geschenk für Ihren Chef könnte

ich _____ (7)? Ich freue mich schon sehr auf unser Treffen, eine zukünftige Zusammenarbeit

würde meiner Firma neue Möglichkeiten _____ (8).

Mit freundlichen Grüßen
Günter Schröder

_____ / 8

2 GRAMMATIK

a Ergänzen Sie *erarbeiten, reflektieren, erröten* oder *reagieren*.

1 rot werden → _____

2 überlegen → _____

3 entgegnen / „zurückwirken" → _____

4 etwas durch lange Arbeit erreichen → _____

_____ / 4

b Schreiben Sie die Sätze mit dem Wort in Klammern neu.

1 Auf der Tagesordnung steht der neue Geschäftsabschluss, weswegen alle Kollegen sehr aufgeregt sind. (infolge)

_____

2 Frau Jon erhielt eine derartig unverschämte E-Mail, dass sie den Kontakt sofort abbrach. (infolgedessen)

_____

3 Er übernahm eine Auslandsreise für seinen Chef, womit er ihm einen großen Gefallen getan hat. (durch)

_____

4 Dadurch, dass sie ihren ungeliebten Kollegen ins Ausland versetzt, hat sie endlich Ruhe. (wodurch)

_____

5 Werner legt keinen Wert auf Statussymbole, deshalb lebt er sehr bescheiden. (weshalb)

_____

_____ / 5

© Hueber Verlag, Sicher! C1.2, Lehrerhandbuch, Autor: Sönke Andresen, Hamburg

c Bilden Sie einen impliziten Vergleich sowie den relativen Superlativ wie im Beispiel.

Beispiel: eine nicht so lange Distanz → <u>eine kürzere Distanz</u> → <u>eine der kürzesten Distanzen</u>

1 ein nicht zu kurzes Meeting → _____ → _____

2 ein nicht so früher Termin → _____ → _____

3 eine nicht so hohe Temperatur → _____ → _____

4 eine nicht so festliche Bluse → _____ → _____

5 ein nicht so bequemer Stuhl → _____ → _____

_____ / 5

3 KOMMUNIKATION

Versuchen Sie, mit Ihrer zukünftigen Vermieterin zu verhandeln: Sie brauchen keinen Tiefgaragenstellplatz! Antworten Sie auf ihre E-Mail, gehen Sie dabei auf die folgenden Punkte ein und verwenden Sie die bekannten Redemittel.

> Leider muss ich Ihnen mitteilen, dass es nicht möglich ist, Ihre neue Wohnung ohne einen Tiefgaragenplatz zu mieten. Ein Tiefgaragenplatz gehört standardmäßig zu Ihrer Wohneinheit, dafür wird Ihnen monatlich ein Betrag von 73 Euro über Ihre Nebenkosten berechnet. Sie dürfen den Parkplatz nur selbst nutzen und nicht weitervermieten.
>
> Mit freundlichen Grüßen
>
> Ilse Schulz
>
> *(B&R Hausverwaltung)*

1 Erkennen Sie die Vorgabe des Gegenübers an.

2 Weisen Sie auf die Probleme hin, die Sie damit haben.

3 Plädieren Sie für ein gerechtes Vorgehen.

4 Nennen Sie eine mögliche Konsequenzen einer baldigen Einigung.

_____

_____

_____

_____

_____

_____

_____ / 8

richtige Lösungen	Note	richtige Lösungen	Note
30 – 27	sehr gut	18 – 15	ausreichend
26 – 23	gut	14 – 0	nicht bestanden
22 – 19	befriedigend		

Insgesamt _____ / 30

Name: _____

1 WORTSCHATZ

a Was ist richtig? Markieren Sie.

Siegerin des diesjährigen Erfinderwettbewerbs gekürt

Es wurde *hinsichtlich/fieberhaft* (1) gesucht, jetzt steht es fest: Die Österreicherin Jutta Haslinger ist die Gewinnerin des diesjährigen Erfinderwettbewerbs Saarbrücken. In einem spannenden Wettbewerb konkurrierten am Ende drei *Finalisten/Probanden* (2) gegeneinander. Frau Haslinger überzeugte die Jury mit einem selbst gebauten Flugobjekt, einer *Norm/Drohne* (3), die im Haushalt *ins Handwerk pfuschen/zum Einsatz kommen* (4) kann und gehbehinderten Menschen helfen soll, leichte Alltagsgegenstände zu transportieren. Das Fluggerät ist *ausgerüstet/ausgerastet* (5) mit einem *Rohstoff/Sensor* (6), durch den es *ferngesteuert/ausgelöst* (7) bedient werden kann.

_____ / 7

b Welches Wort ist richtig? Markieren Sie.

1	Das Aussehen des Roboters ist	☐ *humanoid.*	☐ *gentechnisch.*
2	Die Matratze ist	☐ *erfinderisch.*	☐ *anschmiegsam.*
3	Die Trefferquote ist	☐ *beträchtlich.*	☐ *autistisch.*
4	Ein anderes Wort für dunkel ist	☐ *dunstig.*	☐ *finster.*

_____ /4

2 GRAMMATIK

a Schreiben Sie die Sätze mit *ungeachtet, anlässlich, mithilfe* und *angesichts* neu.

1 Wenn man die Qualität der Erfindungen betrachtet, kann man zufrieden sein.

_____

2 Einfache Drohnen werden auch als Spielzeug verkauft, wobei man sich nicht um die Lizenz kümmern muss.

_____

3 Der Wettbewerb wurde zum Jahrestag der Stiftung ausgeschrieben.

_____

4 Indem dem Gerät eine Gebrauchsanweisung beiliegt, wird die Bedienung vereinfacht.

_____

_____ / 4

b Ergänzen Sie *durch-, über-* oder *unter-*.

1 Er hat sein Konto schon wieder _____ zogen.   2   Es gibt kein Zurück mehr, wir ziehen das jetzt _____ !

3 Ich _____ stelle dir, während der Prüfung bei mir abgeschrieben zu haben.

_____ / 3

© Hueber Verlag, Sicher! C1.2, Lehrerhandbuch, Autor: Sönke Andresen, Hamburg

c Formulieren Sie die unterstrichenen Partizipialsätze mit den Wörtern in Klammern um.

1 <u>Von seiner Erfindung fest überzeugt</u> beantragt Professor Schneider ein Patent. (weil)

_____

2 <u>Abgesehen von einigen Defekten</u> bewegen sich die Roboter einwandfrei. (obwohl)

_____

3 Der Scanner, <u>noch nicht vollständig angeschlossen</u>, funktioniert nicht. (wenn)

_____

4 <u>An renommierten Universitäten ausgebildet</u> wird sie immer einen Job finden. (dadurch, dass)

_____

_____ / 4

3 KOMMUNIKATION

Sie lesen folgende Kurzmeldung über eine neue Erfindung. Schreiben Sie Ihre Meinung darüber, verwenden Sie die bekannten Redemittel und gehen Sie in folgenden Schritten vor:

Herzschlag-Armband

Die Erfindung eines Londoner Start-up-Unternehmens soll in Zukunft Fernbeziehungen erleichtern. Durch eine speziell entwickelte App auf dem Smartphone wird auf ein Armband der Herzschlag der/des Liebsten übertragen. So spürt man seinen Partner auch über eine weite Distanz hinweg.

1 Die Meldung in eigenen Worten zusammenfassen

2 Die Erfindung kommentieren

3 Andere Möglichkeiten nennen

4 Ein Fazit ziehen

_____

_____

_____

_____

_____

_____

_____

_____ / 8

Insgesamt _____ / 30

richtige Lösungen	Note	richtige Lösungen	Note
30 – 27	sehr gut	18 – 15	ausreichend
26 – 23	gut	14 – 0	nicht bestanden
22 – 19	befriedigend		

© Hueber Verlag, Sicher! C1.2, Lehrerhandbuch, Autor: Sönke Andresen, Hamburg

ABC-Kette (Lektion 11 → S. 97)

Schreiben Sie das neue Thema einer Lektion oder Lerneinheit als Oberbegriff an die Tafel. Die TN arbeiten zu zweit und assoziieren spontan, was ihnen zu diesem Themenfeld einfällt. Die/Der erste TN nennt ein Wort, zum Beispiel *Geschäftsreise,* die/ der zweite nennt das nächste Wort, das mit dem letzten Buchstaben des vorherigen Wortes beginnen muss, zum Beispiel *E-Mail.* So geht es weiter, jede/r TN hat maximal zehn Sekunden Zeit, um ein neues Wort zu finden (dazu zählt ihr/sein Lernpartner leise von zehn rückwärts). Wenn einer der TN nicht mehr weiter weiß, hat die/der andere gewonnen.

Ampelkarten (Lektion 8 → S. 55)

Mit dieser Methode geben die Kursteilnehmer zusammen im Plenum ein allgemeines Feedback. Alle TN erhalten je ein grünes, gelbes und rotes Kärtchen. Nennen Sie ein Thema, die TN zeigen mithilfe ihrer Karten, wie gut sie das verstanden haben und beherrschen, indem sie die grüne (sehr gut), gelbe (mittelmäßig) oder rote (nicht gut) Karte hochzeigen. Wenn mehrheitlich rote Karten vorgezeigt werden, planen Sie Zeit für eine Wiederholung ein.

Atomspiel (Lektion 8 → S. 51, Lektion 9 → S. 68)

Diese Methode eignet sich vor allem für große Gruppen, um Syntaxstrukturen zu üben. Schneiden Sie die einzelnen Satzglieder eines Beispielsatzes aus und verteilen Sie diese an die TN. Die TN laufen nun durch den Raum, lesen immer wieder laut ihr Satzglied vor und versuchen, die Personen auszumachen, mit denen sie zusammen einen sinnvollen Satz bilden können. Anschließend stellen sich die TN nebeneinander in einer Reihe auf und präsentieren ihren Satz im Plenum.

Ball (Lektion 7 → S. 30, Lektion 10 → S. 87, Lektion 11 → S. 104)

Diese Methode ist vielfältig einsetzbar. Diejenige/Derjenige TN, die/der den Ball hat, spricht und wirft den Ball dann an die/den nächste/n TN weiter. Durch diese Methode können die TN etwas zu einem Thema frei assoziieren (sie geben kurz und knapp Antwort, was ihnen zu einem Begriff, einem neuen Thema etc. einfällt), sie eignet sich aber ebenfalls gut bei der Kontrolle von Aufgaben oder bei Diskussionen, damit nicht immer die gleichen TN zu Wort kommen. Zudem steigern sie die Aufmerksamkeit der TN (weil jeder jederzeit drankommen könnte). Diese Methode dient dem Energieaufbau, wenn sie im Stehen angewendet wird.

Blitzlicht (Lektion 8 → S. 47)

Stellen Sie eine Frage zu einem Thema und bitten Sie die TN, diese wirklich kurz und knapp in nur einem Satz zu beantworten. Das Blitzlicht kann sowohl als Einstieg in ein Thema angewandt werden (jede/r TN sagt kurz und knapp, was sie/er über ein Thema weiß), als auch mit der Bitte um eine spontane, kurze Meinungsäußerung oder Zwischenevaluation oder als schriftliche Kurzzusammenfassung.

Ecken-Diskussion (Lektion 10 → S. 78)

Diese Methode eignet sich gut bei Diskussionen zu einem Pro-Kontra-Thema. Schreiben Sie eine These („Lesen ist das pure Glück") an die Tafel. Markieren Sie drei Ecken im Raum: eine Ecke steht für „Pro", eine für „Kontra", die dritte für „Neutral". Die TN bekommen Zeit, um sich Notizen zu dem Thema zu machen und sich zu entscheiden, zu welcher Ecke sie tendieren. Danach treffen sich die TN in „ihrer Ecke", tauschen ihre Meinung zu dem Thema aus und sammeln zusammen Argumente. Danach können Sie zusammen im Plenum eine Diskussion starten oder die TN treffen sich jeweils mit einem Vertreter einer anderen Ecke und diskutieren zu zweit. Genauso kann man wie auf S. 78 beschrieben „Lesen" durch andere Medien ersetzen. Die TN stellen sich in die Ecke ihrer Wahl, überlegen sich Argumente und diskutieren mit einem TN, der ein anderes Medium gewählt hat.

Flammende Rede (Lektion 7 → S. 37)

Die TN resümieren das Thema der Stunde, des letzten Kapitels etc. Nennen Sie das Thema, das die TN kommentieren sollen. Dazu erhält jede/r TN in der Runde nacheinander ein Streichholz, zündet es an und darf nur so lange sprechen, bis das Streichholz abgebrannt ist. Dabei lernen die TN, sich kurzzufassen und ihre Gedanken zu zentrieren. Dadurch bekommen Sie einen guten Eindruck, was vom Unterrichtsgeschehen bei den TN hängengeblieben ist.

Gedankenraten (Lektion 9 → S. 64)

Bringen Sie Plakate mit in den Unterricht, auf die Sie große Gedankenblasen zeichnen. Die TN arbeiten in Kleingruppen und formulieren die Gedanken, die ihnen spontan zu einem Thema einfallen. *Variation:* Bei einem Foto im Lehrbuch, auf der Personen abgebildet sind, formulieren die TN mithilfe von Gedankenblasen, was die abgebildeten Personen in der bestimmten Situation wohl denken.

Impuls (Lektion 9 → S. 56)

Sammeln Sie Fotos zu einem Thema (in Zeitschriften, Bildportalen im Internet, eigene Aufnahmen aus dem Urlaub etc.) und bringen Sie diese in den Unterricht mit. Die TN arbeiten in Kleingruppen und assoziieren spontan, was ihnen zu den Fotos einfällt. Dabei halten sie die Ideen auf einem Plakat fest, entweder ganz frei oder sie ordnen ihre Ideen mithilfe von Spalten oder einer Mindmap (siehe Methode *Mindmap*). Die TN präsentieren anschließend ihre Plakate im Plenum.

Ja-Nein-Vielleicht (Lektion 7 → S. 15)

Die TN arbeiten in Zweiergruppen. Jede/r TN notiert mindestens fünf Fragen zu einem Thema, die ihr/ihm spontan einfallen. Danach sprechen die Lernpartner miteinander und stellen sich gegenseitig ihre Fragen. Dabei darf die/der Lernpartner/in nicht die Wörter „Ja", „Nein" oder „Vielleicht" in der Antwort gebrauchen. Wer als Erstes eines dieser Wörter benutzt, hat verloren. Die Sieger der Zweiergruppen können danach noch einmal gegeneinander antreten, bis die/der Gruppensieger/in feststeht.

Kommentarlawine (Lektion 8 → S. 47, Lektion 11 → S. 98)

Diese Methode eignet sich gut für Textproduktionen. Die TN arbeiten in Gruppen, jede/r schreibt zunächst für sich allein den Text. Die Texte werden anschließend untereinander ausgetauscht, jede/r TN liest einen Text aus seiner Gruppe und kommentiert ihn in Hinblick auf Fehler. Hierfür können Textstellen eingekreist und am Rand mit einer Bemerkung versehen werden. Dann wird der Text an die/den nächste/n weitergegeben. Diese/r liest die Kommentare und kommentiert sie oder fügt neue hinzu. So wird weitergemacht, bis jede/r das eigene Blatt zurückbekommt. Anhand der Kommentare überarbeitet nun jede/r TN – wenn nötig mithilfe des KL – den eigenen Text.

Kugellager (Lektion 7 → S. 33, Lektion 8 → S. 46, Lektion 9 → S. 69, Lektion 11 → S. 101)

Die TN stehen sich in einem Außen- und Innenkreis gegenüber, so, dass jeweils zwei Personen zusammenarbeiten. Das Kugellager eignet sich am besten für mündliche Kommunikation (freie Gespräche über ein Thema, Pro-Contra-Diskussion, Frage-Antwort). Nach jeder Aufgabe, oder wenn Sie ein Signal (zum Beispiel eine Glocke) geben, bewegt sich der innere Kreis im Uhrzeigersinn eine Person weiter, es entstehen so immer wieder neue Gesprächspartner.

Kursausstellung (Lektion 7 → S. 26, Lektion 8 → S. 43, Lektion 9 → S. 61, Lektion 10 → S. 77, 91, Lektion 11 → S. 107)

Dabei werden verschiedene Arbeiten der TN wie zum Beispiel Texte, Plakate etc. wie Ausstellungsstücke im Kursraum aufgehängt. Die TN gehen von Arbeit zu Arbeit, machen sich Notizen und besprechen ihre Notizen anschließend gemeinsam im Kurs. Kündigen Sie im Vorfeld an, dass die Arbeiten am Ende ausgestellt werden sollen, dadurch steigt die Motivation. Um den Wettbewerbscharakter zu forcieren, können sich die TN ihre Arbeiten mit Punkten, Stickern etc. gegenseitig bewerten. Die Arbeit mit den besten Bewertungen gewinnt.

Maldiktat (Lektion 12 → S. 126)

Ein Maldiktat führen die TN am besten zu zweit durch. Nur eine/r der TN schlägt das Kursbuch auf und beschreibt seiner/seinem Lernpartner/in ein Foto oder eine Zeichnung. Diese/r fertigt eine Skizze an und anschließend vergleichen die Lernpartner zusammen das Ergebnis mit dem Original. Hier kommt es nicht auf künstlerisches Talent an, vielmehr kann sich die/der Beschreibende/Malende selbst überprüfen, ob sie/er gut und verständlich formuliert / gut zugehört hat. Achten Sie darauf, dass Sie vor einem Maldiktat den TN als Vorentlastung den zu den Abbildungen passenden Wortschatz mitgeben.

Mindmap (Lektion 7 → S. 31; Lektion 8 → S. 38, 52, 55; Lektion 9 → S. 74, Lektion 10 → S. 83)

Eine Mindmap eignet sich gut zum Unterrichtseinstieg, um ein neues Thema zu etablieren. Eine Mindmap (engl. *mind map* für Gedankenlandkarte) beschreibt eine kognitive Technik, die man z. B. zum Erschließen und visuellen Darstellen eines Themengebietes, zum Planen oder für Mitschriften nutzen kann. Hierbei soll das Prinzip der Assoziation helfen, Gedanken frei zu entfalten und die Fähigkeit des Gehirns zur Kategorienbildung zu nutzen. In die Mitte der Tafel wird das zentrale Thema geschriebene, auch ein Bild oder Foto eignet sich als Grundlage für eine Mindmap. Daran schließen sich in dünner werdenden Zweigen und unter Verwendung von Kleinbuchstaben die zweite und dritte sowie weitere Gedankenebenen (Unterkapitel) an. Hierbei greifen die TN auf ihr Vorwissen zurück und aktivieren ihren Lernwortschatz.

Pantomime-Sprechen-Zeichnen (Lektion 8 → S. 52, Lektion 10 → S. 96)

Teilen Sie Ihren Kurs in mindestens zwei Gruppen auf (es können auch zweimal zwei Gruppen gegeneinander spielen). Beide Gruppen notieren sich schwierige Wörter aus der Lektion auf Kärtchen; auf die Rückseite schreiben sie eine Umschreibung der Bedeutung auf Deutsch. Die Kärtchen werden zwischen den Gruppen ausgetauscht. Achten Sie darauf, dass jede Gruppe ungefähr gleich viele Kärtchen hat. Das Spiel wird in verschiedenen Runden gespielt. In jeder Runde versucht ein TN pro Gruppe der Reihe nach, seiner Gruppe den Begriff auf dem Kärtchen zu erklären. Zu Beginn wird gewürfelt und somit die Methode, wie die Wörter erklärt werden soll, bestimmt; die Augenzahl 1–2 bedeutet: *Pantomime* (das Wort erklären, ohne etwas zu sagen oder zu zeichnen); Augenzahl 3–4: *Sprechen* (den Begriff umschreiben, ohne ihn selbst oder Teile daraus zu nennen); Augenzahl 5–6: *Zeichnen* (ohne Buchstaben und Zahlen). Ist das geklärt, so deckt ein TN (zunächst der Gruppe 1) ein Kärtchen auf und versucht, seiner Gruppe den Begriff zu erklären. Wird der Begriff in der eigenen Gruppe erraten, bekommt die eigene Gruppe das Kärtchen. Errät die Gruppe den Begriff innerhalb von zwei Minuten nicht, darf die andere Gruppe raten. Sie erhält das Kärtchen, wenn sie den richtigen Begriff erraten hat. Errät keine Gruppe den Begriff, wird er wieder unter den Stapel gelegt. Die Gruppe, die am Ende die meisten Kärtchen bekommen hat, hat gewonnen.

Placemat (Lektion 8 → S. 38)

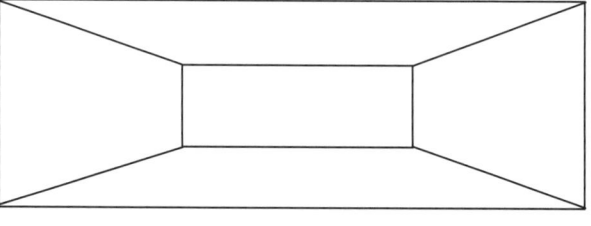

Die Placemat (englisch für Platzdeckchen) Aktivität ist eine Form der Gruppenarbeit, die sich sehr gut bei Diskussionen zu einem bestimmten Thema eignet. Teilen Sie Ihre Lerngruppe in Vierergruppen auf. Jede Gruppe erhält auf einem DIN-A3- oder DIN-A2-Bogen eine Placemat, auf dem vier Felder plus eins in der Mitte eingezeichnet sind. Jede/r TN bekommt ein Feld zugeteilt und notiert seine Gedanken/Argumente zu einem Thema in seinem Feld. Danach vergleichen die TN die Ergebnisse und einigen sich auf die wichtigsten Punkte, die sie in der Mitte notieren. Anschließend werden im Plenum die Ergebnisse ihrer Gruppenarbeit (= mittleres Feld) präsentiert.

Raumlauf (Lektion 7 → S. 16, Lektion 8 → S. 43, Lektion 10 → S. 91)

Die Methode eignet sich sehr gut zur Auflockerung des Unterrichts, fördert die Kommunikation und den Energieaufbau und ist vielfältig einsetzbar. Die TN gehen durch den Raum, auf ein Signal hin tun sie sich zu Zweiergruppen zusammen und unterhalten sich zu einem vorgegebenen Thema. Oder jede/r TN erhält ein Wort (zum Beispiel *Nomen-Verbverbindungen*), sie/er geht durch den Raum und sagt sein Wort immer wieder laut auf und muss seine/n Partner finden (ein/e TN mit einem Verb findet das passende Nomen). Zur Bewusstmachung der richtigen Intonation eignet sich eine Variante des Raumlaufs aus der Theaterpädagogik: Jede/r TN bekommt einen neutralen Satz („Heute wird es noch schneien.") und schreitet ein Gefühlsviereck ab – der Raum wird unterteilt in die Gefühle Trauer, Wut, Freude, Hass. In jedem Gefühlsviereck gibt die/der TN seinem Satz die passende Intonation.

Redekarten (Lektion 7 → S. 32; Lektion 12 → S. 123)

Damit in einer Diskussion jede/r TN zu Wort kommt und alle den gleichen Redeanteil haben, verteilen Sie vorab bunte Redekarten an die TN. Jede Farbe gibt eine bestimmte Redezeit vor (zum Beispiel *grün*: zwei Minuten, *rot*: eine Minute, *blau*: 30 Sekunden). Bei jeder Wortmeldung setzt die/der TN eine Redekarte ein, je nachdem, wie viel sie/er zu sagen hat. Redekarten sollten nur als Orientierungshilfe dienen, damit die Diskussion nicht ins Stocken gerät. Es kommt nicht darauf an, dass die Redezeit auf die Sekunde genau eingehalten wird. Vielmehr sind Redekarten eine Motivation für zurückhaltende Kursteilnehmer, die sonst weniger zu Wort kommen, sich mehr im Unterricht einzubringen.

Schneeballprinzip (Lektion 11 → S. 110, Lektion 12 → S. 116)

Jede/r TN notiert zu einem Thema beispielsweise drei Ideen. Danach sucht sie/er sich eine/n Lernpartner/in. Beide einigen sich gemeinsam auf die wichtigsten vier Punkte (von ihren sechs), danach suchen sich die Lernpartner ein weiteres Lernpartner-Paar und sie einigen sich zu viert auf die wichtigsten sechs Punkte (von acht) etc. Mit dieser Methode kann man viele Aspekte zu einem Thema sammeln und gleichzeitig üben, sich auf eine Auswahl der relevantesten Punkte zu einigen.

Schnittmenge (Lektion 12 → S. 125)

Die Lernpartner bekommen ein Plakat, auf das sie zwei große Kreise zeichnen, die in der Mitte eine Schnittmenge bilden. Jeder macht sich zunächst alleine Notizen in seiner Kreishälfte, anschließend vergleichen die Lernpartner ihre Ergebnisse und schreiben die wichtigsten gemeinsamen Punkte in die Schnittmenge. Zusammen präsentieren die TN danach die Schnittmenge ihrer Partnerarbeit im Plenum.

Schreibgespräch (Lektion 9 → S. 65)

Beim Schreibgespräch soll „schreibend" miteinander gesprochen werden. Die TN arbeiten in Kleingruppen zu dritt oder zu viert und erhalten einen großen Papierbogen. Sie sammeln Pro- und Kontra-Argumente zu einem Thema und schreiben das Thema oder die These für eine Diskussion in die Mitte des Plakats. Dann gehen zwei TN mit unterschiedlicher Meinung zusammen. Sie diskutieren, indem sie jeweils schriftlich mit einem Satz aufeinander reagieren. Eine anschließende Korrektur findet nicht statt, bei dieser Methode geht es darum, dass die TN Schreibblockaden abbauen und sich dem Schreibfluss hingeben.

Sitzen–Stehen (Lektion 7 → S. 28, Lektion 11 → S. 108)

Die TN stellen sich in einem Kreis auf. Stellen Sie jeder/jedem TN eine Frage (oder nennen Sie zum Beispiel ein Verb und fragen nach der passenden Präposition), welche diese/r beantworten muss. Ist die Antwort korrekt, darf sie/er stehenbleiben, bei falscher Antwort muss sie/er sich setzen. Wer am Ende stehen geblieben ist, hat gewonnen. Diese Methode eignet sich auch sehr gut zur Übung von Satzstrukturen. Die TN bilden zusammen einen Satz, die/der erste beginnt mit dem ersten Wort, ihr/sein Nachbar setzt den Satz fort, der Satz endet mit „Punkt" und die Wortkette wird mit einem neuen Satz fortgesetzt. Wer ein falsches Wort (oder eine falsche Konjugation oder Deklination) nennt, muss sich setzen, wer als Letztes steht, hat gewonnen.

Stationenlernen (Lektion 10 → S. 96)

Diese Methode eignet sich gut zur Gesamtwiederholung des neuen Lernstoffes. Kopieren Sie vertiefende Übungsaufgaben zum neuen Lernstoff und verteilen Sie diese an mehreren Stationen im Unterrichtsraum, die sie mit fortlaufenden Nummern markieren (insgesamt 5–7 Stationen, je nach Gruppengröße). Dabei können Sie Aufgaben aus dem Arbeitsbuch einsetzen, die sie im Unterricht noch nicht durchgenommen haben, oder Sie greifen auf die Lektionstests zurück. Kopieren Sie außerdem die Antworten zu den Aufgaben und legen Sie diese mit aus, und bereiten Sie einen „Laufzettel" vor, auf dem die TN notieren können, welche Stationen sie schon abgearbeitet haben und welche Fragen/Schwierigkeiten dabei aufgetreten sind. Die TN gehen von Station zu Station, lösen die Aufgaben und vergleichen ihre Ergebnisse mit den Lösungen. Motivieren Sie die TN, sich dabei gegenseitig zu helfen. Anschließend findet eine Evaluationsrunde im Plenum statt. Planen Sie Zeit ein, Themen, bei denen die TN Schwierigkeiten hatten, noch einmal zu wiederholen.

Umknicktext (Lektion 7 → S. 25, Lektion 9 → S. 65)

Mit dieser Methode schreiben die TN kollektiv einen Text. Geben Sie einen ersten Satz vor, der oben auf ein DIN-A4-Papier geschrieben wird, außerdem ein Thema, oder geben Sie eine bestimmte Grammatikstruktur vor, die in jedem Satz auftauchen soll. Die TN schreiben den nächsten Satz und knicken den Text um, sodass nur noch ihr Satz zu sehen ist. So geht es weiter, die/der nächste TN fügt einen weiteren Satz an und knickt um, bis ein Text entsteht, zu dem jede/r TN nur einen Satz beigetragen hat. Dieser wird am Ende laut vorgelesen.

Was bin ich? (Lektion 9 → S. 63; Lektion 12 → S. 121)

Schreiben Sie Substantive, die die TN neu gelernt haben, auf Post-Its. Die TN heften sich die Klebezettel an die Stirn, ohne vorher den Begriff gelesen zu haben. Danach gehen die TN durch den Raum, suchen sich eine/einen Lernpartner/in und stellen sich gegenseitig bis zu drei Ja-/Nein-Fragen, auf die die/der Lernpartner/in nur mit „ja" oder „nein" antwortet. Ziel ist es, das eigene Wort so schnell wie möglich zu erraten. Danach wechseln die Lernpartner. Wer sein Wort erraten hat, nimmt sein Post-It von der Stirn und gibt nur noch Antworten, so lange, bis alle Begriffe erraten wurden.

Wilde-Writing (Lektion 7 → S. 36)

Die TN schreiben fünf Minuten ohne Punkt und Komma, was Ihnen durch den Kopf geht. Sie dürfen dabei nicht stoppen oder nachdenken. Sie können den Schreibprozess mit Musik begleiten oder ein Bild als Inspiration vorgeben. Bedingung ist, dass dieser Text später nicht kontrolliert wird, er dient nur dazu, Schreibblockaden abzubauen und sich schriftlich „aufzuwärmen", als Vorbereitung auf den anschließenden Schreibprozess im Unterricht.

Word Battle (Lektion 8 → S. 45, Lektion 10 → S. 80)

Teilen Sie Ihre Lerngruppe in zwei Gruppen auf. Zwei Vertreter der Gruppen treten gegeneinander an und nennen abwechselnd so viele Wörter zu einem Thema (zum Beispiel *Psychologie*) oder einer Grammatik (zum Beispiel *Verben mit bestimmten Vorsilben*), wie ihnen einfallen – bis eine/ein TN nicht mehr weiter weiß. Die/Der TN, die/der das letzte Wort genannt hat, hat gewonnen.

ZONK (Lektion 7 → S. 36, Lektion 9 → S. 66, Lektion 10 → S. 76, Lektion 11 → S. 103)

Damit die Präsentationen von Partnerinterviews einen Quizcharakter bekommen, präsentieren die TN ihren Interviewpartner, indem sie anstelle ihres/seines Namens oder ihrer/seiner Nationalität „ZONK" sagen, zum Beispiel *ZONK hat viele Jahre Maschinenbau in ZONKs Heimatland ZONK studiert, bis ZONK den Bachelor-Abschluss erlangte ...* Mischen Sie die Sitzordnung im Vorfeld so gut durch, dass sich niemand mehr daran erinnert, wer mit wem das Interview durchgeführt hat. Die anderen TN raten anschließend, um wen es sich bei „ZONK" handeln könnte.

STRATEGIEN ZUM LESEVERSTEHEN

a Globales Lesen

→ *Sie wollen wissen, worum es in dem Text geht und ein allgemeines Textverständnis erlangen.*
- Lesen Sie zunächst die **Überschrift**. Was erwarten Sie von einem Text mit diesem Thema? Welches Vorwissen bringen Sie mit?
- Um welche **Textart** (Zeitungsartikel, wissenschaftlicher Text, Glosse ...) handelt es sich, was können Sie von dieser Textart erwarten?
- Stellen Sie **W-Fragen** an den Text, um die wichtigsten Informationen herauszufiltern (Wer ...? Was ...? Wie ...? etc.).

b Selektives Lesen

→ *Sie beantworten Fragen zu einem Lesetext und müssen dem Text gezielt Informationen entnehmen.*
- Markieren Sie (farbig) **Schlüsselwörter und relevante Textstellen** im Text, die Ihnen Informationen zu Ihrer Fragestellung liefern.
- Gliedern Sie den Text in verschiedene **Abschnitte**.
- Finden Sie für die einzelnen Abschnitte **Überschriften**.
- Fertigen Sie eine **Stichwortliste** an.

c Detailliertes Lesen

→ *Sie wollen beispielsweise einen wissenschaftlichen Text genau verstehen.*
- Wenden Sie zunächst Strategien zum **globalen Lesen** und **selektiven Lesen** an, bevor Sie ins Detail gehen.
- Schreiben Sie eine **Textzusammenfassung** zu den einzelnen Abschnitten und eine Zusammenfassung des gesamten Textes (in eigenen Worten!).
- Finden Sie **Synonyme** für schwierige Wörter.
- Fertigen Sie eine **visuelle Darstellung** des Textes an (z. B. mit einer Mindmap oder einem Argumentationsgerüst).

STRATEGIEN ZUM HÖRVERSTEHEN

a Globales Hören

→ *Sie wollen verstehen, worum es in einem Hörtext geht und welches Thema behandelt wird.*
- Um was für einen **Gattung** handelt es sich (Reportage, Ansagen, Interview ...), was erwarten Sie von der jeweiligen Gattung?
- Konzentrieren Sie sich nur auf das **Thema**.
- Was wissen Sie schon zu diesem Thema, welches **Vorwissen** bringen Sie mit?
- Notieren Sie sich **Schlüsselwörter** zu diesem Thema.

b Selektives Hören

→ *Sie entnehmen gezielt Informationen zu einem bestimmten Thema.*
- Notieren Sie während des Hörens **Schlüsselwörter** zu den wichtigsten Informationen.
- Bleiben Sie nicht bei schwierigen Wörtern „hängen", versuchen Sie sich auf den **Textzusammenhang** zu konzentrieren.
- Achten Sie auf **bedeutungtragende Verben**.
- Versuchen Sie eine **Gliederung** zu erstellen – welche Abschnitte gibt es?

c Detailliertes Hören

→ *Sie achten auf jedes Detail und möchten alle Einzelheiten verstehen, z. B. hören Sie eine Vorlesung an der Universität und müssen jedes Detail genau verstehen.*
- Fertigen Sie eine **Mitschrift** während des Hörens an.
- Sorgen Sie für **ausreichend Papier** für Ihre Mitschrift und schreiben Sie jede neue Information in eine **neue Zeile**.
- Notieren Sie sich die wichtigsten **Fakten** (Termine, Uhrzeiten, Orte, Maßeinheiten etc.).
- Arbeiten Sie mit **Abkürzungen** und **Symbolen**.

STRATEGIEN ZUM MÜNDLICHEN AUSDRUCK (HALTEN EINER PRÄSENTATION)

a Vorbereitung

- Wie viel **Zeit** ist für die Präsentation vorgesehen?
- Wer sind die **Zuhörer**?
- Wie groß ist der Raum und mit welcher **Medientechnik** ist er ausgestattet?
- Welche **Medien** möchten Sie verwenden (z. B. Beamer, Tafel, Overhead ...)?
- Bereiten Sie ein **Handout** vor.

b Einleitung

- Machen Sie die Zuhörer **neugierig** (durch ein Zitat, ein Motto, eine Frage).
- Geben Sie einen **Überblick** (Gliederung) über den Inhalt der Präsentation.
- Verteilen Sie das **Handout**.
- Verweisen Sie die Zuhörer darauf, dass am Schluss Zeit für **Fragen** und **Diskussion** bleibt.

c Hauptteil

- Kündigen Sie jeden **neuen Punkt** Ihres Vortrags an („Ich komme jetzt zum nächsten Teil ...").
- **Betonen** Sie wichtige Punkte.
- Heben Sie sich **wichtige Argumente** für den Schluss auf.
- Lassen Sie immer wieder **Beispiele** und eigene **Erfahrung** mit einfließen.
- Stellen Sie sich selbst **Fragen** und beantworten Sie diese.
- Verdeutlichen Sie **Fakten** und **Statistiken** am besten über Folie/Handout.

c Schluss

- Geben Sie das **Wichtigste** am Schluss wieder.
- Geben Sie eine kurze **Zusammenfassung** des Vortrags.
- Kommen Sie auf das **Motto/Eingangsfrage/Zitat** vom Anfang zurück.
- Ziehen Sie eine **Schlussfolgerung**.
- Stellen Sie **Fragen** für die anschließende Diskussion (oder greifen Sie die Fragen der TN auf); **moderieren** Sie die Diskussion.

Allgemeine Tipps

- Sprechen Sie **langsam** und machen Sie **Pausen**.

- Halten Sie **Blickkontakt** zum Publikum (nicht nur zu einer Person).

- **Sprechen Sie nicht zur Wand**, wenn Sie etwas an die Tafel schreiben oder eine Folie erklären.

- Halten Sie immer die **Zeit** im Blick.

- Formulieren Sie **kurze Sätze**.

- Gehen Sie sparsam mit **Fremdwörtern** um.

- **Üben** Sie die Präsentation vorher, indem Sie sich filmen lassen oder vor dem Spiegel üben.

Lektion 7   FINANZEN

Sehen und Hören, Aufgabe 2c

Kann es sein, dass du dich das letzte Mal gefragt hast,
warum du in deinem Leben noch nie richtig was gespart hast.
Und diese Realität fühlt sich jetzt an wie 'n Kater.
Ich hör mich an wie 'n Vater, doch bin so was wie 'n Berater.
Du weißt, die Werbung verspricht dir 'n schöneres Leben.
Doch beachtet man die Kosten nicht, gibt's größere Schäden.
Erst nur klein gedruckt und vor Gericht dann ganz groß ...

Aufgabe 2d, Abschnitt 1

Kann es sein, dass du dich das letzte Mal gefragt hast,
warum du in deinem Leben noch nie richtig was gespart hast.
Und diese Realität fühlt sich jetzt an wie 'n Kater.
Ich hör mich an wie 'n Vater, doch bin so was wie 'n Berater.
Du weißt, die Werbung verspricht dir 'n schöneres Leben.
Doch beachtet man die Kosten nicht, gibt's größere Schäden.
Erst nur klein gedruckt und vor Gericht dann ganz groß.
Hast 'n Haufen Schulden am Hals, dann geht der Spaß los.

Jede Woche ist der Briefkasten randvoll.
Rechnungen und Mahnungen und Ratenzahlungen, na toll,
nur weil du schnell nur diese eine Unterschrift gemacht hast.
Und weil du nicht vorher über die Kosten nachgedacht hast.
Der Mensch ist 'ne Konsummaschine und feiert sich selbst damit.
Die Jagd ist eröffnet und es machen sogar die Eltern mit.
Es geht um bling bling, schick schick und Tsching Tsching
und am Ende ist in deiner Potte einfach nichts drin.

Wach auf! Es ist deine Schuld!
Der Vertrag ist unterschrieben.
Pass auf! Es ist deine Schuld!
Deine Rechnungen sind geblieben.
Wach auf! Dein Geld ist rausgeschmissen.
Pass auf! Werbung hat dich angeschissen.

Aufgabe 2d, Abschnitt 2

Kennst du noch die eine, sie hieß Mandy,
damals hat sie sich 'nen Typen angelacht, jetzt hat sie ihn am Hals,
er hat Schulden bei der Bank und hat trotzdem eine dicke Karre,
düst jeden Abend durch die Hood und macht 'nen dicken Mann.
Und jetzt will er an die Kohle von Mandy,
er braucht 'n neues Haus, 'n neues Boot und 'n Handy
und sie, voll verliebt, lässt ihm alles durchgeh'n,
eröffnet ihm ein Konto und jetzt hat sie das Problem.
Der Freund wird immer fetter, ihre Potte immer leerer,
dass sie keinen Cent mehr hat, merken sogar ihre Lehrer,
und so kommt es, dass sie irgendwann zur Tat schreiten muss,
diesen Typen vor die Tür setzen und abschreiben muss,
doch die Schulden bleiben ihr, denn der Strom muss bezahlt werden,
sonst könnt's in ihrer Bude bald ziemlich kalt werden,
Tja, kann man nix machen, das ist die Story von Mandy
und seitdem findet sie bestimmt keine Werbung mehr trendy.

Wach auf! Es ist deine Schuld!
Der Vertrag ist unterschrieben.
Pass auf! Es ist deine Schuld!
Deine Rechnungen sind geblieben.
Wach auf! Dein Geld ist rausgeschmissen.
Pass auf! Werbung hat dich angeschissen.

Hören, Aufgabe 2, Abschnitt 1

Moderator: Kommen wir zu unserem nächsten Beitrag. 2002 entstand der Euroraum. Der Euro wurde in einer Reihe von Mitgliedsstaaten der Europäischen Union als offizielle Währung eingeführt. Einige Länder, wie zum Beispiel Großbritannien, blieben aber draußen. Der Euro löste bei denen, die mitmachten, die nationalen Währungen ab. Damit wurde in Deutschland die D-Mark und in Österreich der Schilling aus dem Verkehr gezogen. Aber auch die europäischen Nachbarn gaben ihre Gulden, Franc, Lire, Peseten usw. auf und bezahlen nun mit denselben Euro-Münzen und Euro-Scheinen. Nach und nach sind immer mehr Staaten der Eurozone beigetreten. Um das wirtschaftliche Zusammenwachsen noch weiter voranzutreiben, wurde 2014 der Zahlungsverkehr innerhalb der Eurozone erleichtert. Darüber sprechen wir jetzt mit unserem Experten für Geld und Finanzen. Herrn Professor Schenk von der Universität Eichstätt. Herr Professor Schenk, wie hat sich der europaweite Zahlungsverkehr seit 2014 verändert?

Experte: Ja, wenn man etwas beispielsweise aus Deutschland nach Italien überweisen möchte, geht das leichter, d.h. schneller, reibungsloser und billiger. Denn seit Kurzem gibt es den einheitlichen Euro-Zahlungsverkehrsraum. Auf Englisch heißt der SEPA. Diese Abkürzung steht für Single Euro Payment Area. Damit ist der Euro-Zahlungsverkehrsraum zu einem „Inlandszahlungsmarkt" geworden.

Aufgabe 2, Abschnitt 2 CD2 6

Moderator: Aha. Und was bedeutet das in der Praxis?

Experte: Überweisungen und Lastschriften sind dadurch für Bankkunden in der Euro-Zone genauso einfach und bequem geworden wie solche Transaktionen innerhalb von Deutschland. Überweisungen zwischen Deutschland und Spanien zum Beispiel sind genauso einfach und kostengünstig wie Überweisungen zwischen Hamburg und Kiel.

Moderator: Für wen ist das denn wichtig?

Experte: Für jedes Unternehmen, aber auch Behörden, Händler, Vereine, und jeden von uns Verbrauchern, wir alle können und müssen das neue System anwenden.

Moderator: Welche Länder nehmen denn an SEPA teil?

Experte: Grundsätzlich nehmen neben den 28 Mitgliedsstaaten der Europäischen Union auch die drei Länder Island, Liechtenstein und Norwegen teil. Diese drei haben zwar keinen Euro, gehören aber zum sogenannten Europäischen Wirtschaftsraum. Mit Besonderheiten nehmen auch die Schweiz und Monaco an SEPA teil.

Moderator: Ist der Euro die einzige Währung im SEPA-Raum?

Experte: Ja, so ist es. Wenn man Überweisungen zwischen den genannten Ländern mit SEPA macht, dann geht das im Prinzip nur in Euro und zwar bis zu einer Höhe von 50.000 Euro. Ausnahmen zu schwedischen Kronen und rumänischen Lei findet man auf der Webseite für EU-Verbraucher.

Aufgabe 2, Abschnitt 3 CD2 7

Moderator: Was ist denn ganz konkret neu? Es gibt jetzt sehr lange Kontonummern, oder?

Experte: Ja, schon etwas länger als unsere alten. Wir haben jetzt einheitliche Kontonummern in ganz Europa, das ist sinnvoll. Man nennt diese neue Kontonummer IBAN, das steht für International Bank Account Number. Die IBAN setzt sich aus mehreren Bestandteilen zusammen. Als Erstes kommt ein Ländercode, der ist „DE" für Deutschland, darauf folgen zwei sogenannte Prüfziffern der Bank, dann folgt die bisherige Bankleitzahl, die hat 8 Ziffern, und dann erst folgt die bisherige Kontonummer. Hat eine Kontonummer weniger als 10 Ziffern, werden die leeren Stellen vorne mit Nullen aufgefüllt. So setzen sich die 22 Stellen der IBAN zusammen.

Moderator: Sicher können sich viele die IBAN nicht so leicht merken.

Experte: Das ist in der Tat so. Außerdem hat die Praxis bereits gezeigt: Man muss sich vor Zahlendrehern in Acht nehmen. Die Bank kann Fehler bei der IBAN nicht korrigieren und führt den Auftrag dann einfach nicht aus.

Moderator: Da müssen wir also in Zukunft darauf achten, den Überweisungsträger sehr sorgfältig auszufüllen. Herr Professor Schenk, haben Sie herzlichen Dank für diese hilfreichen Erklärungen.

Experte: Aber sehr gerne.

Lektion 8   PSYCHOLOGIE

Hören, Aufgabe 1b, Abschnitt 1 CD2 8

Reporterin: In unserem heutigen Mittagsmagazin „Experten im Gespräch" begrüße ich die Psychotherapeutin Doktor Nelia Schmid-König. Guten Tag!

NSK: Guten Tag!

Reporterin: Frau Schmid-König, Sie therapieren Kinder und Jugendliche. Mit welchen Schwierigkeiten und Problemen kommen die jungen Menschen denn heutzutage hauptsächlich zu Ihnen?

NSK: Hauptsächlich sind's fünf Gruppen, sag ich jetzt mal, Symptomgruppen: Kinder mit depressiven Verstimmungen und bis ausgewachsenen Depressionen, dann gibt es Kinder, die sind immer noch eher die Jungs, die mit Aggression zu tun haben, dann gibt es die Gruppe der Lernstörungen, Psychosomatisierung nimmt ganz stark zu – Psychosomatisierung meint, dass die Kinder ihre Konflikte nicht in der Beziehung unterbringen, sondern auf den Körper verlagern, also Kinder, die zum Beispiel jeden Montag Kopfschmerzen haben, Bauchweh haben, bevor sie in die Schule gehen. Und dann noch die letzte Gruppe, das sind die Kinder und Jugendlichen mit der ADHS-Symptomatik, also diese unruhigen, unkonzentrierten Schüler, es sind vor allem Jungen, die ihrem Umfeld, sich selber großen Ärger machen, auch oft nicht gut sind in der Schule, obwohl sie vermutlich überdurchschnittlich intelligent sind. Das ist 'ne große Gruppe unverstandener Jungs.

Aufgabe 1b, Abschnitt 2 CD2 9

Reporterin: Und wie alt sind Ihre Patienten?

NSK: Wir fangen an so mit Zweijährigen bis – ja bis 21.

Reporterin: Okay, das ist ein breites Spektrum. Die Akzeptanz der Therapie bei den Jugendlichen, wie ist die?

NSK: Die hat sehr zugenommen, das war noch vor 10 Jahren überhaupt nicht der Fall. Wir haben ganz selten Jungen, vor allem jugendliche Jungen in Therapie gehabt und die Akzeptanz ist seit – ja – 5 bis 10 Jahren sehr gestiegen. Inzwischen ist es so, dass wir manchmal fast amerikanische Verhältnisse haben, dass die Jugendlichen stolz sind, wenn sie sagen können, sie haben 'nen Therapeuten.

Reporterin: Und in einer Therapiestunde, wie darf ich mir das vorstellen, was passiert da?

NSK: In der Spieltherapie, das sind also die Zwei – bis etwa Zehnjährigen, 11-Jährigen, versuchen die Kinder über das Spiel zu zeigen, was sie bedrückt, bedrängt – sie können den ganzen Therapieraum mit verschiedenen Spielsachen und auch mich nutzen, für das, was ihnen wichtig ist. Es läuft also übers Spiel, können mit Ton arbeiten, sie können boxen und so weiter. Und bei den Jugendlichen ist es 'ne Form von Gesprächstherapie. Da sitzen wir uns gegenüber, und natürlich können sie auch – ich hab' zum Teil sehr kreative Patienten – können sie auch malen oder mit Ton arbeiten oder Texte schreiben.

Reporterin: Würden Sie sagen, dass heutzutage mehr Kinder und Jugendliche therapeutische Hilfe brauchen als früher?

NSK: Es sieht so aus, wie wenn die heutigen Kinder und Jugendlichen neurotischer oder gestörter wären als früher, das ist aber nicht der Fall, ich glaube nicht, dass es so ist. Sie kommen schneller, weil sie nicht mehr so gut funktionieren, von den Eltern und den Lehrern her gesehen, auffälliger sind. Ich glaub nicht, dass sie kränker sind als früher, aber es ist 'ne größere Offenheit da, auch von Seiten der Eltern – gut informierten Eltern – dass ihr Kind jetzt 'ne andere, außerfamiliäre, Unterstützung braucht.

Aufgabe 1b, Abschnitt 3 CD2 C10

Reporterin: Wie könnte man denn Ihrer Meinung nach das Eltern-Kind-Verhältnis verbessern, das vielleicht ein bisschen in eine Schieflage gekommen ist.

NSK: Mit einem einfachen Wort, das schwer umzusetzen ist: Zeit! Erziehung hat ganz viel mit Beziehung zu tun und Beziehung braucht Zeit. Und ich stelle immer wieder fest, ich hab's mit wunderbaren Eltern zu tun, auch fähigen Eltern. Und genauso sind auch die Kinder, da sind viele Ressourcen da bei den Kindern. Was fehlt, ist die Zeit! Die Zeit, einander zu begegnen. Es ist 'ne Elterngeneration, die so viel weiß, theoretisch, wie noch keine vor ihr. Und es ist aber in meinen Augen die unsicherste Elterngeneration, die wir heute haben. Sie weiß viel, sie setzt es aber nicht um, weil die Zeit fehlt, einfach wieder mal dem Kind und vor allem dem Jugendlichen dann auch, da wird's sehr wichtig, zuzuhören. Nicht das Kind dann in irgendwelche neuen Überzeugungen einzubinden, sondern sich Zeit zu nehmen. Einfach mal neugierig hinzuschauen – Wer ist eigentlich mein Kind?

Reporterin: Werden denn die Eltern in die Therapiearbeit auch mit eingebunden?

NSK: Die Mitarbeit der Eltern ist sehr wichtig, in manchen Fällen sogar mitentscheidend, ob die Therapie zu 'nem guten Ende kommt. Je kleiner die Kinder sind, umso mehr bin ich auf die Mitarbeit der Eltern angewiesen und was mich selber sehr zufriedenstellt, ist, dass sich da auch bei den Vätern enorm viel getan hat. Früher hatten die Väter das Gefühl: „da muss eigentlich nur meine Frau hin." Diese Sichtweise hat sich sehr verändert. Je jünger die Elternpaare sind, umso mehr ist die Bereitschaft der Väter da, mitzuarbeiten bei 'ner besseren Familienatmosphäre. Und auch sich mitunter mal in Frage zu stellen in einigen Handlungen, Arten, dem Kind zu begegnen.

Reporterin: Jetzt hätte ich noch eine Frage an Sie ganz persönlich: Sie hatten nämlich zuerst Germanistik studiert und sind später umgesattelt auf Psychologin/Psychoanalytikerin. Gab es dafür denn einen besonderen Grund?

NSK: Ja, mein Herz ist immer sehr an der Literatur gehangen, also Germanistik, Romanistik, Literaturkritik und ich habe aber irgendwann das Bedürfnis gehabt, das, was ich da in der Literatur finde – ich habe mich auch immer sehr in diese Figuren hineinversetzt – das, was ich da finde, im realen

Kontakt zwischen einem Gegenüber und mir zu erleben. Das ist der Grund, dass ich umgesattelt bin.

Reporterin: Frau Schmid-König, ich danke Ihnen ganz herzlich, dass Sie sich für uns die Zeit genommen haben und wünsche Ihnen weiterhin alles Gute und viel Erfolg!

NSK: Ich danke Ihnen auch.

Lektion 9   STADT UND DORF

Hören, Aufgabe 2, Abschnitt 1 CD2 C11

Moderator: In unserer Reihe „Alternativen" stellen wir Menschen und soziale Gemeinschaften vor, die einen neuen Weg eingeschlagen haben. Heute hören Sie einen Beitrag über ein besonderes Dorf namens Sieben Linden, über das in der Presse immer wieder zu lesen ist. Es liegt in der Altmark im nördlichen Sachsen-Anhalt. Es existiert in dieser Form seit 1997 und jetzt leben dort circa 140 Menschen. Meine Kollegin Miriam Pflaume hat sich mit diesem Projekt näher befasst und auch ein interessantes Interview mit einem Bewohner geführt. Miriam, worum geht es bei diesem sozialen Experiment?

Moderatorin: Auf der Homepage des Dorfs kann man die Ziele der Initiatoren nachlesen. Von sozialer und ökologischer Verträglichkeit ist da die Rede und damit ist ein ganzes Bündel von konkreten Dingen gemeint: Zum einen geht es um eine andere Art von Landwirtschaft. Man betreibt ökologischen Gartenbau, was vor allem heißt, keine Chemie einzusetzen. Ökologie spielt auch beim Bauen eine wichtige Rolle. In Sieben Linden stehen selbst gefertigte Strohballenhäuser. Gebaut werden die mit regionalen Materialien, also Holz, Lehm und Strohballen. In den Häusern sieht vieles ganz anders aus als in einem neueren Wohnblock in deutschen Großstädten, zum Beispiel gibt es Solar- und Photovoltaik-Anlagen, die im Jahresschnitt mehr Strom produzieren als die Gemeinschaft verbraucht. Es gibt Komposttoiletten, die Wasser sparen, geheizt wird viel mit Holz von Bäumen, die man selbst zuerst gepflanzt und gefällt hat, überall finden Recycling-Materialien Verwendung. Neben all diesen technischen Innovationen arbeitet man in Sieben Linden an einem neuen Modell sozialen Zusammenlebens: Man führt eine gemeinsame Haushaltskasse, in die Bewohner etwas Geld einbringen können, wenn ie dafür mit Bio-Ernährung versorgt werden wollen, ein eigener Waldkindergarten kümmert sich um die Kleineren. Wer ins Dorf einziehen will, muss mindestens 12.000 Euro mitbringen. Gesucht werden zurzeit Bau-Experten, Gästehausbetreiber, Verwaltungs-Mitarbeiter und Land- und Forstwirte.

Moderator: Liebe Miriam, vielen Dank für diese informative Einführung.

Moderatorin: Gern.

Aufgabe 2, Abschnitt 2 🎧C12

Moderatorin: Herr Würfel, Sie sind vor fünf Jahren ins Ökodorf Sieben Linden gezogen. Sie mussten einiges dafür tun: einen Gemeinschaftskurs absolvieren, eine Abstimmung der Bewohner gewinnen, ein Probejahr vor Ort leben und schließlich 12.000 Euro zahlen. Warum wollten Sie unbedingt in die ökologisch-soziale Modellsiedlung?

Würfel: Ich war einfach genervt von der Stadt. In Hannover wohnte ich wegen meiner damaligen Freundin, obwohl ich dort nie leben wollte. Ich fand die ganze Werbung, den dichten Verkehr unerträglich. Ich habe mich permanent genötigt gefühlt, dieses oder jenes cool zu finden und zu kaufen. Der Bewerbungsprozess in Sieben Linden war zwar langwierig, aber ich konnte in Ruhe prüfen, ob ich mit den Menschen dort auch leben will.

Moderatorin: Sind Sie dort ein besserer Mensch geworden?

Würfel: Ich glaube nicht. Entweder habe ich mich nicht verbessert oder ich war vorher schon so gut. In meinem früheren Leben galt ich als Idealist. Ich fand es blöd, wenn andere mit dem Auto und nicht mit dem Fahrrad fuhren. Heute lebe ich unter Menschen, die darüber genauso denken wie ich.

Moderatorin: Was gefällt Ihnen in Sieben Linden?

Würfel: Ich fühle mich integriert. Die Mischung hier ist sehr bunt: von jungen hippen Menschen über Selbstversorger bis zu Eltern, die für ihre Kinder ein anderes Umfeld suchen. Ich zahle monatlich einen Betrag in die Essenskasse und kann mir in der Küche nehmen, was ich möchte. Ich habe aber auch ein Privatleben. Ob ich abends im Haupthaus mit den anderen esse oder mich mit einer Stulle in meinen Bauwagen zurückziehe, ist meine Sache.

Moderatorin: Was haben Sie für Ihr neues Leben aufgegeben?

Würfel: Eine Wohnung mit eigenem Badezimmer und eine Küche, in der ich mir meine Gesellschaft aussuchen kann. Und auch ein großes Stück Freiheit. In Hannover habe ich viel gearbeitet, aber hatte die Abende frei. Hier gibt es immer was zu tun. Anfangs habe ich mir viele Dinge ganz träumerisch ausgemalt. Ich wollte als Kunstprojekt einen Turm bauen und dachte, hier finde ich die Zeit. Bis heute habe ich es nicht geschafft. Das frustriert mich.

Moderatorin: Gab es Momente, in denen Sie wieder wegziehen wollten?

Würfel: Am Anfang schon. In den ersten zwei Jahren habe ich mich oft einsam gefühlt, obwohl ich hier in einer großen Gemeinschaft lebe. Ich war Single und dachte, daran würde sich in Sieben Linden nichts mehr ändern. Ich bin dann einen Sommer nach Berlin zu Freunden gezogen und habe das sehr genossen. Aber mittlerweile sind mir die Menschen hier ans Herz gewachsen. Seit drei Jahren lebe ich jetzt mit meiner Freundin im Dorf – die ich übrigens außerhalb von Sieben Linden kennengelernt habe.

Moderatorin: Was könnte sich unsere Gesellschaft von Sieben Linden abgucken?

Würfel: Gemeinschaftlicher zu leben! In der großen Gesellschaft sucht jeder nach individuellen Lösungen. Hier im Ort teilen wir Autos und Rasenmäher, kümmern uns zusammen um Gemüsebeete oder den Hausbau. Nur weil jede Arbeit allen Bewohnern zugutekommt, haben wir eine gute Ökobilanz. Allein ist das kaum zu schaffen.

Moderatorin: Lieber Herr Würfel, vielen Dank für das Gespräch.

Lektion 10 LITERATUR

Hören, Aufgabe 2a 🎧C13

Moderator: In unserer Sendung „Rund ums Kino" haben wir heute die Drehbuchautorin Laura Lackmann zu Gast. Frau Lackmann, wir freuen uns, Sie in unserem Studio begrüßen zu dürfen.

Laura Lackmann: Guten Tag Herr Sandor und danke für die Einladung!

Moderator: Frau Lackmann, Sie sind auf eine ganz besondere Weise kreativ – Sie schreiben nämlich Drehbücher für Literaturverfilmungen. Darf ich Ihnen dazu einige Fragen stellen?

Laura Lackmann: Ja gern!

Moderator: Als ich Michael Endes „Unendliche Geschichte" im Kino gesehen habe, musste ich weinen. Nicht weil das Pferd des Helden qualvoll im Moor versank, sondern weil der wunderbare Drache Fuchur nichts konnte, außer mit den Ohren zu wackeln. Ich war zwar erst sieben Jahre alt, aber trotzdem wahnsinnig frustriert von dem, was aus dem großartigen Buch und seinen Figuren geworden war, das mir meine Schwester nächtelang vorgelesen hatte. Es war also eine weniger begeisternde erste persönliche Erfahrung mit einer Literaturverfilmung …

Laura Lackmann: Die Enttäuschung über Literaturverfilmungen ist eine logische Konsequenz, wenn man erwartet, genau das zu sehen, was man zuvor beim Lesen erlebt hat. Ein Film kann niemals wie seine literarische Vorlage sein. Ein Buch unterliegt anderen dramaturgischen Regeln als ein Film. Bücher können in der Handlung abschweifen, sie können sich ausbreiten und einer großen Zahl Figuren ausführlich folgen. Die Spannung einer Geschichte entwickelt sich nicht notwendigerweise aus der Handlung, sondern aus der Sprache und aus den Bildern, die durch sie entstehen.

Moderator: Was sind also wichtige, grundsätzliche Überlegungen, die Sie anstellen, bevor Sie eine Romanvorlage umarbeiten?

Laura Lackmann: Ein Buch muss nicht unbedingt am Stück gelesen werden. Der Leser bestimmt selbst das Tempo. Ein Film dagegen muss in 120 Minuten funktionieren. Wenn man eine Romanadaption macht, muss man sich auf das Wesentliche konzentrieren, man muss den Kern der Geschichte transportieren. Dabei lässt man einige Handlungsstränge weg oder fasst sie zusammen. Man beschränkt sich und nimmt nur das mit, was man für die Entwicklung seines Helden braucht.

Moderator: Was passiert denn mit den Romanfiguren im Film? Gibt es da auch eine Art Regel?

Laura Lackmann: Ja, also während ein Roman einer großen Anzahl von Charakteren folgen kann, muss man für die Filmhandlung genau überlegen, wer notwendig ist, um die Erzählung voranzutreiben. Dabei fallen Personen weg. Sind Eigenschaften oder Ziele zweier Figuren ähnlich, wird aus ihnen eine Figur gemacht. Es kann aber auch vorkommen, dass der Drehbuchautor eine Figur hinzuerfindet, die es im Roman nicht gegeben hat. Man benutzt Figuren wie ein Werkzeug, um Dinge zu verdeutlichen.

Moderator: Wie kann man wichtige Passagen, in denen im Buch beispielsweise Gefühle der Personen geschildert werden, filmisch umsetzen?

Laura Lackmann: In einem Buch hat man als Autor die Möglichkeit, den Konflikt einer Figur ausschließlich innerlich stattfinden zu lassen. Als Leser können wir deren Gedanken folgen. Uns werden Gefühle und Ziele beschrieben, die den Protagonisten beschäftigen. Im Kino funktioniert die Innenperspektive anders. Im besten Fall können wir Gefühle im Ausdruck und in den Aktionen des Schauspielers ablesen. Wir verfolgen Handlungen und Intentionen der Figuren, ohne sie direkt erklärt zu bekommen.

Moderator: Wie reagieren die Zuschauer, die den Roman vorher gelesen haben, auf diese Abwandlungen der Buchvorlage?

Laura Lackmann: Bei manchen ruft das eine Frustration hervor, wenn sie die Literaturverfilmung dann sehen. Diese kommt nicht so sehr durch Kürzungen und Ergänzungen im Drehbuch – denn wer liest schon das Drehbuch. Es ist die Bebilderung dessen, was man sich beim Lesen ganz anders vorgestellt hat. Kein Film kann so schön sein wie der, der im Kopfkino abläuft. Im Film bleiben einem durch die vom Regisseur gewählten Bilder zumindest auf den ersten Blick keine Interpretationsmöglichkeiten. Ein guter Film lässt dem Zuschauer hier allerdings genug Spielraum.

Moderator: Was sind schließlich die ausschlaggebenden Faktoren dafür, was im Film zu sehen oder nicht zu sehen ist?

Laura Lackmann: Am Ende entscheidet natürlich der Regisseur, was für ein Film entsteht. Er orientiert sich auch daran, was produktionstechnisch möglich ist. Kann im Roman ein Schwein im Weltraum explodieren, so hat der Film vielleicht nicht das Budget, das All nachzubauen. Oder ein Ordnungsamt stellt sich quer, um das Tier zu schützen. Die Folge: Das Schwein wird gestrichen. Der Drehbuchautor hat also vor allem die Aufgabe, die Vorgaben des Romans und die Vorstellungen des Regisseurs unter einen Hut zu bringen. Wir sind sozusagen die „Mittler" zwischen Buch und Film. Der Zuschauer muss sich auf eine Interpretation des geliebten Buches einstellen und neugierig auf das sein, was jemand anders darin gesehen hat.

Moderator: Arbeiten Drehbuchautoren eigentlich auch mit den Romanautoren zusammen?

Laura Lackmann: Oft greifen Romanautoren in diese Interpretation ein, werden zu Beratern, Ko-autoren oder machen ihr Buch selbst zum Drehbuch. Doch nicht jeder gute Schriftsteller kann auch ein gutes Drehbuch schreiben. Hat der Drehbuchautor Glück, hilft ihm der Romanautor, sein Werk besser zu durchdringen. Hat er Pech, trifft er auf einen Schöpfer der Geschichte, der nichts von dem verändern will, was er zuvor mühsam erschaffen hat. In den meisten Fällen hält sich der Romanautor aber zurück. Er kann schließ-

lich davon ausgehen, dass die Filmemacher im Sinne der Buchvorlage arbeiten wollen. Immerhin ist sie so gut, dass man einen Film daraus machen will. Man möchte ja schließlich möglichst viele Leser als Zuschauer gewinnen.

Moderator: Frau Lackmann, ich danke Ihnen vielmals für dieses Interview.

Laura Lackmann: Gern geschehen.

Aufgabe 2c, Abschnitt 1 CD2 C14

Moderator: In unserer Sendung „Rund ums Kino" haben wir heute die Drehbuchautorin Laura Lackmann zu Gast. Frau Lackmann, wir freuen uns, Sie in unserem Studio begrüßen zu dürfen.

Laura Lackmann: Guten Tag Herr Sandor und danke für die Einladung!

Moderator: Frau Lackmann, Sie sind auf eine ganz besondere Weise kreativ – Sie schreiben nämlich Drehbücher für Literaturverfilmungen. Darf ich Ihnen dazu einige Fragen stellen?

Laura Lackmann: Ja gern!

Moderator: Als ich Michael Endes „Unendliche Geschichte" im Kino gesehen habe, musste ich weinen. Nicht weil das Pferd des Helden qualvoll im Moor versank, sondern weil der wunderbare Drache Fuchur nichts konnte, außer mit den Ohren zu wackeln. Ich war zwar erst sieben Jahre alt, aber trotzdem wahnsinnig frustriert von dem, was aus dem großartigen Buch und seinen Figuren geworden war, das mir meine Schwester nächtelang vorgelesen hatte. Es war also eine weniger begeisternde erste persönliche Erfahrung mit einer Literaturverfilmung ...

Laura Lackmann: Die Enttäuschung über Literaturverfilmungen ist eine logische Konsequenz, wenn man erwartet, genau das zu sehen, was man zuvor beim Lesen erlebt hat. Ein Film kann niemals wie seine literarische Vorlage sein. Ein Buch unterliegt anderen dramaturgischen Regeln als ein Film. Bücher können in der Handlung abschweifen, sie können sich ausbreiten und einer großen Zahl Figuren ausführlich folgen. Die Spannung einer Geschichte entwickelt sich nicht notwendigerweise aus der Handlung, sondern aus der Sprache und aus den Bildern, die durch sie entstehen.

Moderator: Was sind also wichtige, grundsätzliche Überlegungen, die Sie anstellen, bevor Sie eine Romanvorlage umarbeiten?

Laura Lackmann: Ein Buch muss nicht unbedingt am Stück gelesen werden. Der Leser bestimmt selbst das Tempo. Ein Film dagegen muss in 120 Minuten funktionieren. Wenn man eine Romanadaption macht, muss man sich auf das Wesentliche konzentrieren, man muss den Kern der Geschichte transportieren. Dabei lässt man einige Handlungsstränge weg oder fasst sie zusammen. Man beschränkt sich und nimmt nur das mit, was man für die Entwicklung seines Helden braucht.

Aufgabe 2c, Abschnitt 2 CD2 C15

Moderator: Was passiert denn mit den Romanfiguren im Film? Gibt es da auch eine Art Regel?

Laura Lackmann: Ja, also während ein Roman einer großen Anzahl von Charakteren folgen kann, muss man mann: für die Filmhandlung genau überlegen, wer notwendig ist, um die Erzählung voranzutreiben. Dabei fallen Personen weg. Sind Eigenschaften oder Ziele zweier Figuren ähnlich, wird aus ihnen eine Figur gemacht. Es kann aber auch vorkommen, dass der Drehbuchautor eine Figur hinzuerfindet, die es im Roman nicht gegeben hat. Man benutzt Figuren wie ein Werkzeug, um Dinge zu verdeutlichen.

Moderator: Wie kann man wichtige Passagen, in denen im Buch beispielsweise Gefühle der Personen geschildert werden, filmisch umsetzen?

Laura Lackmann: In einem Buch hat man als Autor die Möglichkeit, den Konflikt einer Figur ausschließlich innerlich stattfinden zu lassen. Als Leser können wir deren Gedanken folgen. Uns werden Gefühle und Ziele beschrieben, die den Protagonisten beschäftigen. Im Kino funktioniert die Innenperspektive anders. Im besten Fall können wir Gefühle im Ausdruck und in den Aktionen des Schauspielers ablesen. Wir verfolgen Handlungen und Intentionen der Figuren, ohne sie direkt erklärt zu bekommen.

Aufgabe 2c, Abschnitt 3 CD2 C16

Moderator: Wie reagieren die Zuschauer, die den Roman vorher gelesen haben, auf diese Abwandlungen der Buchvorlage?

Laura Lackmann: Bei manchen ruft das eine Frustration hervor, wenn sie die Literaturverfilmung dann sehen. Diese kommt nicht so sehr durch Kürzungen und Ergänzungen im Drehbuch – denn wer liest schon das Drehbuch. Es ist die Bebilderung dessen, was man sich beim Lesen ganz anders vorgestellt hat. Kein Film kann so schön sein wie der, der im Kopfkino abläuft. Im Film bleiben einem durch die vom Regisseur gewählten Bilder zumindest auf den ersten Blick keine Interpretationsmöglichkeiten. Ein guter Film lässt dem Zuschauer hier allerdings genug Spielraum.

Moderator: Was sind schließlich die ausschlaggebenden Faktoren dafür, was im Film zu sehen oder nicht zu sehen ist?

mann: Am Ende entscheidet natürlich der Regisseur, was für ein Film entsteht. Er orientiert sich auch daran, was produktionstechnisch möglich ist. Kann im Roman ein Schwein im Weltraum explodieren, so hat der Film vielleicht nicht das Budget, das All nachzubauen. Oder ein Ordnungsamt stellt sich quer, um das Tier zu schützen. Die Folge: Das Schwein wird gestrichen. Der Drehbuchautor hat also vor allem die Aufgabe, die Vorgaben des Romans und die Vorstellungen des Regisseurs unter einen Hut zu bringen. Wir sind sozusagen die „Mittler" zwischen Buch und Film. Der Zuschauer muss sich auf eine Interpretation des geliebten Buches einstellen und neugierig auf das sein, was jemand anders darin gesehen hat.

Moderator: Arbeiten Drehbuchautoren eigentlich auch mit den Romanautoren zusammen?

Laura Lackmann: Oft greifen Romanautoren in diese Interpretation ein, werden zu Beratern, Koautoren oder machen ihr Buch selbst zum Drehbuch. Doch nicht jeder gute Schriftsteller kann auch ein gutes Drehbuch schreiben. Hat der Drehbuchautor Glück, hilft ihm der Romanautor, sein Werk besser zu durchdringen. Hat er Pech, trifft er auf einen Schöpfer der Geschichte, der nichts von dem verändern will, was er zuvor mühsam erschaffen hat. n den meisten Fällen hält sich der Romanautor aber zurück. Er kann schließlich davon ausgehen, dass die Filmemacher im Sinne der Buchvorlage arbeiten wollen. Immerhin ist sie so gut, dass man einen Film daraus machen will. Man möchte ja schließlich möglichst viele Leser als Zuschauer gewinnen.

Moderator: Frau Lackmann, ich danke Ihnen vielmals für dieses Interview.

Laura Lackmann: Gern geschehen.

Lektion 11 INTERNATIONALE GESCHÄFTSKONTAKTE

Hören, Aufgabe 2b, Abschnitt 1 CD2 C17

In unserer globalisierten Welt pflegen immer mehr Menschen internationale Geschäftskontakte und haben Mitarbeiter aus den verschiedensten Kulturkreisen. Das erfordert ein besonderes Feingefühl und Wissen darüber, auf welche Weise in der anderen Kultur kommuniziert wird und worin die Unterschiede zur eigenen Kultur liegen. Für eine erfolgreiche wirtschaftliche Zusammenarbeit ist es entscheidend, ob man in der Lage ist, das, was der Verhandlungspartner oder der ausländische Mitarbeiter sagt, richtig einschätzen zu können.

Wenn Deutsche *Ja* sagen, kann man im Grunde davon ausgehen, dass sie es auch so meinen. Das Ja ist ein Ja auf der Sachebene. Bei einem Arbeitsauftrag zum Beispiel geht es nur um die Sache, nicht um die Beziehung zwischen den Gesprächspartnern. Dementsprechend hat die Antwort keine Auswirkungen auf die Qualität der Beziehung, egal ob die Antwort Ja oder Nein lautet.

In vielen anderen Kulturen ist das völlig anders. In Asien zum Beispiel kann jemand auf die Frage, ob er einen Tee möchte, aus Bescheidenheit Nein sagen, obwohl er eigentlich Ja meint. Genauso kann jemand in Asien Ja zu einem Arbeitsauftrag sagen, um die Beziehung nicht zu stören, dabei aber eigentlich Nein meinen.

Aufgabe 2b, Abschnitt 2 CD2 C18

Hier nun ein Fallbeispiel, das sich in einer Firma zwischen einem deutschen Chef und seiner chinesischen Mitarbeiterin zugetragen hat. Der Chef fragt seine chinesische Mitarbeiterin, ob sie eine Aufgabe bis zum nächsten Tag erledigen könne. Sie antwortet mit Ja. Am nächsten Tag ist die Aufgabe allerdings nicht erledigt. Der Chef ärgert sich über die Mitarbeiterin und fragt sich, was wohl die Ursache für ihr Verhalten gewesen sein könnte. Für ihn gibt es nur zwei mögliche Erklärungen. Entweder hat sie ihn angelogen, als sie ihm sagte, dass sie die Sache erledigen könne. Oder sie ist einfach nicht in der Lage, ihre Arbeit richtig einzuschätzen und einzuteilen.

Auf jeden Fall führt diese Situation beim deutschen Chef dazu, dass er verunsichert ist und nicht weiß, ob er sich auf seine chinesische Mitarbeiterin verlassen kann.

Wie stellt sich nun aber die Situation aus der Sicht der chinesischen Mitarbeiterin dar? In ihren Augen hat sich ihr Vorgesetzter völlig falsch verhalten, weil er ihr die falsche Frage gestellt hat. Er hat sie gefragt, ob sie einen Auftrag, der viel zu umfangreich war, bis zum nächsten Tage erledigen könne. Darauf konnte sie als gute Mitarbeiterin nur mit Ja antworten, obwohl ihr von Anfang an klar war, dass sie mit dieser Aufgabe unmöglich bis zum nächsten Tag fertig werden könne. Außerdem wundert sie sich darüber, dass er sich danach nicht mehr um sie gekümmert hat und ihr dann auch noch vorgeworfen hat, dass sie an allem schuld sei. In ihrem Verständnis hat nicht sie, sondern der Vorgesetzte versagt, da er seiner Position als Führungskraft nicht gerecht wurde.

Aufgabe 2b, Abschnitt 3 CD2 19

Was war nun der Grund für dieses Missverständnis? Wann bedeutet ein Ja wirklich ein Ja? Und wann bedeutet ein Nein wirklich ein Nein? Generell kann man sagen, dass in individualistischen Kulturen wie in den deutschsprachigen Ländern die Regel gilt: Sache vor Beziehung. In kollektivistischen Kulturen ist es umgekehrt, das heißt, eine Beziehung ist wichtiger als eine Sache. Das wirkt sich sehr deutlich auf den Umgang der Menschen und auf ihren Kommunikationsstil aus.

Das sogenannte Sache-Ja kann man einfach mit einer Frage klären. Können Sie den Auftrag erledigen, ja oder nein? Das Beziehungs-Ja, das die chinesische Mitarbeiterin ihrem Vorgesetzten gab, wurde von ihm missverstanden. Warum bot die Mitarbeiterin ihm denn ein Beziehungs-Ja an? Ganz einfach. Sie konnte ihm aus ihrer Sicht nicht widersprechen. Für sie war die Beziehung zum Chef eben wichtiger als die Erledigung des Auftrags. Als gute Mitarbeiterin verhält sie sich nach dem Prinzip: Ich darf meinem Vorgesetzten nicht widersprechen und damit die Beziehung zwischen ihm und mir nicht belasten.

Ein Beziehungs-Ja kann mehrere Bedeutungen haben. Es kann, wie im beschriebenen Fall heißen: *Nein … das kann ich nicht tun.* Im Fall der chinesischen Mitarbeiterin war es ja tatsächlich unmöglich, den Auftrag auszuführen.

Das Beziehungs-Ja kann aber noch weitere Bedeutungen haben, wie z.B. *vielleicht* oder *ich gebe mir wirklich Mühe* oder auch nur *ich habe gehört*, was Sie gesagt haben.

Diese Bedeutungsvielfalt stellt einen aber vor ein grundsätzliches Problem: Wie kann man herausfinden, welches Ja nun wirklich gemeint ist? Dafür gibt es eine recht einfache Methode. Stellen Sie keine Ja- oder Nein-Fragen, sondern offene Fragen. Der Vorteil der offenen Fragen ist, dass der Gesprächspartner dazu gezwungen wird, inhaltlich differenziert zu antworten. Und dabei wird dann deutlich, was er oder sie meint.

Lektion 12   FORSCHUNG UND TECHNIK

Hören, Aufgabe 2a, Abschnitt 1 CD2 20

Reporterin: Im goldenen September trafen sich in der Tutzinger Akademie für politische Bildung Experten aus Wissenschaft und Politik zu einem Hearing über Bioethik: Im Zentrum die Frage nach der sinnstiftenden Definition, was gute Wissenschaft ausmacht. Die Verantwortung des Wissenschaftlers oder die Suche nach Wahrheit? Oder gesellschaftlich relevante Forschung? Ein Teilnehmer am Hearing war der ehemalige Staatssekretär im Forschungsministerium Wolf-Michael Catenhusen. Als Repräsentant der politischen Kaste sieht er die Aufgabe der Bioethik vor allem darin, den Rahmen wissenschaftlichen Handelns im gesellschaftlichen Kontext vorzugeben. Catenhusen formuliert als ultimative Frage für die Bioethik: Wollen wir eine zweite, vom Menschen geschaffene Evolution? Er hat darauf eine klare Antwort, die heißt: Nein! Bioethik als Erkenntnisbremse?

Catenhusen: Ich denke, den Erkenntnisfragen sollten keine Grenzen gesetzt werden, aber natürlich vor allem dann, wenn es in der biologischen Forschung um Lebewesen geht und um Eingriffe in die Natur, da müssen unsere gesellschaftlichen Standards auch bei den Forschungsgegenständen berücksichtigt werden. Das heißt zum Beispiel: Natürlich müssen Maßstäbe des Schutzes der Umwelt und des Menschen vor etwa toxischen Gefahren, vor Krankheitserregern gewährleistet bleiben und deshalb gibt es ja auch im Bereich der Gentechnik ein Sicherheitssystem, wo Vorhaben nach den Gefahren für Mensch und Umwelt beurteilt werden und, wo erforderlich, sogar Verbote ausgesprochen werden.

Aufgabe 2a, Abschnitt 2 CD2 21

Reporterin: Die synthetische Biologie ist heute in der Lage, Eigenschaften und Funktionalitäten von lebenden Organismen mit Hilfe der Gentechnik künstlich zu kreieren. Wo aber liegt die Grenze, die die Forschung nicht überschreiten darf, ohne dass regulierend eingegriffen werden muss?

Catenhusen: Die Schwierigkeit entsteht dann, wenn ich, und das kann die synthetische Biologie, Gene als Träger von Erbinformationen in ihrer chemischen Struktur so verändere, dass dieses Tier, dieses Lebewesen, Eigenschaften erhält, die es bisher so nicht hatte, die im Kontext eines Tieres auch bisher nicht in der Natur vorkommen. Hier denke ich, hilft uns ein Blick auf die Chemie weiter, denn solange in der Chemie nur in der Natur vorkommenden Stoffe chemisch nachgebaut wurden, hielten sich eigentlich die Gefahren für Mensch und Umwelt sehr in Grenzen. Aber in dem Moment, wo wir in der Chemie erlebt haben, dass mithilfe der chemischen Synthese neuartige Stoffe, die es bisher in der Umwelt nicht gab, entwickelt wurden, da sind wir damals blind in die Entwicklung reingegangen und haben dann 100 Jahre später festgestellt, was alles etwa an

Schäden auch im Grundwasser und ähnlichen Dingen passiert war.

Aufgabe 2a, Abschnitt 3 CD 2 ⊙22

Reporterin: Die mögliche Veränderung des Öko-systems Natur durch die Wissenschaft liegt auf der Hand – aber wie steht es mit Forschungen der Informatik, wo auf technischer Ebene an der Nach-bildung des menschlichen Geistes gearbeitet wird. Selbstlernende Roboter imitieren schon heute ihre menschlichen Lehrer wie kleine Kinder. Zugegeben, noch sind es vergleichsweise primitive Handlun-gen, die Roboter im Alltag beherrschen. Das noch plump wirkende Einräumen einer Spülmaschine oder das noch reichlich bedächtige Füllen eines Glases. Aber die künstliche Intelligenz erobert bereits hoch spezialisierte, extrem komplexe Akti-vitäten wie das selbstständige Navigieren durch den Stadtverkehr. Autonome Wesen, die sich, entkoppelt von ihren menschlichen Schöpfern, fortentwickeln? Nicht nur ein Plot für Science-Fiction-Literatur, sondern auch ein Thema der Bioethik?

Catenhusen: Ja, diese Diskussion gibt es in der Ethik bereits, die Frage, wie wir sozusagen mit künstlichen technischen Systemen umgehen – die Frage nämlich der Schaffung künstlichen Lebens wird auch von manchen verstanden als Schaffung etwa von Robotern. Hier ist natürlich die generelle Frage: Wenn ich technische Systeme schaffe, die zwar Intelligenz haben, aber nur sozusagen vom Menschen abhängig bleiben – nur eine Art Dienstfunktion für den Menschen haben, voll unter Kontrolle bleiben, ist es etwas anderes, als wenn ein solches technisches System sozusagen ein eigenes Leben entwickeln kann, eigene Entscheidungen treffen kann oder sich sogar, wie manche auch spekulieren, sich selbsttätig vermeh-ren kann. Ich kann mir solche Entwicklungen nicht vorstellen. Ich denke, wir müssen hier, noch viel rigider als in anderen Themenfeldern sagen: Der Mensch schafft keine autonomen technischen Systeme, sondern es müssen technische Systeme sein, die dem Menschen dienen.

Reporterin: Als prominentes Mitglied des deut-schen Ethikrates entscheidet Catenhusen politisch mit, was Wissenschaft tun dürfen soll und vor allem, was nicht. Sein Plädoyer: Regulierung der Wissenschaft für mehr Sicherheit und für deren Durchsetzung, wenn nötig, auch Gesetze. Dabei ist gesellschaftlicher Konsens die Grundlage für ihn, Vorgaben für die Wissenschaft zu erarbeiten.

12

Lektion 7 FINANZEN

Rap: Wach auf! DVD 2 | 02

Kann es sein, dass du dich das letzte Mal gefragt hast,
warum du in deinem Leben noch nie richtig was gespart hast.
Und diese Realität fühlt sich jetzt an wie 'n Kater.
Ich hör mich an wie 'n Vater, doch bin so was wie 'n Berater.
Du weißt, die Werbung verspricht dir ein schöneres Leben.
Doch beachtet man die Kosten nicht, gibt es größere Schäden.
Erst nur klein gedruckt und vor Gericht dann ganz groß ...

DVD 2 | 03

Kann es sein, dass du dich das letzte Mal gefragt hast, warum du in deinem Leben noch nie richtig was gespart hast.
Und diese Realität fühlt sich jetzt an wie 'n Kater.
Ich hör mich an wie 'n Vater, doch bin so was wie 'n Berater.
Du weißt, die Werbung verspricht dir ein schöneres Leben.
Doch beachtet man die Kosten nicht, gibt es größere Schäden.
Erst nur klein gedruckt und vor Gericht dann ganz groß.
Hast 'n Haufen Schulden am Hals, dann geht der Spaß los.

Jede Woche ist der Briefkasten randvoll.
Rechnungen und Mahnungen und Ratenzahlungen, na toll,
nur weil du schnell nur diese eine Unterschrift gemacht hast.
Und weil du nicht vorher über die Kosten nachgedacht hast.
Der Mensch ist 'ne Konsummaschine und feiert sich selbst damit.
Die Jagd ist eröffnet und es machen sogar die Eltern mit.
Es geht um bling bling, schick schick und Tsching Tsching
und am Ende ist in deiner Potte einfach nichts drin.

Wach auf! Es ist deine Schuld!
Der Vertrag ist unterschrieben.
Pass auf! Es ist deine Schuld!
Deine Rechnungen sind geblieben.
Wach auf! Dein Geld ist rausgeschmissen.
Pass auf! Werbung hat dich angeschissen.

DVD 2 | 04

Kennst du noch die eine, sie hieß Mandy,
damals hat sie sich 'nen Typen angelacht, jetzt hat sie ihn am Hals,
er hat Schulden bei der Bank und hat trotzdem eine dicke Karre,
düst jeden Abend durch die Hood und macht 'nen dicken Mann.

Und jetzt will er an die Kohle von Mandy,
er braucht 'n neues Haus, 'n neues Boot und 'n Handy
und sie, voll verliebt, lässt ihm alles durchgeh'n,
eröffnet ihm ein Konto und jetzt hat sie das Problem.
Der Freund wird immer fetter, ihre Potte immer leerer,
dass sie keinen Cent mehr hat, merken sogar ihre Lehrer,
und so kommt es, dass sie irgendwann zur Tat schreiten muss,
diesen Typen vor die Tür setzen und abschreiben muss,
doch die Schulden bleiben ihr, denn der Strom muss bezahlt werden,
sonst könnte es in ihrer Bude bald ziemlich kalt werden,
Tja, kann man nix machen, das ist die Story von Mandy
und seitdem findet sie bestimmt keine Werbung mehr trendy.

Wach auf! Es ist deine Schuld!
Der Vertrag ist unterschrieben.
Pass auf! Es ist deine Schuld!
Deine Rechnungen sind geblieben.
Wach auf! Dein Geld ist rausgeschmissen.
Pass auf! Werbung hat dich angeschissen.

Lektion 8 PSYCHOLOGIE

Vorlesung: Persönlichkeit und Verhalten, Abschnitt 1 DVD 2 | 05

... Ich hoffe, Ihnen jetzt ein bisschen was über das Thema „Persönlichkeit und Verhalten", ich hab's mal genannt „Zusammenhänge, Wechselwirkungen und Spielräume" zu erzählen.

Ich bin selber, unter anderem, das was Sie jetzt schon über mich gesagt haben, ich bin aber auch dreifache Mutter und, wie das Schicksal das so will, habe ich dem Herrn Mayer auch zugesagt, weil meine Tochter just ein paar Tage vorher zu mir kam und sagte: „Ich kann Deutsch nicht, Mama!" „Ja, was musst du denn machen?" – ich selber war begeisterte Deutschschülerin – „'ne Charakterisierung oder so was Ähnliches." Ja, also genau im Thema drin – ich hab' gesagt: „Kein Problem, her damit, ich mach das gerne." Und wir haben uns dann ein bisschen damit beschäftigt, was eben eine Charakterisierung ist und wie man von Verhaltensweisen, die man ja dann in so einem Text sieht an so einer Person, wie komme ich dann eigentlich auf den Charakter? Was ist überhaupt der Charakter? Wie komme ich auf die Person, auf die Persönlichkeit? Und ich hab' eben versucht in diesem Vortrag, den ich für Sie vorbereitet habe, da ein paar Hintergrundinformationen zu liefern, was Persönlichkeit ist, was Persönlichkeitspsychologie ist.
Dann komme ich auch gleich zur Inhaltsübersicht:

Folie 2:
1. Persönlichkeitspsychologie
2. Zusammenhänge – Ausgewählte Persönlichkeits-
konstrukte
3. Wechselwirkungen – ein Persönlichkeits-Verhaltens-
Modell
4. Spielräume – Praxistransfer und Diskussion

Vorlesung: Persönlichkeit und Verhalten, Abschnitt 2

Persönlichkeit: Die Psychologie versteht darunter die Individualität eines Menschen in seiner körperlichen Erscheinung, im Verhalten und im Erleben. Wie funktioniert das jetzt? Sie sitzen jetzt hier alle vor mir, ich sehe zumindest schon mal Ihre körperliche Erscheinung. Über Ihr Verhalten und Ihr Erleben weiß ich noch nicht so viel. Ich habe aber eben auch schon was Wichtiges gesagt: Ich sehe. Wir müssen uns also zunächst mal auf unsere Sinnesorgane verlassen.
Folie 3:
Alltagspsychologie: Wahrnehmung → Rückschlüsse
ziehen, Erscheinung, Verhalten → Persönlichkeit

Und sofern wir nicht blind sind, ist das in erster Linie mal das Auge, das wir zur Verfügung haben. Wir nehmen etwas wahr und wir ziehen Rückschlüsse. Wenn ich jetzt zum Beispiel rausgucke, da sehe ich es jetzt gerade nicht, aber als ich hierhergekommen bin, habe ich es gesehen: Viele Bäume mit gelblichen Blättern – da kann ich den Rückschluss draus ziehen – dann ist jetzt wohl Herbst. So geht das bei der Persönlichkeit dann auch: Ich sehe, wie die Menschen aussehen, wie sie sich verhalten – hab' dann aber erst mal natürlich ein „Fragezeichen" und brauch' die sogenannte Alltagspsychologie. Sie alle sind letzten Endes Alltagspsychologen, denn Sie machen nichts anderes als aus Erscheinung und Verhalten Rückschlüsse auf die Persönlichkeit anderer Menschen zu ziehen.

Vorlesung: Persönlichkeit, und Verhalten, Abschnitt 3

Dieses Wort „Alltagspsychologie" gibt es tatsächlich und wirklich und ich gebe Ihnen dazu noch eine kleine Hilfestellung
Folie 4:
Zeige dich und verhalte dich ...
... und ich sage dir, wer du bist!
... das Phänomen des ersten Eindrucks ...

Könnte jetzt ja so sein: „Zeige dich und verhalte dich und schon weiß ich, wer du bist." Das kennen Sie alle, das Phänomen des ersten Eindrucks.
Und dazu ein kleiner Ausflug in Lehrertypologien:
Folie 5:
(Auf dieser Folie sieht man 4 Fotos von dem deutschen Schauspieler Olli Dietrich. Auf jedem Foto stellt er einen anderen Lehrertypen dar.)

Sie kennen es vielleicht, es ist von 2003 von Reinhard Karl. Ja, wen haben wir da, was fällt Ihnen spontan

ein? Was haben Sie für Assoziationen, wenn Sie so jemanden sehen?
Studentin: „Altphilologe vielleicht – also Latein, Griechisch ... So was vielleicht."
Dozentin: „Bio könnte es auch sein, hier von den Exponaten her. Zeitgemäß, oder könnte er sich selber ausstopfen lassen und dazustellen? Auf jeden Fall wirkt er sehr ideologisch 68er-mäßig, „ich bin überzeugter Lehrer".
Diese Dame da, hätten Sie gerne Unterricht bei ihr? Ja, vielleicht, liebevoll, konservativ, möglicherweise eine Erdkundelehrerin, aber vielleicht doch auch ein bisschen „tantig" und natürlich auch 'ne Frau, die vielleicht auch ja eben sehr dominant sind in diesem Lehrerberuf und für die Jungen ein Problem sein kann.
Ja, wen haben wir da? Den Informatiklehrer. Technische Überlegenheit, aber über seine pädagogischen Fähigkeiten wissen wir jetzt noch nicht so viel. Und zu guter Letzt möglicherweise der Schulleiter, gibt wahrscheinlich Lateinunterricht, genau. Also Sie haben sofort, Sie schmunzeln und haben sofort Assoziationen. Das ist natürlich jetzt hier sehr überzeichnet.
Sie haben vielleicht auch gesehen, das ist natürlich immer dieselbe Person: Das ist der Olli Dietrich. Das ist erschienen im Geo-Heft „Lernen, Wissen, Bildung", im März 2003. Reinhard Karl hat diesen Artikel geschrieben und für diese Fotos hat sich der Olli Dietrich zur Verfügung gestellt.
Die Alltagspsychologie, die Sie auch jetzt gerade angewendet haben, dient uns also tagtäglich dazu, unser eigenes Verhalten, unser eigenes Erleben und das der anderen Menschen vorherzusagen.

Vorlesung: Persönlichkeit, und Verhalten

vgl. Clip 05–07.

Lektion 9 STADT UND DORF

Prinzessinnengarten, Abschnitt 1

Marco Clausen: Der Prinzessinnengarten, das ist 'ne soziale und ökologische, urbane Landwirtschaft in Berlin Kreuzberg. Wir bauen hier im Zentrum der Stadt Bio-Gemüse an und wir machen das zusammen mit der Nachbarschaft und tun das seit dem Sommer 2009.

Prinzessinnengarten, Abschnitt 2

Marco Clausen: Also, Gärtner sind wir beide nicht, wir bezeichnen uns auch gerne als „Dilettanten". Robert ist Filmemacher, ich bin Historiker und das ist auch ein wesentliches Prinzip von dem Garten, weil wir dadurch offen sind für den Input von Leuten, die mit ihren Erfahrungen, Ideen, Kenntnissen, Kompetenzen sich in den Garten einbringen und dafür sorgen, dass er sich jeden Tag neu entwickelt. Wir bezeichnen uns zwar als „Urbane Landwirtschaft", aber wir sind nicht hier, um möglichst viel Gemüse zu produzieren, um den Stadtteil zu versorgen, sondern wir wollen den Menschen nahebringen, wo die Dinge, die sie jeden Tag essen, wo die herkommen und dadurch geben wir ihnen die Möglichkeit, mit uns zusammen zu lernen, wie man ökologisch anbaut, was es für eine Vielfalt von allen Pflanzen gibt und dass sie sozusagen mit uns die Erde berühren, die Pflanzen pflegen und dann hier direkt verspeisen und dadurch auf so 'ne ganz einfache Art sensibilisiert werden für bestimmte Fragen. Sei es, wie man nachhaltig produziert, wie man sich gesund ernährt, und auch, wie man zusammen so 'nen Kiez gestaltet und dem was Neues hinzufügt.

Prinzessinnengarten, Abschnitt 3

Robert Shaw: Dafür ist es auch ganz wichtig, dass wir keine Gärtner sind und dass wir nicht hier landen, um: „Wir zeigen mal den Städtern, wie man Landwirtschaft macht", sondern, wenn man hier reinkommt, sehen die Leute auch, auch an dem Garten teilweise, dass wir Hilfe durchaus benötigen. Das ist auch so. Die Leute, die hier mit uns gärtnern, sind unsere Experten und machen hier auch letzten Endes den Garten. So wie wir. Und wir lernen zusammen am Objekt.
Also, die Nutzer des hier angebauten Gemüses, das sehr, sehr vielfältig ist – wir bauen nach den Prinzipien der Biodiversität an – wir haben 20 verschiedene Tomatensorten, 15 Kartoffelsorten, 25 Minzsorten … Der Prinzessinnengarten funktioniert im Grunde genommen wie ein Erdbeerfeld. Man kann reinkommen, rausfinden, was reif ist, kriegt gezeigt, wie man es erntet, was auch ein wesentlicher Teil ist – die Pflanzen werden unterschiedlich geerntet – und nimmt sie mit nach Hause, gegen Bezahlung.

Prinzessinnengarten, Abschnitt 4

Robert Shaw: Die zweite Gruppe von Leuten, bei denen funktioniert das genauso, wie bei Leuten, die hier mithelfen, die kriegen dann tageweise 'nen sogenannten „Mitarbeiterpreis", bei dem wir uns an Aldi orientieren und unter dem Preis von Aldi bleiben. Das ist sozusagen der Benefit für die Mithilfe hier im Garten. Und der dritte, große Nutzer ist unser eigenes Restaurant. Wir kochen mit unserem Gemüse und das schmeckt man auch. Und dann gibt's noch, sagen wir mal, „Satelliten" wie Schulen, Kitas, mit denen wir zusammenarbeiten, die dann teils hier auch eigene Beete haben, die dann schon das ganze Erlebnis haben sollen. Von der Ansaat bis zur Ernte und dann auch bis zum Essen.

Prinzessinnengarten, Abschnitt 5

Marco Clausen: Kreuzberg entwickelt sich ja momentan relativ schnell. Ja. Wir sprechen auch von „Gentrifizierung", und wir sind hier nur temporärer Nutzer. Deswegen haben wir auch ein mobiles Beetsystem entwickelt, um sagen zu können: „Wir können im Zweifelsfall auch andere Flächen in der Stadt nutzen. Natürlich ist die Frage

langfristig, ob die Stadt Rahmenbedingungen schafft, wo solche Projekte wie unseres – nämlich auch soziale, ökologische Projekte, die die Nachbarschaft mit einbinden – dass sie Rahmenbedingungen vorfinden, dass das die Regel wird, dass das nicht die Ausnahme ist, sondern, dass man sagt, man hält Flächen frei und schafft Orte, die zwar keine Rendite bringen, aber vielleicht einen sozialen Mehrwert oder einen des gemeinsamen Lernens und der Stadt viel mehr bringen, als wenn man ein Grundstück meistbietend veräußert.

Prinzessinnengarten

vgl. Clip 10 – 14, plus folgenden Abschnitt
Robert Shaw: Wir machen das im Grunde genommen aus, ich glaube, man kann sagen, aus 'ner Sehnsucht nach 'ner anderen Stadt. Also, es geht auch ganz viel darum, hier einfach 'nen sozialen und gemeinschaftlich genutzten Raum zu schaffen, in dem auch – also, was ihn von anderen Räumen unterscheidet ist, dass hier auch gemeinsam an etwas gearbeitet wird und Menschen produktiv tätig sind.

Lektion 10   LITERATUR

Beatrix Mannel, Abschnitt 1

Ich bin Schriftstellerin, ich schreibe für Kinder und Jugendliche lustige Bücher und Thriller, die auch in viele Sprachen übersetzt worden sind und ich schreibe historische Romane für Erwachsene, die in aller Regel Ende des 19. Jahrhunderts spielen.
Die Inspiration kann durch ganz viele verschiedene Impulse in meinem Kopf landen, meistens habe ich eine kleine Grundidee wie zum Beispiel für das Buch „Die Insel des Mondes".
Mich interessiert Madagaskar, die Tierwelt ist dort sehr besonders, es gibt besondere Sprachen und Tabus und da wollte ich gerne mehr drüber wissen und damit aus der Idee ein Buch wird, muss man natürlich recherchieren, und je mehr man recherchiert, desto mehr kann sich die Idee auch zu einer Geschichte entwickeln.
Beim Recherchieren gehe ich so vor, dass ich zum einen in der Bibliothek mir sehr, sehr viel Material hole.

Beatrix Mannel, Abschnitt 2

Wenn ich an einen Ort fahre, dann tue ich das erst, wenn ein Verlag Interesse an meiner Geschichte hat. Um einen Vertrag mit dem Verlag zu bekommen, muss natürlich die Idee zu einem Exposé ausformuliert sein, das bedeutet, ich versuche, auf wenigen Seiten zusammenzufassen, um was es in der Geschichte gehen soll – in dem Fall „Die Insel des Mondes" ist es die Geschichte der jungen Paula, die glaubt, dass sie auf Madagaskar eine Vanilleplantage geerbt hat.

Weil es in dem Buch um Vanille geht, sind wir im August nach Madagaskar gefahren, um die Vanilleernte vor Ort zu erleben. Aber wir haben uns nicht nur mit der Vanille beschäftigt, sondern auch mit der Tierwelt, den wunderbaren Lemuren, die ja auch eine wichtige mythologische Bedeutung für die Menschen dort haben. Und wir waren im tropischen Regenwald, was auch für die Geschichte sehr wichtig war, weil die Heldin muss sich ja auch durch den tropischen Regenwald durchschlagen und ich bin sehr froh, dass ich das vor Ort erleben konnte.
Es ist sehr wichtig, dass auf dieser Reise auch Bilder entstehen, weil man mittlerweile für ein Buch, genau wie für einen Film, einen kleinen Minitrailer erstellt, in dem versucht wird, das Grundgefühl des Buches zu transportieren.

Beatrix Mannel, Abschnitt 3

Die Zeit, die ich für einen Roman brauche, ist sehr unterschiedlich, weil sich das Schreiben des Romans eigentlich in zwei verschiedene Phasen unterteilen lässt: die eine Phase ist die Zeit, in der ich recherchiere – das kann eben sehr lange dauern – je nachdem, was ich aus Büchern habe, ob ich vor Ort reisen muss, und so weiter – und die zweite Phase, die eigentliche Schreibphase, kann ja erst erfolgen, wenn die Recherchezeit vorbei ist. Und die dauert dann für einen Erwachsenenroman im historischen Bereich etwa zwischen fünf bis sieben Monate und das ist auch sehr wichtig, dass es dann in einem Rutsch geschrieben wird, damit die ganze Geschichte einen Ton hat, der sich nicht verändert und das alles wie aus einem Guss wirkt.
Mein Arbeitstag sieht sehr verschieden aus. Es gibt Arbeitstage, da bin ich gar nicht in meinem Büro, sondern da sitze ich in der Küche und male am Küchentisch auf große, riesige Zeichenblockseiten einen Überblick von meinem Plot, an dem ich gerade arbeite. Dann gibt es Tage, an denen bin ich in meinem Büro – das ist dann meistens, wenn ich an meinem Text schon arbeite, da muss ich sehr früh aufstehen und schreibe viele Stunden am Stück. Um mich zu inspirieren, klebe ich auch oft Fotos oder Landkarten der Gegend, in der mein Roman spielt, an meinen Monitor. Wichtige Informationen, die ich nicht aus den Augen verlieren will, schreibe ich auch auf „Post-Its" und klebe die auch an den Monitor, damit ich sie immer vor Augen habe. Und was für mich besonders wichtig beim Schreiben ist, dass ich meine Ruhe habe, dass es still ist und eigentlich habe ich auch gern, dass es relativ dunkel ist, weil dann der Monitor besonders gut zu sehen ist und es nicht so anstrengend ist.
Ein wichtiger Teil meiner Arbeit sind auch Lesungen, die ich sehr gerne veranstalte, weil es mich freut, mit meinem Publikum in Kontakt zu kommen.
Ich schreibe nicht nur Bücher, sondern ich gebe auch Workshops, in denen ich versuche, das, was ich über das Schreiben gelernt habe, an alle die weiterzugeben, die Spaß am Schreiben haben.

Lektion 11 INTERNATIONALE GESCHÄFTSKONTAKTE

Small Talk, Abschnitt 1

Caroline Krüll: Der Begriff „Small Talk" bedeutet übersetzt das kleine Gespräch und dient dazu, dass Menschen sich annähern können. Stellen Sie sich doch mal vor, Sie haben morgen um 9 Uhr einen Termin mit dem Herrn Müller. Sie sitzen ganz entspannt auf 60% im Büro und trinken noch 'ne Tasse Kaffee. Herr Müller dagegen ist auf der Autobahn und ist richtig im Stress. Wenn Sie jetzt beide zusammenkommen würden, dann würde das nicht klappen, weil das Energieniveau auf unterschiedlichem Level ist.

Small Talk, Abschnitt 2

Caroline Krüll: In jedem Fall hilft Small Talk, Kontakte zu knüpfen, auch Netzwerke aufzubauen. Also man muss sich das ja so vorstellen, dass überall Gelegenheiten da sind, um miteinander zu reden, was sich natürlich im Job ganz besonders wichtig darstellt. Da sollte man die Chancen nutzen, auch mal im Lift, auf dem Gang, in der Kantine, mit Vorgesetzten, mit Mitarbeitern zu sprechen, damit einfach das Gesicht auch hängen bleibt. Und dadurch entstehen Kontakte und natürlich auch Netzwerke. Wenn Sie in Netzwerken dann drin sind, haben Sie natürlich den Vorteil, dass Sie sicherer im Jobstuhl sitzen, weil Sie genau wissen, was wo los ist und der ganze Flurfunk bei Ihnen auch gut ankommt.

Small Talk, Abschnitt 3

Caroline Krüll: Wenn Sie also im Small Talk mittendrin sind, dient es ja wie gesagt der Annäherung und die Leute werden erst mal miteinander warm. Wenn man miteinander smalltalkt, ist es natürlich klar, dass man nicht zu Beginn gleich in die tieferen Schichten reingeht, sondern sich erst mal beispielsweise über das Wetter unterhält. Jetzt gerade kommt der Winter, es ist kalt, aber man kann vom Wetter sofort zum Beispiel zum Skiurlaub rüberschwenken, zu anderen Urlauben, zu Ferienorten, zu besonderen Tipps: Wo kann man hinfahren? Und natürlich geht man weiterhin an der Oberfläche, aber es ist ja wie gesagt einfach am Anfang deshalb da, damit man sich erst mal kennenlernt und damit die Chemie erst mal stimmt. Der Small Talk kann sehr sehr schnell in einen, ich nenn' das Mittel Talk kippen, d.h. also, man geht dann schon weiter in die Tiefe und es gibt dann auch keine Grenze mehr zum richtigen Gespräch.

Lektion 12   FORSCHUNG UND TECHNIK

Die Produktion eines technischen Redakteurs, Abschnitt 2   DVD 2 24

Student: Zu solchen Fehlschlägen führen schlechte Anleitungen leider allzu oft. Wer aber mal eine gute in der Hand hat, weiß sie gleich zu schätzen. Doch wer erstellt eigentlich solche Anleitungen? Die Antwort lautet: technische Redakteure. Aber wie und wo werden die hergestellt? Wo? An der technischen Hochschule Mittelhessen in Gießen. Wie? Mit dem Masterstudiengang „Technische Redaktion und multimediale Dokumentation". Wie genau, zeigen wir jetzt. Für die Herstellung eines technischen Redakteurs benötigt man zunächst erst mal eines: den Rohstoff „Student". Solche „Rohstoffe" gibt es in den unterschiedlichsten Varianten. Diese Studenten werden zu Werkzeugen geformt, die zukünftig hochwertige technische Dokumentationen anfertigen. Und wie ein solcher in den Werkshallen der technischen Hochschule Mittelhessen geschmiedet wird, zeigen wir jetzt.

Die Produktion eines technischen Redakteurs, Abschnitt 3   DVD 2 25

Student: Absolut grundlegend für die gute Verständlichkeit von Anleitungen ist die korrekte Anwendung von Sprache, klarer Ausdrucksstil sowie Orthographie und Grammatik.

Peter Brust (Dozent):   Der technische Redakteur muss schon ganz besonders darauf achten, dass er seine Muttersprache, in der er die Bedienungsanleitung oder – sagen wir mal – die technische Dokumentation erstellt, dass er die schon mal richtig anwendet, dass er also beispielsweise kurze, prägnante Sätze schreibt. Denn er muss immer davon ausgehen, der Übersetzer muss das, was er schreibt in der deutschen Ausgangssprache, muss der Übersetzer verstehen, damit er es auch richtig in die Fremdsprache übersetzen kann. Also sehr komplexe Sätze mit Zwischensätzen, Neben-, Hauptsätzen, verschachtelt, ohne Ende, wird dem Übersetzer nicht helfen.

Die Produktion eines technischen Redakteurs, Abschnitt 4   DVD 2 26

Student: Nun erfolgt ein weiterer elementarer Montageschritt: Bild-, Grafik- und Videobearbeitungswerkzeuge, nämlich beispielsweise „Adobe, Photoshop, Illustrator, After Effects, Final Cuts und Motion."

Peter Brust (Dozent):   Eine vernünftig und sinnvoll aufbereitete Grafik ist auf jeden Fall hilfreich. Sie kann auch helfen, kann auch helfen, Text einzusparen. Eine rein textbasierte Anweisung – das kennt man selber, wenn man also eine Kamera kauft, einen Videorecorder kauft oder einen Fernseher kauft, wird man also mit einer rein textbasierten Anleitung sehr schnell ans Verzweifeln kommen.

Wir werden also ganz sicher weggehen von verschiedenen Printmedien. Wir werden Printmedien möglicherweise zurückfahren auf ein absolutes gesetzliches Minimum und werden hingehen, Daten aufzubereiten für andere Medien: für digitale Medien, für Tablet-PCs, für vielleicht sogar Smartphones.

Student: Eine letzte Fertigungsstufe und der technische Redakteur ist betriebsbereit. Unverzichtbar ist der Umgang mit gesetzlichen Normen und Richtlinien, um einmal verständliche und vor allem gesetzeskonforme Anleitungen schreiben zu können.

Peter Brust (Dozent):   Wenn Sie den Anspruch haben, eine gesetzeskonforme Anleitung zu erstellen, dann müssen Sie sich natürlich mit diesen Dingen beschäftigen, das ist also unumgänglich. Die Frage ist immer: Wie viel Norm müssen Sie beachten, wie viel Gesetze müssen Sie beachten und haben Sie alle Informationen dazu? Es ist aber unumgänglich, sich mit diesem Thema zu beschäftigen.

Die Produktion eines technischen Redakteurs, Abschnitt 5   DVD 2 27

Student: Wir leben in einem Zeitalter hoher technischer Komplexität. Technische Sachverhalte didaktisch sinnvoll zu vermitteln, gewinnt für Unternehmen daher zunehmend an Bedeutung. Ebenso das Berufsbild „technische Redaktion". Printmedien spielen bei der technischen Dokumentation nach wie vor die größte Rolle. Doch „Utlity-Filme" und deren digitale Aufbereitung für multimediale Endgeräte rücken zunehmend in den Fokus. Die beruflichen Perspektiven sind vielversprechend: Für redaktionelle Berufe bei Fachzeitschriften ist man mit dem Master TRND ebenso qualifiziert wie für den Bereich Marketing und natürlich das klassische Berufsbild des technischen Redakteurs. Also, warum mit dem Studieren warten? Die Zukunft wartet auch nicht.

LEKTION 7

1 Wortschatz

1 es geht, 2 Mahnung, 3 Schulden, 4 Ratenzahlung, 5 Schuldenfalle, 6 Aufgrund, 7 Verfahren, 8 Insolvenz, 9 Ausweg, 10 solvent

2 Grammatik

a
1 Günter kündigt bald.
2 Die Gläubiger treffen sich morgen.
3 Sie beschwert sich ständig. / Sie beschweren sich ständig.
4 Der Schuldner ruft häufig an.
5 Der weitere Ausbau der Landwirtschaft lohnt sich bald nicht mehr.
6 Den plötzlichen Beginn des Booms in seiner Branche hatte niemand prognostiziert.
7 Die monatliche Anschaffung eines neuen Handys bringt Helge in finanzielle Schwierigkeiten.
8 Die Entwicklung der Wirtschaft ist in diesem Jahr so schlecht, dass das Wachstum stagniert.
9 Das Vertrauen der Schuldner in den Schuldnerberater ist hilfreich.

b
1 Viele Menschen ignorieren Mahnungen, deshalb geraten sie in die Schuldenfalle.
2 Mangels eines Auswegs aus der Schuldenfalle ist die Privatinsolvenz seine letzte Chance.
3 Aufgrund des verantwortungsvollen Umgangs seiner Tochter mit ihrem Taschengeld ist er glücklich.
4 Frau Schlüter hat endlich einen Ausweg gefunden, sie hat nämlich mit ihren Gläubigern Ratenzahlung vereinbart.

3 Kommunikation

Musterlösung:
Im Vergleich zu Deutschland, dessen Fläche fast 360.000 Quadratkilometer umfasst, ist mein Heimatland, die Niederlande, mit 42.000 Quadratmetern um vieles kleiner, von der Fläche vergleichbar mit dem deutschen Bundesland Nordrhein-Westfalen.
Während Deutschland von neun anderen europäischen Ländern umgeben ist, bilden die Niederlande im Süden eine Grenze mit Belgien und im Westen mit Deutschland. Beide Länder befinden sich in Mitteleuropa und haben Zugang zur Nordsee. Im Gegensatz zu Deutschland, wo die Monarchie schon lange abgeschafft wurde, herrscht in den Niederlanden die parlamentarische Monarchie vor. Der König hält dabei eine ähnliche, repräsentative Funktion inne wie der deutsche Bundespräsident, politische Entscheidungen werden im niederländischen Parlament beschlossen (Tweede Kamer), vergleichbar mit dem Deutschen Bundestag. Das Preisniveau ist vergleichbar mit Deutschland, nur für Mieten und Wohnen geben die Niederländer mehr Geld aus, da der Wohnraum begrenzt ist.

LEKTION 8

1 Wortschatz

1 Depression, 2 Empathie, 3 verbergen, 4 intuitiv, 5 Ausdauer, 6 einfühlsamen, 7 Schuldgefühle, 8 virtuellen, 9 ertappt, 10 bedrückt

2 Grammatik

a
1 reelle, 2 tolerabel, 3 unseriös, 4 substanzieller

b
1 ein dringend aufzusuchender Therapeut
2 ein schnell durchzuführender Persönlichkeitstest
3 der unbedingt zu berücksichtigende emotionale Intelligenzquotient

c
Musterlösung:
1 Mit der Paartherapie soll ihr Mann dazu gebracht werden, über ihre Ehe nachzudenken.
2 Die Therapeutin will den Patienten in die Lage versetzen, in Zukunft ohne Medikamente auszukommen.
3 Sein Freund soll Huberts Vorstellungen nach motiviert werden, einen eigenen Blogbeitrag zu verfassen.
4 Das Ministerium will in Zukunft an Schulen mehr Sozialarbeiter einsetzen.
5 Die Psychologin will den Patienten darauf vorbereiten, einen regelmäßigen Tagesablauf zu führen.

3 Kommunikation

Musterlösung:
<u>1 Bezug auf eine Grafik nehmen</u>
Im vorliegenden Schaubild geht es um das Thema / die Frage ...
Die Grafik veranschaulicht das Ergebnis einer Umfrage ...
<u>2 Unterschiede formulieren</u>
... die Unterschiede sind beträchtlich/gering; dem wird gegenübergestellt ...; verglichen mit / Im Vergleich zu ...
<u>3 Umfrageergebnisse kommentieren</u>
Was besonders auffällt / ins Auge springt ...
Ein Grund dafür könnte sein ...
Ein wichtiger Gesichtspunkt wäre noch ...
<u>4 Eigene Erfahrungen nennen</u>
Persönlich halte ich ... für ...; ... würde in meiner Heimat ähnlich/unterschiedlich/ganz anders ... ausfallen.

LEKTION 9

1 Wortschatz

a
1 neuerdings, 2 Dilettanten, 3 Beeten, 4 Tristesse, 5 erfreut, 6 spießig

b

1 die Diversität, 2 stichhaltig, 3 nicken, 4 kurzweilig, 5 die Diskrepanz, 6 der Kontrahent, 7 innovativ, 8 appellieren, 9 die Vision, 10 präzisieren

2 Grammatik

a

1 Bei weiterem Ausstoß von Treibhausgasen ist der Klimawandel nicht mehr aufzuhalten.
2 Wenn sich Jutta auch entschieden hat, ihr Leben zu ändern, ist sie dennoch nicht glücklich geworden.
3 Angenommen, dass wir noch mehr Autos zulassen, wird der Smog in unseren Städten zunehmen.
4 Obschon viele Stadtmenschen zuziehen, hat unser Dorf seinen ländlichen Charakter bewahrt.
5 Ohne den großen Einsatz einiger Pioniere für das „Urban Gardening"-Projekt in unserem Viertel wären keine Gemüsebeete entstanden.

b

1 zufrieden, 2 aufgeschlossen, 3 gespannt, 4 erfahren, 5 dankbar, 6 bemüht

3 Kommunikation

Musterlösung:

Wenn ich Sie richtig verstanden habe, dann glauben Sie, dass aufgrund der Bevölkerungszunahme, Überbevölkerung und Umweltverschmutzung unsere Städte zu Riesenmolochen anwachsen, in denen man nicht mehr leben kann. Darauf möchte ich erwidern, dass ich diese These durchaus hinterfragen möchte. Ich meine, Sie schauen zu negativ in die Zukunft. Visionen für die Stadt von morgen liegen schon in der Schublade und werden teilweise schon heutzutage umgesetzt. Es werden gerade die ersten begrünten Häuser gebaut, die zu einem besseren Stadtklima beitragen. In sozialen Wohnprojekten wie Mehrgenerationenhäusern entsteht ein neues Gemeinschaftsgefühl und Wohnfläche wird besser genutzt. Beim „Urban Gardening" auf öffentlichen Flächen bauen die Menschen ihr eigenes Gemüse an. Ich glaube fest daran, dass in 50 Jahren in unseren Großstädten im Vergleich zu heute eine höhere Lebensqualität vorherrschen wird.

LEKTION 10

1 Wortschatz

1 süchtig, 2 eintauchen, 3 Plot, 4 stimmige, 5 Lektüre, 6 Panik, 7 reimen, 8 Kreativität

2 Grammatik

a

1 die Station, 2 das Wachstum, 3 die Fantasie, 4 der Reichtum

b

1 Lesen kann manchmal spannender sein als das reale Leben.
2 Überzeugen kann der Autor immer wieder durch seinen Stil.
3 Ich kann nichts anfangen mit den Texten dieser Autorin.
4 Ich habe mir die Romane der Schriftstellerin immer als gebundene Ausgabe gekauft oder als Hörbuch.
5 Verstanden habe ich die Aussage des Gedichts tatsächlich nicht auf Anhieb.

c

1 Beim Essen telefoniere ich (gleichzeitig) mit dem Kollegen.
2 Die Schriftstellerin ist (gerade) am Diskutieren mit ihrer Lektorin.
3 Zwecks (Online-)Kommunikation gebraucht sie nur noch ihr Notebook.
4 Ihren Lieblingsroman liest Beate abends im Bett im Liegen.
5 Zum besseren Umgang mit ihren Problemen kauft sie sich einen Ratgeber.

3 Kommunikation

Musterlösung:

Lieblingsbuch meiner Kindheit vorstellen: „Kalle Blomquist" von Astrid Lindgren. Bei Kalle Blomquist handelt es sich um eine Kinderbuchfigur, das Buch gehört zu einer Reihe von drei Romanen und wurde aus dem Schwedischen ins Deutsche übersetzt und auch verfilmt. Der Protagonist ist Kalle Blomquist, ein 13 Jahre alter Junge, das Romangeschehen spielt in einer schwedischen Kleinstadt. Kalle erlebt mit seinen Freunden verschiedene Abenteuer, verfügt über großes kriminalistisches Gespür und löst drei spektakuläre Krimi-Fälle. Was mich an dem Buch als Kind so gefesselt hat, ist die Tatsache, dass ich gerne in der Welt von Kalle Blomquist gelebt hätte. Man wird hineinversetzt in eine heile Welt und fiebert bei seinen Kriminalfällen mit. Auch wenn das Buch schon über 60 Jahre alt ist, würde ich es auch heutigen Kindern wärmstens empfehlen, denn ich halte die drei Romane für zeitlos.

LEKTION 11

1 Wortschatz

a

1 gründlich, 2 Business-Etikette, 3 Irritationen, 4 Eindruck, 5 Outfit, 6 Small Talk, 7 richtig liegen, 8 eröffnen

2 Grammatik

a

1 erröten, 2 reflektieren, 3 reagieren, 4 erarbeiten

b

1 Infolge des neuen Geschäftsabschlusses, der auf der Tagesordnung steht, sind alle Kollegen sehr aufgeregt.

2 Frau Jon erhielt eine sehr unverschämte E-Mail. Infolgedessen brach sie den Kontakt sofort ab.
3 Durch die Übernahme einer Auslandsreise für seinen Chef hat er ihm einen großen Gefallen getan.
4 Sie versetzt ihren ungeliebten Kollegen ins Ausland, wodurch sie endlich Ruhe hat.
5 Werner legt keinen Wert auf Statussymbole, weshalb er sehr bescheiden lebt.

c
1 ein längeres Meeting → eines der längsten Meetings
2 ein späterer Termin → einer der spätesten Termine
3 eine niedrigere Temperatur → eine der niedrigsten Temperaturen
4 eine legerere Bluse → eine der legersten Blusen
5 ein unbequemerer Stuhl → einer der unbequemsten Stühle

3 Kommunikation

Musterlösung:
Sehr geehrte Frau Schulz,
haben Sie vielen Dank für Ihre E-Mail. Uns ist völlig klar, dass die Wohnungen standardmäßig mit Tiefgaragenplatz vermietet werden, so steht es ja in unserem Mietvertrag. Für Mieter mit einem Auto ist das bei der Parkplatznot in unserem Viertel sicherlich die perfekte Lösung. Nun ist die Vorgabe für uns schwierig, weil wir gar kein Auto besitzen. Alles, was wir wollen, ist die Möglichkeit, den Parkplatz eigenständig an motorisierte Nachbarn weitervermieten zu dürfen. Wir wissen aus eigener Erfahrung, dass viele Leute händeringend nach einer sicheren Parkmöglichkeit suchen. Eine faire Lösung wäre daher aus unserer Sicht, wenn wir die betreffende Klausel aus unserem Mietvertrag streichen, und Sie uns somit die Weitervermietung erlauben. Den Preis können Sie uns ja trotzdem berechnen. Wenn wir uns heute noch einigen, hätten wir sogar schon einen Interessenten, der unseren Parkplatz übernehmen würden. Wir hoffen auf Ihr Verständnis.
Mit freundlichen Grüßen

LEKTION 12

1 Wortschatz

a
1 fieberhaft, 2 Finalisten, 3 Drohne, 4 zum Einsatz kommen, 5 ausgerüstet, 6 Sensor, 7 ferngesteuert

b
1 humanoid, 2 anschmiegsam, 3 beträchtlich, 4 finster

2 Grammatik

a
1 Angesichts der Qualität der Erfindungen kann man zufrieden sein.
2 Ungeachtet der Lizenz können einfache Drohnen auch als Spielzeug verkauft werden.

3 Der Wettbewerb wurde anlässlich des Jahrestages der Stiftung ausgeschrieben.
4 Mithilfe der Gebrauchsanweisung wird die Bedienung vereinfacht.

b
1 überzogen, 2 durchziehen, 3 unterstelle

c
1 Weil er von seiner Erfindung fest überzeugt ist, beantragt Professor Schneider ein Patent.
2 Obwohl es einige Defekte gibt, bewegen sich die Roboter einwandfrei.
3 Wenn der Scanner noch nicht vollständig angeschlossen ist, funktioniert er nicht.
4 Dadurch, dass sie an renommierten Universitäten ausgebildet worden ist, wird sie immer einen Job finden.

3 Kommunikation

Musterlösung:
In dem Artikel ist die Rede von einem Armband, mit dessen Hilfe sich nahestehende Menschen ihren Herzschlag übermitteln können. Dazu wurde von einem Londoner Start-up-Unternehmen eine App entwickelt, die den Herzschlag via Smartphone übertragen kann. Meines Erachtens spricht der Wunsch nach Nähe in unserer schnelllebigen, anonymen Zeit für eine Sehnsucht der Menschen. Ich halte es für äußerst bedenklich, dass Beziehungen und Familien aus beruflichen Gründen immer öfter auseinandergerissen werden. Eine andere Möglichkeit, mit dem Problem „Fernbeziehung" umzugehen, wäre meiner Ansicht nach, die berufsbedingte Mobilität einzuschränken, hier wäre auch die Politik gefragt. Die Idee für ein solches Armband ist sehr schön und romantisch, hat aber meines Erachtens einen traurigen Hintergrund.